感知渠道整合与消费者行为研究

杨水清　鲁耀斌◎著

中国社会科学出版社

图书在版编目(CIP)数据

感知渠道整合与消费者行为研究/杨水清,鲁耀斌著.—北京：中国社会科学出版社，2020.12
ISBN 978-7-5203-7911-3

Ⅰ.①感… Ⅱ.①杨…②鲁… Ⅲ.①消费者行为论—研究 Ⅳ.①F713.55

中国版本图书馆 CIP 数据核字(2021)第 027705 号

出 版 人	赵剑英
责任编辑	王 曦
责任校对	张 硕
责任印制	戴 宽

出　　版	中国社会科学出版社
社　　址	北京鼓楼西大街甲 158 号
邮　　编	100720
网　　址	http://www.csspw.cn
发 行 部	010-84083685
门 市 部	010-84029450
经　　销	新华书店及其他书店
印刷装订	北京君升印刷有限公司
版　　次	2020 年 12 月第 1 版
印　　次	2020 年 12 月第 1 次印刷
开　　本	710×1000　1/16
印　　张	16
插　　页	2
字　　数	216 千字
定　　价	88.00 元

凡购买中国社会科学出版社图书，如有质量问题请与本社营销中心联系调换
电话：010-84083683
版权所有　侵权必究

前　言

近年来,以移动互联网、大数据、人工智能和虚拟现实为代表的数字技术的飞速发展,催生全球零售业经历全面的数字化变革。线上与线下、社交与商务的融合已成为现代商务发展的趋势,作为网络经济与实体经济对接的一个关键触点,移动互联网为企业打通了各类线上线下的营销渠道,为顾客提供了多个线上线下的互动通道,并显著改变了线上线下的渠道整合模式,使得顾客可以随时随地在多个线上渠道与线下渠道之间无缝切换以完成商品挑选、购物决策、下单购买与体验分享等购物流程。

但在实践中,企业依然面临许多问题:消费者由单渠道向多渠道、全渠道消费模式转变过程中,多个渠道之间存在的渠道协同与侵蚀效应增加了消费行为的复杂性,提升了企业制定与实施渠道营销策略的难度。如何有效掌握并合理利用渠道整合规律改善顾客体验与维护持续的顾企关系,成为企业亟待解决的重要课题。影响渠道整合的关键因素有哪些?这些因素在不同渠道模式下有何区别,如何进行测度?这些因素如何影响不同消费场景下的消费者行为?针对这些问题,本书旨在从渠道整合视角揭示感知渠道整合对不同情景下消费者行为的影响机制,从而为企业更好地制定与实施渠道整合营销策略,维护持续的顾企关系提供理论支持与行动指南。

首先，本书对多渠道类型、多渠道零售、全渠道零售和感知渠道整合等主要概念进行界定，并对国内外感知渠道整合与多渠道消费者行为的相关文献进行回顾和评述。其次，本书基于感知整合性理论、自我调节理论和信任传递理论等，结合我国新兴零售企业的发展现状与管理实践，提出了本书的理论框架与研究内容：研究感知渠道整合对消费者信任传递与使用传递行为的影响机制；探究感知渠道整合对消费者持续使用行为的影响机制；研究全渠道模式下感知渠道整合的构成与测度；揭示全渠道模式下感知渠道整合对顾客忠诚的影响机制。

基于跨渠道传递视角的消费者信任传递与使用传递行为研究：基于信任传递理论，本书构建了基于信任源、信任目标、信任源与信任目标之间关系三要素的消费者信任传递理论模型，并实证研究了感知渠道整合对消费者信任传递过程的影响机制，研究发现感知渠道整合显著影响移动购物信任和移动购物感知收益，并最终正向影响移动购物意愿；基于自我感知理论和期望不确认理论，本书构建了跨渠道的消费者使用传递行为理论模型，研究发现消费者的线下渠道使用时长与频率通过两条不同路径显著影响其对线上互联网渠道的使用意愿，且感知渠道整合对两条使用传递路径均存在显著正向调节效应。

基于多渠道整合视角的感知渠道整合与消费者持续使用行为研究：基于社会资本理论，本书构建了多渠道模式下感知渠道整合对社会资本与移动社交网络成瘾影响的理论模型，研究发现感知渠道整合通过正向影响用户的线上社会互动关系和线下社会互动关系，从而正向影响移动社交网络成瘾行为；基于感知价值理论，本书构建了多渠道模式下感知渠道整合对移动政务微博服务持续使用意愿影响的理论模式，研究发现感知渠道整合正向影响公众感知移动政务微博服务的信息价值、社交价值、享乐价值和情感价值，其中，信息价值、社交价值和享乐价值显著影响移动政务微博服务持续使用意愿；基于自我调节框架，本书构建了多渠道环境下感知渠道整合对消费者持续购买行为影响的理论模式，研究发现感知渠道整合正向影响 PC 互联网购物与移动互联网购物服务质量，并进一步正向影响顾客的特定交易满意、累积交易满意和持续购买意愿。

全渠道模式下感知渠道整合与顾客忠诚研究：基于感知整合性理论，本书从外部一致性和内部协调性两个方面对研究感知渠道整合的相关文献进行梳理，并对其一阶因子和二阶因子构成进行实证比较与分析。然后，基于实证结果对全渠道模式下感知渠道整合从内部协调性和外部一致性两个维度进行测量，研究发现外部一致性包括信息一致性和过程一致性两个维度，内部协调性包括渠道强化、渠道互补、渠道互惠和渠道协同四个维度；基于顾客体验理论，本书从顾客情感体验和认知体验两个维度对全渠道模式下感知渠道整合与顾客忠诚之间的关系进行分析，研究发现全渠道模式下感知渠道整合的内部协调性和外部一致性正向影响顾客情感体验和认知体验，并进一步对顾客忠诚存在正向影响。

本书的主要贡献是基于渠道整合视角揭示了感知渠道整合对不同情景下消费者行为的影响机制。已有文献对多渠道模式下消费者行为进行了大量研究，但倾向将企业的营销渠道视为相互分离的个体，仍缺乏从渠道整合视角对感知渠道整合如何影响消费者行为的系统探究。本书的研究成果可为企业的渠道管理实践提供决策参考和理论依据。

目 录

第一章 绪论 ……………………………………………………（1）
第一节 研究背景 ………………………………………………（1）
第二节 研究内容 ………………………………………………（6）
第三节 研究意义 ………………………………………………（10）
第四节 研究方法 ………………………………………………（14）
第五节 技术路线 ………………………………………………（15）

第二章 主要概念界定与文献综述 ……………………………（19）
第一节 主要概念界定 …………………………………………（19）
第二节 文献回顾 ………………………………………………（24）
第三节 研究现状评述 …………………………………………（32）

第三章 感知渠道整合对消费者信任传递行为的影响研究 ……（34）
第一节 理论基础 ………………………………………………（36）
第二节 研究模型与假设 ………………………………………（39）
第三节 研究方法 ………………………………………………（46）
第四节 研究结果 ………………………………………………（49）
第五节 结论与讨论 ……………………………………………（55）

第四章 感知渠道整合对消费者渠道使用传递行为的影响研究 …… (59)
第一节 研究模型与假设 …… (60)
第二节 研究方法 …… (65)
第三节 研究结果 …… (68)
第四节 结论与讨论 …… (74)

第五章 感知渠道整合对移动社交媒体使用行为的影响研究 …… (79)
第一节 文献综述 …… (81)
第二节 研究模型与假设 …… (85)
第三节 研究方法 …… (89)
第四节 数据分析与假设检验 …… (92)
第五节 结论与讨论 …… (97)
第六节 研究意义 …… (100)

第六章 感知渠道整合对移动政务微博服务持续使用行为的影响研究 …… (102)
第一节 文献综述 …… (104)
第二节 研究模型与假设 …… (110)
第三节 研究方法 …… (118)
第四节 研究结果 …… (121)
第五节 结论与讨论 …… (126)
第六节 研究意义 …… (129)

第七章 感知渠道整合对消费者持续购买行为的影响研究 …… (132)
第一节 理论基础 …… (134)

第二节 研究模型与假设 ………………………………… (136)
第三节 研究方法 ………………………………………… (143)
第四节 研究结果 ………………………………………… (146)
第五节 结论与讨论 ……………………………………… (153)
第六节 研究意义 ………………………………………… (155)

第八章 全渠道模式下感知渠道整合的构成与测度研究 …… (158)
第一节 感知渠道整合的构成 …………………………… (159)
第二节 全渠道模式下感知渠道整合的构成与测度 …… (162)
第三节 信度与效度 ……………………………………… (166)
第四节 假设检验 ………………………………………… (170)
第五节 结论与讨论 ……………………………………… (173)

**第九章 全渠道模式下感知渠道整合对顾客忠诚的
　　　　影响研究** ………………………………………… (176)
第一节 顾客体验 ………………………………………… (176)
第二节 研究假设 ………………………………………… (181)
第三节 研究方法 ………………………………………… (184)
第四节 研究结果 ………………………………………… (185)
第五节 基本结论 ………………………………………… (189)

第十章 研究结论与展望 ……………………………………… (191)
第一节 研究总结 ………………………………………… (191)
第二节 研究局限与展望 ………………………………… (198)

参考文献 ……………………………………………………… (202)

致谢 …………………………………………………………… (248)

第一章　绪论

第一节　研究背景

近年来,以移动互联网、大数据、人工智能和虚拟现实为代表的数字技术的飞速发展,催生全球零售业经历全面的数字化变革(陈冬梅等,2020;《经济日报》,2018)。日益强大的移动终端及其应用为顾客提供了更自由与便利的购物选择,中国互联网络信息中心(CNNIC)第 45 次《中国互联网络发展状况统计报告》显示,截至 2020 年 3 月底,我国移动互联网用户规模已达 8.97 亿,网民中使用手机上网的占 99.3%(CNNIC,2020)。移动互联网作为虚拟经济与实体经济对接的一个关键触点,为商家打通了各类线上线下的营销渠道,为顾客提供了线上线下的交互通道,并显著改变了线上线下的渠道整合模式,使顾客可以随时随地在多个线上渠道与线下渠道之间无缝切换以完成商品挑选、购物决策、下单购买与体验分享(Mohd Paiz et al., 2020;Hew et al., 2016;杨水清,2015;Hsu & Yeh, 2018)。

传统线下渠道(实体商店、线下网点、目录邮购)和线上渠道(电子商务网站、移动商务网站、电视购物、社交媒体、移动视频、呼叫中心)都是商品或服务经由商家向消费者传递的通道与路径,它们既是商家与消费者的接触点,也是消费者与商家之间互动的媒介（杨水清，2015）。随着移动互联网的快速普及，信息与实物之间的联系愈加紧密，线上与线下、社交与商务的融合已成为现代商务发展的趋势（Goraya et al.，2020；狄蓉等，2020；Yang et al.，2017）。相较于传统 PC 互联网渠道，移动互联网在用户交互方式、信息表现形式和服务提供种类等方面都与其有显著区别（Kourouthanassis & Giaglis，2012）。例如，移动互联网提供的基于地理位置、场景依赖、身份关联、二维码识别、实时信息推送等服务是传统 PC 互联网所不具备的。消费者不仅可以使用移动终端实时连接互联网平台获取商家推送的促销信息（打折信息、优惠券），还可以主动通过扫描线下渠道的二维码获取产品和服务信息（购买评论、商品比价）。例如，星巴克利用基于地理位置的服务向实体店附近的移动客户端用户推送基于许可的促销信息来为线下渠道引流；三只松鼠在安徽芜湖开设投食店，收银台叫作"打赏处"、标签价格叫作"投食价"、分装袋叫作"投食袋"、散称坚果区叫作"自助投食区"，消费者使用"三只松鼠"App 扫描商品二维码，就可以直接将商品加入线上购物车，从而实现了线下向线上渠道的引流；麦当劳推出二维码优惠券服务，使顾客可以主动使用手机获取优惠券并在附近的麦当劳进行兑换消费；1号店将网上超市搬到地铁站、公交站中，顾客通过"1号店"App 扫描"商品墙"上的二维码，就可以轻松实现线上购物。

移动互联网的广泛应用，使企业与消费者之间的信息传递方式与营销互动模式发生了巨大变化，不仅显著改变了原有的业务流程，也涌现出一系列新兴的渠道营销模式，诸如移动电子商务、移动社交营销、移动视频营销、移动直播营销、移动 O2O 营销（Online to offline）等（Mohd Paiz et al.，2020；Cozzarin & Dimitrov，2016；李飞，2019；李飞等，2018；Cai & Lo，2020）。这些新的渠道营销模式与传统渠道营销模式相互影响、相互竞争、相互协同，催生了新兴的全渠道零售模式（Cai & Lo，2020；Sandlin & Obrenovich，2016；李飞，2014；Wiener et al.，2018）。在此过程中，企业的渠道零售模式也经历了从单渠道零售（Single-channel retailing）发展到多渠道零售（Multi-channel retailing）、跨渠道零售（Cross-channel retailing）再到全渠道零售（Omni-channel retailing）的演化过程（如图1-1所示）（李飞等，2018；Verhoef et al.，2015）。区别于传统的多渠道零售模式强调采用多个渠道同时作为销售与订单完成的途径，移动互联网驱动的全渠道零售强调渠道之间的深度融合和顾客在不同渠道之间互动的无缝连接（李飞，2019；Cai & Lo，2020；Verhoef et al.，2015）。

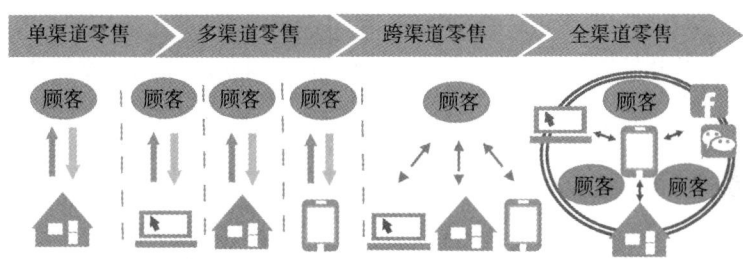

图1-1　渠道模式演化过程

作为世界第二大经济体和移动互联网强国，中国正成为全球新兴零售革命的创新发源地和实验场。实体零售业创新转型的相关政策意见已经出台，基于线上线下、社交与商务融合的新兴零售模式的企业实践也已启动。（1）在政策指导方面，国务院办公厅先后印发了《关于推进线上线下互动加快商贸流通创新发展转型升级的意见》（国办发〔2015〕72号）和《关于推动实体零售创新转型的意见》（国办发〔2016〕78号）。党的十九大报告进一步指出"推动互联网、大数据、人工智能和实体经济深度融合"。2018年10月11日，国务院办公厅印发的《完善促进消费体制机制实施方案

(2018—2020年)》(国办发〔2018〕93号)强调,"促进线上线下互动、服务体验融合、商旅文体协同、购物体验结合"。2020年4月26日,包括商务部、工业和信息化部在内的多部委在国务院联防联控机制新闻发布会上进一步强调:"电子商务促进消费,继续推动线上线下融合发展。"这些政策意见为推动我国实体零售转型升级与新兴零售模式创新指明了发展方向。(2)在企业实践方面,在政策支持与市场收益的双重引导下,以阿里巴巴和京东为代表的电商平台开始大规模向线下渗透,展开了激烈的线下争夺战。例如,自从2016年10月马云提出"新零售"以来,阿里巴巴已先后投资或收购联华超市、新华都、石基零售、高鑫零售和三江购物等零售企业,积极探索盒马鲜生、无人零售等新零售商业模式;而京东则提出"无界零售",先后入股永辉超市、沃尔玛等零售企业,推出与盒马鲜生对应的7FRESH生鲜超市,并在全国线下布局超过160家京东之家专营店、近200家京东母婴体验店、1700多家京东帮服务店。另一方面,以苏宁(http://www.suning.cn)和国美(http://www.gome.com.cn)为代表的传统实体零售巨头先后启动和实施了"集全域、全需、全智于一体,线上线下相互融合"的"智慧零售"战略,以及"全渠道、新场景、强链接"的"全零售"战略。事实上,无论是新零售、无界零售、智慧零售,还是全零售,其本质上都是利用线上沉淀的移动互联网、大数据和人工智能等数字技术对线下传统商业要素进行数字化重构,推动各类线上渠道与线下渠道的深度融合。

近年来,包括新零售、无界零售、全渠道零售在内的新兴零售模式已成为当前极具活力的经济形态之一,成为促进消费升级的新途径和商贸创新与发展的新亮点(狄蓉等,2020;Cai & Lo, 2020)。鉴于其巨大的市场潜力,越来越多的企业开始加入这一机遇之战,试图整合其有形店铺、无形店铺和社会化媒体资源,发掘并合理利用潜在的商机（Neslin et al., 2006; Saghiri et al., 2017; Li, Liu, et al., 2018）。例如，2015年年初至2016年年底，苏宁、国美、海尔先后启动和实施了"集全域、全需、全智于一体，线上线下相互融合"四位一体、"全渠道、新场景、强链接"、"电商＋店商＋微商"三商融合的渠道整合战略。此外，2016年以来，包括盒马鲜生、良品铺子、三只松鼠在内的商超新贵和休闲食品领跑企业也在加速布局线上线下渠道整合战略（Aliresearch, 2017）。但实践中，企业依然面临许多问题：虽然移动互联网驱动的新兴零售模式打通了企业的线上线下渠道，为顾客提供了线上线下的互动通道，但企业同时也面临如何有效掌握并合理利用渠道整合规律，改善顾客体验与消费行为的困境。事实上，消费者由单渠道向多渠道、全渠道消费模式转变过程中，多个渠道之间存在的渠道协同与侵蚀效应增加了消费行为的复杂性，提升了企业制定与实施全渠道营销策略的难度。例如，由于全面布局线下"苏宁小店"的巨大投入和实施"线上渠道与线下渠道同价"的营销策略对实体渠道的冲击，苏宁在2015年全年和2016年前三季度的净利润分别为－14.65亿元和－9.63亿元，2019年运营亏损扩大16倍，2020年第一季度预计亏损4亿—6亿元（新浪科技，2020）。类似地，由于全渠道建设的巨大投入，以及共享线上线下的采购、物流与售后服务对实体渠道的影响，2017—2019年国美累计亏损80亿元（新浪财经，2020）。企业在单渠道零售向多渠道零售、全渠道零售模式转型过程中，不仅需要管理单个渠道的运营效率，更重要的是需要管理多个线上线下渠道整合问题，渠道之间缺乏有效整合往往被认为是导致多渠道零售模式运营低效甚至失败的主要原因（Sandlin & Obrenovich, 2016; Verhoef et al., 2015; Li, Liu, et al., 2018; Yang et al., 2020）。影响渠道整合的关键因素有哪些？这些因素在不同渠道模式下有何区别，如何进行测度？这些因素如何影响不同消费场景下的消费者行为？解决这些问题是企业开展新兴的多渠道零售模式的前提。

基于此，本书拟从渠道整合视角研究感知渠道整合对消费者行为的影响机制。具体而言，本书的研究内容主要包括：（1）感知渠道整合对消费者信任传递行为的影响机制；（2）感知渠道整合对消费者使用传递行为的影响机制；（3）感知渠道整合对移动社交媒体使用行为的影响机制；（4）感知渠道整合对移动政务微博服务持续使用行为的影响机制；（5）感知渠道整合对消费者持续购买行为的影响机制；（6）全渠道模式下感知渠道整合的构成与测度；（7）全渠道模式下感知渠道整合对消费者忠诚的影响机制。本书将构建感知渠道整合与消费者渠道使用行为的理论模型，通过获取消费者渠道使用行为数据，采用统计软件 SPSS 和结构方程软件 PLS、LIS-REL 等对理论模型与假设进行实证检验。本书旨在揭示不同消费情景下感知渠道整合对消费者行为的作用机制，从而为企业更好地制定和实施渠道整合营销策略，维护持续的顾企关系提供理论支持与行动指南。

第二节　研究内容

基于感知整合性理论、自我调节理论、信任传递理论、期望确认理论、品牌延伸理论和社会资本理论等，本书拟结合我国零售企业的发展现状与管理实践，系统分析不同情景下的感知渠道整合规律及其对消费者使用行为的影响机制。研究的主要内容如下。

1. 感知渠道整合对消费者信任传递行为的影响机制

随着移动通信技术的迅猛发展与无线设备的快速普及，移动互联网渠道在商业交易中的重要性正在迅速增长（Dastane et al., 2020）。本部分旨在研究消费者从 PC 互联网向移动互联网渠道扩展情景下感知渠道整合对消费者信任传递过程的影响机制。虽然已有文献对移动互联网环境下的消费者信任进行了大量探讨（Chen et al., 2020; Kim, Shin, et al., 2009; Chong et al., 2012），但通常仅关注了单一移动互联网渠道下影响消费者信任的因素，仍未明确多渠道环境下 PC 互联网服务和移动互联网服务之间的信任传递过程及其对消费者行为的影响。此外，已有文献多从技术使用视角解释移动互联网服务的采纳行为（Sharma, 2017）和创新扩散行为（Rafique et al., 2020），较少从技术使用者与服务消费者结合视角解释移动互联网环境下消费者感知信任与消费行为。基于信任传递理论，本书拟实证研究基于信任源、信任目标、信任源与信任目标之间的关系的消费者信任传递过程，并深入剖析感知渠道整合对消费者信任传递过程及其对消费者感知价值与移动购物意愿的影响机制。

2. 感知渠道整合对消费者使用传递行为的影响机制

数字经济时代，越来越多的传统实体企业开始数字化其线下实体渠道，并向线上线下渠道整合的运营模式发展。本部分旨在探究消费者从线下渠道向线上渠道扩展情景下感知渠道整合对消费者使用传递行为的影响机制。虽然已有文献对消费者线上渠道使用行为进行了大量研究（Yang, Lu, & Chua, 2013; Shen et al., 2018），但多基于单渠道视角解释消费者对线上渠道的使用行为，仍缺乏从多渠道视角对线下渠道使用经历与线上渠道使用意愿之间的消费者使用传递行为规律的系统探究。基于自我感知理论、期望不确认理论和感知整合性理论，本部分拟从渠道整合视角研究感知渠道整合对消费者使用传递过程的影响机制。

3. 感知渠道整合对移动社交媒体使用行为的影响机制

近年来，随着移动互联技术的飞速发展与移动设备的快速普及，移动社交网络服务的使用者呈现爆发式增长（Li et al., 2020）。

基于其无处不在性、个性化和碎片化等特征，移动社交网络服务作为现实世界与虚拟世界的"桥梁"，有效地整合了用户的线上社交生活与线下社交生活。虽然已有文献对移动社交网络服务用户行为进行了较深入研究（Hsiao, 2017；Yang, Wang, et al., 2016；Nie et al., 2020），但已有研究多关注移动社交网络服务的正向使用行为，例如持续使用行为（Hsiao, 2017）、打卡行为（Nie et al., 2020）等，仍缺乏对移动社交网络服务用户的负向使用行为（如用户的技术成瘾行为）的系统探究。此外，尽管近年来一些学者对影响用户的移动社交网络成瘾行为的因素进行了研究（Barnes et al., 2019；Selwyn & Aagaard, 2020），但这些研究多倾向于从单一渠道环境中发现影响移动社交网络服务用户成瘾的关键因素（Barnes et al., 2019），仍缺乏从渠道整合视角分析感知渠道整合对用户的移动社交网络成瘾行为的影响机制。基于社会资本理论，本部分拟基于渠道整合视角探究感知渠道整合对用户的感知社会资本及其移动社交网络成瘾的影响机制。

4. 感知渠道整合对移动政务微博服务持续使用行为的影响机制

无线互联时代，移动互联网已成为人们获取信息、参与互动的重要渠道（Mohd Paiz et al., 2020；Hew et al., 2016；杨水清，2015；Hsu & Yeh, 2018；Yang et al., 2018）。移动政务微博平台作为网络问政时代下政府机构实践政务管理的重要媒介，因其便捷性、实时性、个性化、互动性等特点，已经成为公众获取信息和表达意见的重要渠道（王学军、王子琦，2017；Yuguo, 2018；姜景、王文韬，2020）。移动政务微博服务通过向公众提供便捷和无处不在的政务服务，不仅促进了公众与政府之间的互动，而且为公众的线上线下社交生活的融合与互动创造了条件（Yang et al., 2018）。虽然已有文献对移动政务媒体的公众使用行为进行了大量研究，但倾向基于单渠道视角分析影响公众使用移动政务媒体的因素（Li et al.,

2020；Susanto & Goodwin，2013；Ahmad & Khalid，2017）。基于此，本部分拟从渠道整合视角探究感知渠道整合对公众的移动政务微博服务持续使用意愿的影响机制。

5. 感知渠道整合对消费者持续购买行为的影响机制

无线互联时代，消费者的转换成本进一步降低，如何有效促进消费者的持续购买成为企业关注的焦点（Tandon et al.，2020；Chopdar & Balakrishnan，2020）。虽然已有文献对多渠道环境下消费者持续购买行为进行了大量研究（Yang et al.，2017；Chopdar & Balakrishnan，2020；Soysal & Krishnamurthi，2015；Lee & Kim，2010），但多基于传统信息技术接受理论来解释多渠道环境下消费者持续购买行为，例如技术接受模型（Slack et al.，2008）和创新扩散理论（Verhoef et al.，2015）。且已有研究倾向将企业的不同营销渠道视为分离的个体，较少基于渠道整合视角研究感知渠道整合对消费者持续购买行为的影响机制。基于 Bagozzi（1992）的自我调节过程框架，本部分拟探究多渠道模式下感知渠道整合对消费者自我调节过程（初始评估、情绪反应和应对行为）的作用机制。具体而言，本部分将剖析感知渠道整合如何影响感知 PC 互联网购物与移动互联网购物服务质量，特定交易满意与累积交易满意，以及如何进一步影响消费者持续购买意愿。

6. 全渠道模式下感知渠道整合的构成与测度

近年来，线上与线下、社交与商务的融合已成为现代商务模式发展的趋势（李飞，2015；Grewal et al.，2017）。虽然已有文献对感知渠道整合进行了较为深入的研究，但对其构成仍缺乏统一的认知，例如当前仍存在单维度、多维度和二阶因子三种不同的测度方式，还未能明确不同测度之间的区别与联系。此外，目前学术界对全渠道模式下感知渠道整合的实证研究还相对较少，还未能明确全渠道模式下感知渠道整合与传统多渠道模式下感知渠道整合在构成上的异同。基于感知整合性理论，本部分拟从内部协调性和外部一致性两个方面对全渠道模式下感知渠道整合的构成与测度进行分析。

7. 全渠道模式下感知渠道整合对消费者忠诚的影响机制

顾客忠诚一直是影响商业企业获取竞争优势的核心因素（杨水清，2015；范秀成等，2009；Wallace et al.，2004a）。相较于传统的多渠道模式强调采用多个渠道同时作为销售与订单完成的途径，全渠道模式强调渠道之间的深度融合和顾客在不同渠道之间互动的无缝连接（Cai & Lo，2020；Verhoef et al.，2015）。相应地，全渠道模式下感知渠道整合及其对顾客忠诚的影响机制也发生了改变（Goraya et al.，2020）。已有研究侧重从感知价值、转换成本、顾客满意等实利因素讨论多渠道环境下顾客忠诚的影响因素，还未能从顾客体验视角揭示全渠道模式下感知渠道整合对顾客忠诚的影响机制。基于此，本部分拟从顾客体验视角探究全渠道模式下感知渠道整合对顾客忠诚的影响机制。

第三节　研究意义

一　理论意义

1. 揭示感知渠道整合对消费者信任传递过程的影响机制，丰富了多渠道环境下消费者信任的研究

已有文献对移动互联网环境下的消费者信任进行了深入研究（Chen et al.，2020；Kim，Shin，et al.，2009；Chong et al.，2012），但大多数研究从单渠道视角研究移动互联网环境下的消费者信任的影响因素。最近，虽然一些研究讨论了多渠道环境下消费者对移动互联网服务的信任（Cao et al.，2018），但倾向于将渠道视为分离的个体，仍缺乏从渠道整合视角研究多渠道环境下消费者信任传递

的规律。基于信任传递理论，本书揭示感知渠道整合对消费者信任传递过程的作用规律，研究成果有助于丰富多渠道环境下消费者信任的研究。

2. 探究感知渠道整合对消费者使用传递行为的影响机制，有助于深化对多渠道环境下消费者使用传递行为规律的系统认知

已有文献对消费者线上渠道使用行为进行了大量研究（Yang, Lu, & Chua, 2013; Shen et al., 2018），但较少从线上渠道与线下渠道联系的视角研究线下渠道使用经历对线上渠道使用行为的影响机制。此外，虽然最近一些研究考察了线下渠道与线上渠道之间的渠道协同效应与侵蚀效应（Wiener et al., 2018），但仍缺乏从渠道整合视角研究感知渠道整合对渠道间的协同效应与侵蚀效应的调节机制。基于自我感知理论、期望不确认理论和感知整合性理论，本书研究了多渠道环境下感知渠道整合对消费者使用传递行为的影响机制，研究结论有助于深化对多渠道环境下消费者使用传递行为规律的系统认知。

3. 明确感知渠道整合对移动社会化媒体使用行为的影响机制，丰富了多渠道环境下移动社会化媒体使用行为的研究

虽然已有文献对移动社交网络服务用户行为进行了较深入的研究（Hsiao, 2017; Yang, Wang, et al., 2016; Nie et al., 2020），但已有研究多关注移动社交网络服务的正向使用行为，例如持续使用行为（Hsiao, 2017）、打卡行为（Nie et al., 2020）等，仍缺乏对移动社交网络服务用户的负面使用行为（如用户的技术成瘾行为）的系统探究。此外，尽管最近一些学者对影响用户的移动社交网络成瘾的因素进行了研究（Barnes et al., 2019; Selwyn & Aagaard, 2020），但这些研究多倾向于从单一渠道环境中发现影响移动社交网络服务用户成瘾的关键因素（Barnes et al., 2019），仍缺乏从渠道整合视角分析感知渠道整合对用户的移动社交网络成瘾

的影响机制。基于社会资本理论，本部分拟从渠道整合视角探究感知渠道整合对用户的感知社会资本及其移动社交网络成瘾的影响机制。

4. 研究感知渠道整合对消费者持续购买行为的影响机制，有助于深化对多渠道环境下消费者持续购买行为的系统认知

虽然已有文献对多渠道环境下消费者持续购买行为进行了大量研究（Yang et al., 2017; Chopdar & Balakrishnan, 2020; Soysal & Krishnamurthi, 2015; Lee & Kim, 2010），但多基于传统信息技术接受理论解释多渠道环境下消费者持续购买行为，例如技术接受模型（Slack et al., 2008）和创新扩散理论（Verhoef et al., 2015）。且已有研究倾向将企业的不同营销渠道视为分离的个体，仍缺乏基于渠道整合视角对多渠道环境下感知渠道整合如何影响消费者持续购买行为的系统探究。基于 Bagozzi（1992）的自我调节框架，本书研究了多渠道环境下感知渠道整合对消费者持续购买行为的影响机制，研究成果有助于深化对多渠道环境下消费者持续购买行为的系统认知。

5. 识别全渠道模式下感知渠道整合的构成与测度，促进了对感知渠道整合的系统认知

鉴于感知渠道整合的内涵非常丰富，现有研究对其构成存在多种测度方式。例如，当前仍存在单维度（Goraya et al., 2020; Chiu et al., 2011）、多维度（Shen et al., 2018; Lee & Kim, 2010）和二阶因子（Sousa & Voss, 2006; Seck & Philippe, 2013; Lee et al., 2019）三种不同的测度方式。这些不一致的变量测度，导致当前研究结果呈现较大差异，且很难对不同研究结果进行比较。因此首先需要对其构成与测度进行清晰界定，否则后续研究可能会进一步扩大这种差异。此外，学术界当前对全渠道模式下感知渠道整合的实证研究还较鲜见，还有待厘清全渠道与传统多渠道模式下感知渠道整合在构

成与测度上的区别，并结合全渠道特征，识别与界定其构成与测度。本部分研究将有助于促进对感知渠道整合的系统认知。

6. 剖析全渠道模式下感知渠道整合对顾客忠诚的影响规律，扩展了全渠道模式下消费者行为的研究

已有文献侧重从感知价值（Hamouda，2019）、感知服务质量（Mainardes Emerson et al.，2020）、感知转换成本（Xu & Jackson，2019）、顾客满意（Hamouda，2019）等功利性因素（Utilitarian）分析对全渠道环境下顾客忠诚的影响，较少考察顾客体验的影响。体验经济时代，人们非常重视线上线下结合的全渠道购物体验。事实上，相较于单一的线下"店商模式"或线上"电商模式"，全渠道模式下的顾客体验尤其重要，其往往取决于全渠道企业的渠道整合水平。基于此，本部分拟从顾客体验视角探究全渠道模式下感知渠道整合对顾客忠诚的影响规律，对上述机制的明确，有利于扩展全渠道模式下消费者行为的研究。

二 实践意义

（1）本书所研究的感知渠道整合对消费者信任传递过程的影响机制，可以为企业提高消费者的跨渠道信任从而促进其由 PC 互联网向移动互联网扩展的多渠道战略提供理论依据。

（2）本书所研究的感知渠道整合对消费者使用传递行为的影响机制，有助于多渠道企业管理其线上线下渠道整合水平，基于消费者使用传递规律促进消费者由单渠道消费向多渠道消费的转型。

（3）基于本书所研究的感知渠道整合对移动社会化媒体使用行为的影响机制，有助于企业提高渠道整合水平，促进消费者移动社会化媒体的使用。

（4）基于本书所研究的感知渠道整合对移动政务微博服务持续

使用行为的影响机制，微博管理者可以采取措施提高渠道整合水平，从而促进公众与政府之间的互动，增加公众对移动政务微博服务的持续使用行为。

（5）本书所研究的感知渠道整合对消费者持续购买行为的影响规律，可以为企业制定与实施多渠道营销战略，提升消费者持续购买意愿提供行动指南。

（6）本书对全渠道模式下感知渠道整合的构成与测度的研究，有助于企业系统识别影响其有形店铺、无形店铺和社会化媒体渠道整合水平的关键因素，利用移动互联网平台对线上渠道与线下渠道进行有效整合。

（7）基于本书所研究的全渠道模式下感知渠道整合对顾客体验与顾客忠诚的作用机制，企业可以采取相应措施改善全渠道模式下的顾客体验，构建良好的顾企关系。

第四节　研究方法

针对上述研究内容，本书拟综合运用文献综述、调研访谈、理论研究、专家法、问卷调查等多种研究方法，实证研究感知渠道整合规律及其对不同情景下消费者行为的影响机制。

（1）文献综述：围绕本书的研究内容与关键问题，广泛收集与查阅国内外多渠道消费者行为的相关文献，对感知渠道整合与多渠道消费者行为的相关文献进行文献梳理与主题归纳，系统总结现有文献研究结论，研究现状与研究局限，明确研究目标并构建研究方案。（2）调研访谈：基于上述文献综述，结合我国企业的业界实践背景，将本书拟定的研究问题和相关构念，在国内知名的多渠道企业中（例如苏宁、银泰、国美）进行调研访谈，深入了解企业的多渠道运营实际状况，对企业存在的渠道整合问题进行梳理与分析。

(3) 理论研究：在文献分析与调研访谈的基础上，本书拟以感知整合性理论、自我调节理论、信任传递理论、期望确认理论、效价框架理论和社会资本理论等为理论基础，结合我国企业的发展现状与管理实践，从渠道整合视角归纳跨渠道模式下的消费者信任传递与使用传递行为理论框架、多渠道模式下的消费者社交媒体使用与持续购买行为理论框架、全渠道模式下的感知渠道整合与顾客忠诚理论框架，构建本书的理论模型。(4) 专家法：基于本书拟定的研究问题与理论模型，召开专家研讨会，邀请国内外专家学者和内业人士参加研讨，分析感知渠道整合对消费者行为影响的理论模型及变量之间逻辑结构的合理性，进一步修正理论模型，讨论理论模型是否能达到理论研究目标，并进行反馈与修正。(5) 问卷调查：采用问卷调查研究方法，按照 Churchill Jr.（1979）推荐的标准分析流程，界定感知渠道整合与消费者行为理论模型与变量内涵，列出基于文献与理论研究的初始量表，收集第一阶段数据对量表进行净化，收集第二阶段数据对量表进行因子分析、信度与效度分析，确定量表的构成和测度。然后，进行大样本数据收集，整理调研数据，基于样本数据，采用结构方程模型等统计分析方法对感知渠道整合与消费者行为的理论模型进行验证。

第五节　技术路线

基于上述研究内容，本书制定的研究技术路线如图 1-2 所示。本书的第一章为绪论，主要介绍研究背景、研究内容与意义、研究方法等；第二章主要对多渠道与全渠道模式下消费者行为等相关概念进行界定，对感知渠道整合与消费者行为等领域的相关研究进行文献综述。

第三章到第九章为本书的核心实证研究部分，共分为两大部

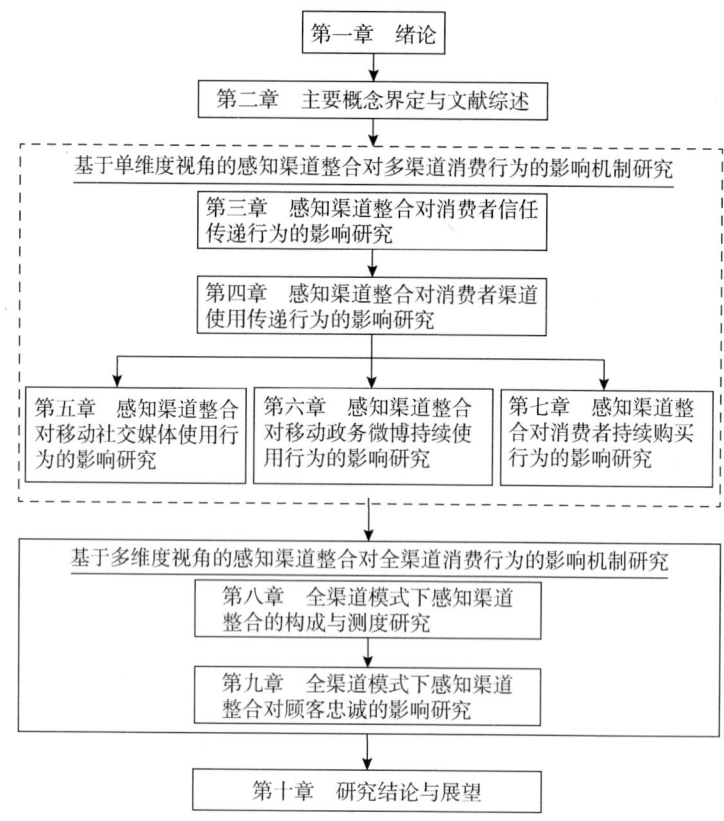

图 1-2 本书研究技术路线

分：第一部分主要为基于单维度视角的感知渠道整合对多渠道消费行为的影响机制研究。该部分主要包括第三章到第七章的共五个章节。第二部分主要为基于多维度视角的感知渠道整合对全渠道消费行为的影响机制研究，包括第八章和第九章两个章节。

本书的第十章为研究结论与展望，主要对本书的研究结论和发现进行总结与分析，阐明本书的理论与实践贡献，讨论研究局限与研究展望。

本书的研究共分为十章：

第一章　绪论：本章主要分析了感知渠道整合与消费者行为研

究背景，阐明了本书的研究内容及其意义，确定了本书的研究方法与技术路线。

第二章　主要概念界定与文献综述：本章针对研究内容与关键问题，首先对本书的感知渠道整合等主要概念进行界定，并对国内外感知渠道整合与多渠道消费者行为的相关文献进行回顾和评述，基于研究现状与研究局限的讨论与总结，构建研究方案。

第三章　感知渠道整合对消费者信任传递行为的影响研究：本章基于感知整合性理论和信任传递理论，构建了消费者从PC互联网向移动互联网渠道扩展过程中的信任传递理论模型，实证分析了感知渠道整合对跨渠道环境下消费者信任传递过程的影响机制，揭示感知渠道整合对消费者信任、消费者感知价值与移动购物意愿的影响规律。

第四章　感知渠道整合对消费者渠道使用传递行为的影响研究：在上一章研究感知渠道整合对消费者信任传递机制的研究基础上，本章基于自我感知理论和期望确认理论等，构建了消费者从线下渠道向线上渠道扩展过程中的使用传递理论模型，实证检验了感知渠道整合对跨渠道环境下消费者使用传递过程的影响机制，分析了感知渠道整合对消费者的线下渠道使用经历与线上渠道使用意愿之间关系的调节效应。

第五章　感知渠道整合对移动社交媒体使用行为的影响研究：本章基于社会资本理论，构建了消费者移动社交网络成瘾行为的理论模型，实证分析了感知渠道整合对用户的感知社会资本及其移动社交网络成瘾行为的影响机制，讨论了线上社会互动关系与线下社会互动关系对感知渠道整合与移动社交网络成瘾行为之间关系的中介效应。

第六章　感知渠道整合对移动政务微博服务持续使用行为的影响研究：本章基于感知整合性理论和感知价值理论，构建了公众的移动政务微博服务持续使用行为的理论模型，实证检验了感知渠道整合对公众感知的内在价值与外在价值，以及移动政务微博服务持续使用意愿的影响机制。

第七章　感知渠道整合对消费者持续购买行为的影响研究：本章基于自我调节框架和感知整合性理论，构建了消费者感知渠道整合对 PC 互联网与移动互联网环境下消费者自我调节过程的影响的理论模型，实证检验了感知渠道整合对感知线上渠道与移动渠道服务质量、特定交易满意与累积满意、消费者持续购买意愿的影响机制。

第八章　全渠道模式下感知渠道整合的构成与测度研究：本章基于感知整合性理论，结合全渠道企业的管理实践，从内部协调性和外部一致性两个方面对已有文献进行梳理与归纳，研究依据 Churchill Jr.（1979）推荐的构念测度流程，分别对全渠道模式下感知渠道整合的构念进行单维度、多维度和二阶因子的测度，然后收集第一阶段数据和第二阶段数据对构念进行信度与效度分析，并比较三种测度结果的因子负载与拟合优度的差异，最终确定全渠道模式下感知渠道整合的构成与测度。

第九章　全渠道模式下感知渠道整合对顾客忠诚的影响研究：在全渠道模式下感知渠道整合的构成与测度的研究基础上，本章基于顾客体验理论，构建了全渠道模式下感知渠道整合对消费者忠诚的理论模型，实证检验了全渠道模式下感知渠道整合对顾客体验、顾客忠诚的影响机制。

第十章　研究结论与展望：本章主要讨论了感知渠道整合对不同情景下消费者使用行为研究的主要结论，阐述了研究局限与未来研究展望。

第二章 主要概念界定与文献综述

第一节 主要概念界定

无线互联时代，线上与线下、社交与商务的融合已成为现代商务模式发展的趋势（Yang et al.，2017；Cai & Lo，2020；Seck & Philippe，2013）。越来越多的零售商开始基于多个渠道为消费者提供商品或服务，以满足消费者不同的购物需求和偏好（杨水清，2015；Yang et al.，2017）。与之对应，多渠道零售和新兴的全渠道零售模式及其消费者行为成了学者关注的热点（Yang et al.，2017；Cai & Lo，2020；Mainardes Emerson et al.，2020；Yang et al.，2019）。本部分将对多渠道类型、多渠道零售和全渠道零售的相关概念及其范畴进行界定。

一 多渠道类型

基于已有文献（杨水清，2015；杨水清，2012；赵礼强、郭亚军，2010），本书将多渠道类型按照其控制主体的不同分为四种类型：水平整合型多渠道、垂直整合型多渠道、分散混合型多渠道和部分整合型多渠道。其中，水平整合型多渠道与垂直整合型多渠道属于同一主体/企业控制的多渠道模式；分散混合型多渠道和部分整合型多渠道则属于不同主体/企业控制的多渠道模式。

水平整合型多渠道模式是指生产厂商没有组建本企业的直属分销渠道，其产品由第三方的同一主体负责其线下渠道与线上渠道的分销。例如，我国一些图书出版社将书籍销售业务交由新华书店在其实体店和网店上进行销售。垂直整合型多渠道模式则是指产品的生产企业自己组建线下渠道与线上渠道进行多渠道销售，而不使用其他代理分销商。垂直整合型多渠道模式的产品生产、分销、物流和售后等均由同一生产企业负责。例如，我国银行业均采用垂直整合型多渠道模式。分散混合型多渠道模式一般指由一个生产企业和多个分销商组成的多渠道销售模式，其线上渠道与线下渠道分由不同分销商控制。例如，图书出版商将图书由当当网进行线上销售，而线下销售则由新华书店在实体店销售。部分整合型多渠道模式则是指生产企业组建了自己的线上渠道进行销售，同时还在线下实体店由专业的实体零售商进行产品分销。部分整合型多渠道模式最大的特点是其线下渠道与线上渠道分别由不同主体控制，生产企业自己控制线上渠道的销售，而线下渠道则由传统零售企业控制。例如，大部计算机公司通常采用部分整合型多渠道模式。

本书的主要研究目标是揭示感知渠道整合对消费者行为的影响机制。依据分类理论可知，人们是基于一致性与相似性对现实世界的思想、观念和对象进行分类而认识世界的（Ozanne et al.，1992）。当人们认为信息目标与来源存在某种联系或一致性时，他们会将其在记忆中归为同一类进行评估（Escalas & Bettman，2005）。在本书的研究情景下，感知渠道整合的过程是基于消费者感知渠道之间所具有的某种紧密联系而实现的（Yang et al.，2017；Chen et al.，2020；Campbell，1958），而同一主体控制的多个渠道之间存在的紧密联系有利于促进消费者的感知渠道整合。因此，基于分类理论与研究情景，本书将研究对象限定为同一主体控制的多渠道整合模式。

二 多渠道零售

多渠道零售是指使用多个渠道同时作为销售和订单完成的途径的一种零售模式（杨水清，2015；Verhoef et al.，2015）。随着移动电子商务等新兴电子渠道的快速发展，越来越多的企业在保持线下实体营销渠道的同时，开始通过线上电子渠道销售商品或服务。多渠道模式下的消费者行为研究受到越来越多的学者关注（杨水清，2015；Verhoef et al.，2015；Chang et al.，2019）。由于渠道之间存在替代与互补效应，相较于单渠道模式下的消费者行为，多渠道模式下的消费者行为更复杂（Yang et al.，2017；Chang et al.，2019）。已有文献对线上渠道和线下渠道之间的协同机制的研究结果并不一致，例如，一些研究（Kwon & Lennon，2009；Kim & Park，2005；Yang et al.，2011）发现多渠道消费者行为受到线上渠道与线下渠道之间的正向协同效应影响；而另外一些研究（Falk et al.，2007；Montoya-Weiss et al.，2003）则发现多渠道消费者行为受到线下渠道与线上渠道之间的负向侵蚀效应影响。还有一些研究认为多渠道消费者行为不仅受到线下渠道和线上渠道之间的正向协同效应的影响，而且受到其负向侵蚀效应的影响（Yang, Lu, & Chua，2013；Chang et al.，2019；Verhoef et al.，2007）。这种研究结论上的不一致性限制了人们对渠道协同机制及其对消费者行为的作用机理的理解，阻碍了研究的进一步发展。因此，了解多渠道模式下消费者的消费动机和行为特征，并据此构建营销策略是企业竞争生存的关键。已有文献在研究多渠道模式下的渠道协同与侵蚀效应及其对消费者行为的影响时往往忽略了渠道整合水平，而渠道整合水平对影响消费者行为的渠道协同与侵蚀效应存在重要的影响（Goraya et al., 2020；Yang et al., 2017）。因此，已有研究仍缺乏对多渠道模式下感知渠道整合与消费者行为之间关系的系统探究。

三　全渠道零售

全渠道零售的概念最早出现在《哈佛商业评论》2011年第12期的论文《购物的未来》（Rigby，2011）。由于目前全渠道零售的研究还处于初始阶段，学术界对全渠道零售的定义仍未形成一致的定论（李飞等，2018；Cai & Lo，2020；李飞，2014；Verhoef et al., 2015；Saghiri et al., 2017；Yang et al., 2019；Ailawadi & Farris, 2017）。李飞（2014）从营销学角度将全渠道零售定义为"个人或组织为了实现相关利益者利益，满足顾客购物、娱乐和社交的综合体验需求，采取线上和线下尽可能多的零售渠道类型进行组合和整合的营销模式"。Verhoef等（2015）则从管理学视角将全渠道零售定义为"企业对众多渠道和顾客接触点进行协同管理，从而优化跨渠道的服务质量和顾客体验"。最近，还有一些学者从供应链视角（Saghiri et al., 2017；Song & Song，2020）和渠道管理视角（Cai & Lo，2020；Ailawadi & Farris，2017）对全渠道零售概念进行了界定。

从本质而言，全渠道模式是多渠道模式的数字化与移动化发展的全新阶段，它涉及基于移动互联网、大数据和人工智能等数字技术驱动的有形店铺、无形店铺和社会化媒体的深度融合与互动。全渠道零售与多渠道零售的主要区别如表2-1所示。基于现有研究（李飞 et al., 2018；李飞，2014；Verhoef et al., 2015；Ailawadi & Farris，2017；Song & Song，2020），本书基于消费者视角将全渠道零售定义为企业以顾客为中心，利用移动互联网整合其有形店铺、无形店铺和社会化媒体渠道等线上渠道与线下渠道,将顾客在各种不同渠道的购物、娱乐和社交体验无缝连接,并最大化其综合体验的一种商业形态。

表 2-1　　　　　　多渠道零售与全渠道零售的比较分析

	多渠道零售	全渠道零售
定义	多个渠道同时作为销售和订单完成的途径	统一管理多个渠道,为消费者提供一个渠道之间的无缝连接和体验的商业系统
渠道特征	多个渠道是独立竞争关系	多个渠道为顾客提供无缝的信息和交互体验
渠道范围	实体店、电子商务、移动商务	实体店、电子商务、移动商务、社会化媒体,以及所有其他的顾客接触点
渠道整合	无渠道间的转换	渠道间的无缝连接与转换
渠道管理	管理多个渠道和顾客接触点,并最优化单个渠道的效率	管理多个渠道和顾客接触点,优化整体化的渠道效率
数据	渠道间的数据不进行共享	所有渠道的数据一致
顾客	渠道间不存在交互性	实现全渠道的交互
销售员	渠道并行使用 不能有效控制渠道的整合	渠道同时使用 能控制所有渠道的整合
商家	不能根据客户和产品特征进行销售	根据每个客户的不同特征及其对产品的需求和知识调整销售和促销
渠道目标	单个渠道的销售额,单个渠道的体验	整合所有渠道和接触点,为顾客提供一个整体的客户体验

资料来源:Shen et al. (2018)。

全渠道消费行为是典型的多渠道消费行为(Verhoef et al., 2015)。学者将多渠道消费行为划分为两种类型(Lee & Kim, 2010; Beck & Rygl, 2015):(1)同一主体控制的多渠道消费行为;(2)不同主体控制的多渠道消费行为。鉴于全渠道模式是多渠道模式的新发展阶段,本书依据渠道控制主体的不同将全渠道模式划分为两种类型:(1)同一主体控制的全渠道零售模式,该模式下的有形店铺、无形店铺和社会化媒体均由同一企业控制,例如国美、苏宁和银泰百货等;(2)不同主体控制的全渠道零售模式,该模式的不同渠道由不同企业控制,例如永辉超市、华润万家和三只松鼠等,该类企业的无形店铺主要与京东、天猫、美团等第三方商业购物平台合作。或者如优衣库、真维斯和美特斯邦威等企业的社会化媒体主要与蘑菇街、美丽说等第三方社会化商务平台合作。本书研究对象为同一主体控制的全渠道零售模式。以下相关文献分析将围绕同一主体控制的全渠道消费者行为研究展开。

第二节 文献回顾

一 多渠道消费者行为

多渠道消费者行为是指消费者通过两个或两个以上的渠道获取同一种产品/服务的消费行为,它是顾客在购买产品/服务的过程中对不同渠道进行评价和理性选择,以满足特定消费需求的主观考虑与决策过程(杨水清,2015;Neslin & Shankar,2009)。已有研究对多渠道消费者行为进行了大量研究(杨水清,2015;Neslin & Shankar,2009;Rangaswamy & Van Bruggen,2005;Zhang,Farris,Kushwaha,et al.,2010),本书将从多渠道消费者行为类型和渠道间相互关系等方面对现有文献进行分析。

从多渠道消费者行为类型而言,现有研究可以分为三个方面。(1)多渠道消费者的渠道扩展行为研究。例如,渠道间的信任传递行为研究(Wang et al.,2013;林家宝 et al.,2010;Badrinarayanan et al., 2012)、消费者渠道迁移行为研究（Pookulangara et al., 2011; Xu et al., 2010）、跨渠道的消费者采纳行为研究（Yang, Lu, & Chua, 2013; Verhagen & van Dolen, 2009）；（2）消费者的渠道选择行为研究（王全胜等，2009），例如消费者渠道选择决策行为研究（龙贞杰、刘遗志，2013；蒋侃、张子刚，2010；Chocarro et al., 2013）、多渠道的信息搜索与购买行为研究（Verhoef et al., 2007; Kuruzovich et al., 2008）；（3）多渠道消费者忠诚研究（Lee & Kim, 2010; Lin, 2012），多渠道消费者持续购买行为研究（Yang et al., 2017）。

从渠道间的相互关系而言，现有研究主要可以分为三种类型。（1）渠道间的负向侵蚀效应。例如，Montoya-Weiss 等（2003）发现消费者感知实体渠道的服务质量负向影响其对同一企业的线上渠道的使用意愿。Falk 等（2007）发现消费者对银行实体渠道的满意程度负向影响其使用该银行的互联网渠道自助服务的感知有用性。（2）渠道间的正向协同效应。例如，Kwon 和 Lennon（2009）发现消费者对实体渠道品牌的好感度正向影响其对该企业线上渠道品牌的好感度。Yang 等（2011）研究发现消费者感知实体渠道的服务质量正向影响其对该企业的线上渠道的感知服务质量，进而影响线上渠道的消费者采纳意愿。（3）渠道间的正向协同与负向侵蚀效应。例如，Kollmann 等（2012）研究发现消费者便利性导向正向影响消费者的线上渠道信息搜索行为，而消费者服务导向负向影响消费者的线上渠道信息搜索行为。Yang、Lu 和 Chua（2013）发现实体渠道与线上渠道的感知服务质量之间存在正向协同效应影响，而实体渠道的消费者满意与线上渠道的感知相对优势之间存在负向侵蚀效应影响。

当前学术界关于多渠道消费者行为的研究仍存在不同结论（杨水清，2015）。例如，一些学者发现，相较于单渠道消费者，多渠道消费者表现出更高的忠诚度，且购买金额与购买次数更多（Venkatesan et al.，2007；Thomas & Sullivan，2005），而一些学者却得出了相反的结论，他们发现相较于单渠道消费者，多渠道消费者的忠诚度更低（Neslin et al.，2006；Bolton et al.，2004）。近年来，针对这些不一致的结论，一些学者试图从渠道整合角度解释多渠道环境下的顾客忠诚（Lee & Kim，2010；Brown & Dant，2014；Müller-Lankenau et al.，2006）。例如，Müller-Lankenau 等（2006）将企业的多渠道战略分为四种类型：以线下为中心（Offline focused strategy）、以线上为中心（Online focused strategy）、线上线下隔离（Isolation strategy）、线上线下整合（Integration strategy），并认为线上线下整合战略对多渠道顾客忠诚存在正向影响。类似地，还有一些学者（Wallace et al.，2004b）将企业的多渠道战略归为两类：渠道组合与渠道整合，前者是指多渠道中各渠道相互独立完成销售功能，后者是指多渠道中各渠道相互配合共同实现销售功能，并认为渠道整合战略对顾客忠诚有正向影响。张沛然等（2017）从渠道整合、渠道交互和渠道选择三个研究方向对已有多渠道研究进行了归纳与梳理。

二 全渠道消费者行为

随着新一代信息技术的发展，特别是移动互联网技术的快速发展，全渠道模式成为国内学者研究的热点（Wiener et al.，2018；Verhoef et al.，2015；Li，Liu，et al.，2018；Shen et al.，2018；李飞，2015；Chen et al.，2018）。全渠道消费者行为的相关研究还处于初期阶段。例如，2012 年以来，李飞已连续发表多篇与全渠道零售相关的学术论文，对全渠道的基本概念和内涵等进行了分析与界定（李飞，2012；李飞，2013；李飞，2014；李飞，2015）。李飞

(2012）分析了我国多渠道零售革命的起因，认为其包括零售组合与零售整合的两种基本类型；李飞（2013）对全渠道的含义、成因与发展对策进行了分析；李飞（2014）对全渠道营销的概念进行界定，并对该概念进行了理论与实践应用的分析；李飞（2015）认为PC互联网向移动互联网的发展是一场巨大营销革命，全渠道营销改变了人们生活的方方面面，如工作、学习、消费、娱乐和交友的方式。刘向东（2014）对移动互联网环境下的全渠道商业模式进行了分析与讨论。齐永智、张梦霞（2015）讨论了零售企业由单渠道、多渠道、跨渠道向全渠道转向的演化路径，分析了SOLOMO环境下零售企业采用全渠道零售模式的原因。马慧敏（2017）认为移动互联时代，"以用户为中心"的社交化、本地化、移动化、个性化的特征凸显，建议我国零售企业把握机遇，布局全渠道零售，为顾客提供无缝购物的美好体验，实现对消费者的精准营销。

近年来，一些学者对全渠道模式下的渠道整合与消费者行为进行了研究。例如，蒋侃、徐柳艳（2016）分析了全渠道模式下的渠道整合对渠道互惠的影响，研究发现全渠道的渠道整合对渠道互惠存在直接作用，并经由线上/线下信任间接影响渠道互惠。董岳磊（2018）认为我国零售业在向全渠道零售方向发展进程中，通过顾客提供实体渠道、PC互联网渠道和移动互联网渠道的全渠道购物服务，提高了顾客体验，从而有助于推动零售企业的全渠道零售布局。石志红（2018）研究了零售企业实施全渠道零售的渠道整合水平，认为全渠道模式为传统零售企业提供了一个转型的机会。传统零售企业可以基于移动互联网技术和大数据技术构建线上渠道，有利于提高全渠道整合能力。任成尚（2018）研究了全渠道整合对顾客满意度的影响，实证结果显示全渠道整合提高了顾客感知赋权，进而增强了顾客满意度。

国外学者对全渠道消费者行为进行了大量的研究。Bell等（2014）

提出了一个顾客关注框架用于分析全渠道环境下顾客需求在不同的线上线下渠道如何满足。Beck 和 Rygl（2015）提出了一个分析多渠道、跨渠道和全渠道模式的理论框架，并对不同的渠道模式进行了分析与归纳。Verhoef 等（2015）在前期研究基础上，对零售企业从多渠道向全渠道转型的现象进行了研究，并从渠道焦点、渠道范围、渠道分离度、品牌、渠道目标等多个方面全面比较了多渠道与全渠道管理的区别，认为全渠道管理模式通过对顾客与多种渠道的接触点进行协同管理，优化了顾客的感知跨渠道服务质量与体验。Hübner 等（2016）基于物流视角研究了零售企业从多渠道向全渠道模式转型的过程。研究调查了超过 60 名零售商和行业专家，结果显示，越来越多的全渠道零售商开始整合不同渠道的库存与物流服务，渠道物流的整合度越高，则越有利于零售商推出顾客上门自提服务。Ailawadi 和 Farris（2017）提出了一个用于分析多渠道向全渠道模式转型过程中零售商的渠道布局如何与顾客需求相匹配的理论框架，并提出了后续研究方向。Blom 等（2017）实证研究了零售商基于顾客历史购买数据的全渠道促销对顾客购买行为的影响。发现基于顾客历史购买数据的促销可以增加销售量和品牌形象。Gao 和 Su（2017）研究了全渠道零售商推出的线上下单—线下提货的模式对顾客渠道行为的影响。研究发现线上下单—线下提货的服务可以为顾客提供实时的库存信息和减少顾客的选择成本。此外，研究还发现并不是所有的商品都适合线上下单—线下提货模式，特别是对那些畅销的商品，这一模式可能会减少盈利。Rodríguez-Torrico 等（2017）研究了全渠道环境下顾客的冲动性和触摸需要特征对其选择 PC 互联网与移动互联网渠道进行产品购买的影响。研究发现具有冲动性特征的顾客会更多地使用移动互联网购物，而具有触摸需要特征的顾客会更多地使用 PC 互联网购物。Saghiri 等（2017）从渠道阶段、渠道类型和渠道代理三个方面提出了一个全渠道的理论分析框架,并通过案例分析和专业访谈的方法对提出的理论分析框架进行了验证。基于推—拉—停泊（Push-Pull-Mooring）理论框架,Li、Liu等（2018）研究渠道整合对全渠道消费者行为的影响,实证研究发现渠道整合通过影响不确定性、转换成本和身份吸引性,间接影响全渠道消费者购买行为。基于案例研究方法,Wiener等（2018）分析了全渠道环境下线上渠道与线上渠道的协同效应和侵蚀效应,研究发现渠道整合水平的差异会影响线上渠道与线下渠道的协同效应和侵蚀效应的强弱。基于刺激—有机体—反应（Stimulus-Organism-Response）模型,Zhang等（2018）研究了全渠道环境下感知渠道整合对消费者惠顾行为的影响,研究发现渠道整合显著影响消费者赋能并进而显著影响消费者信任、满意和惠顾意愿。最近,Goraya等（2020）研究了全渠道环境下感知渠道整合对消费者渠道选择偏好的影响机制。

三　感知渠道整合的构成

由于感知渠道整合的丰富内涵,现有研究对其构成存在单维度、多维度和二阶因子等多种测度方式（杨水清,2015）。

（1）单维度构念:一些学者认为感知渠道整合是单维度的构念,由多个指标构成。例如,Bendoly等（2005）采用四组测度指标对感知渠道整合进行测量:感知线上线下渠道在相互推广、库存信息共享、服务共享和商品共享四个方面的整合程度。Chiu等（2011）采用三组测度指标对感知渠道整合进行测量:线上下单与线下取货、线上下单与线下退货、线上下单与线下换货。Yang、Liu等（2016）从渠道协同视角对感知渠道进行了测量,并实证研究了单维度的感知渠道整合对社交网站使用行为的影响。Li、Liu等（2018）将全渠道模式下的感知渠道整合定义为单维度构念,并实证研究了感知渠道整合对消费者保留和替代兴趣的影响机制。基于 Yang、Liu 等（2016）的研究，Chen 等（2020）将感知渠道整合定义为单维度构念，并实证研究了感知渠道整合对大学生使用移动社交媒体进行信息获取与信息分享的行为。Goraya 等（2020）从外部一致性视角将全渠道模式下感知渠道整合定义为单维度构念。

（2）多维度构念：另一些学者认为感知渠道整合是一个由多个因子构成的多维度构念，由多个因子构成。其中比较有代表性的是 Robey 等（2003）从渠道强化（Channel Reinforcement）、渠道互惠（Channel Reciprocity）、渠道协同（Channel Synergy）和渠道互补（Channel Complementarity）四个维度对感知渠道整合进行测度。Lee 和 Kim（2010）从信息一致性（Information Consistency）、渠道互惠、渠道选择自由（Freedom of Channel Selection）、电子邮件营销效率（E-mail Marketing Effectiveness）和线下客服支持价值（Appreciation of Store-based Customer Service Support）五个维度测量了感知渠道整合。Oh 等（2012）研究了促销信息（Promotion Information）、交易信息（Transaction Information）、产品与价格信息（Product and Pricing Information）、订单履约（Order Fulfillment）等信息一致性对商家绩效的影响。类似地，Saghiri 等（2017）基于多维度的信息一致性和渠道互补性测度感知渠道整合。Wagner 等（2013）采用渠道协同和渠道互补两个维度测度感知渠道整合。基于 Oh 等（2012）的研究，蒋侃、徐柳艳（2016）从信息整合、渠道可达和服务整合三个维度测度了感知渠道整合，研究了其对线上线下信任传递的影响。Shen 等（2018）从内容一致性（Content Consistency）和过程一致性（Process Consistency）两个方面测量了全渠道环境下感知渠道整合，并实证研究了感知渠道整合对全渠道消费者行为的影响。

（3）二阶因子构念：还有一些学者认为感知渠道整合是由多个

一阶因子构成的二阶因子构念。Sousa 和 Voss（2006）采用渠道间服务配置（Channel-service Configuration）和整合交互（Integrated Interactions）对感知渠道整合进行了测度，其中渠道间服务配置由渠道间服务配置透明度（Transparency of Channel Service Configuration）和渠道选择宽度（Breadth of Channel Choice）两个一阶因子构成；整合交互则由过程一致性和内容一致性两个一阶因子构成。Schramm-Klein 等（2011）采用五个一阶因子（物流程序、商品信息、价格信息、信息推荐和购物卡整合）测量了感知渠道整合。Yang、Wang 等（2014）从信息一致性和系统一致性两个维度测度感知渠道整合一致性，并采用四个指标对感知渠道整合协同性进行测度，研究了感知渠道整合的一致性和协同性对移动服务使用意愿的影响。Zhang 等（2018）将全渠道模式下感知渠道整合定义为由六个一阶构念组成的二阶构念，包括整合促销（Integrated Promotion）、整合产品价格（Integrated Product Price）、整合交易信息（Integrated Transaction Information）、整合信息访问（Integrated Information Access）、整合订单履约（Integrated Crder Fulfillment）、整合客户服务（Integrated Customer Service）。Lee 等（2019）研究了全渠道模式下的感知渠道整合对消费者参与行为的影响，并将感知渠道整合定义为由两个一阶变量渠道间服务配置和整合互动组成的二阶构念。

（4）其他类似变量测度：还有部分学者采用其他类似变量来测量感知渠道整合。例如，Bezes（2013）采用渠道一致性（Channel Congruence）测量了渠道整合的一致程度。Suryandari 和 Paswan（2014）采用线下呈现（Offline Presence）测量了感知渠道整合。Landers 等（2015）通过线下渠道与线上渠道的品牌形象一致性（Brand Image Congruence）对感知渠道整合进行测量。

第三节 研究现状评述

虽然基于渠道整合视角的消费者行为的主题得到了国内外学者的广泛关注,但是现有研究仍存在以下不足。

(1) 虽然已有文献对多渠道模式下的消费者信任传递机制进行了研究,但通常仅关注信任源对信任目标的直接影响,而忽略了信息源与信息目标之间关系对消费者信任传递过程的影响,仍缺乏从渠道整合视角对多渠道环境下感知渠道整合如何影响消费者信任传递过程的系统探究。

(2) 虽然已有文献考察了多渠道模式下的渠道协同效应与侵蚀效应及其对消费者行为的影响(Wiener et al., 2018),但仍存在不一致的结论。例如,一些研究发现多渠道之间存在协同效应,另一些研究发现多渠道之间存在侵蚀效应,还有一些研究发现同时存在协同效应与侵蚀效应。虽然,现有研究认为渠道整合水平对多渠道之间的协同效应与侵蚀效应存在重要影响,但仍缺乏对感知渠道整合如何影响渠道协同效应与侵蚀效应、消费者使用传递行为的系统探究。

(3) 虽然已有文献对多渠道模式下的消费者持续使用行为进行了深入研究,但侧重基于传统信息技术接受理论来解释多渠道环境下的消费者持续使用行为。此外,已有研究倾向于将多个渠道视为分离的单独个体,仍缺乏从渠道整合视角探究多渠道环境下感知渠道整合对消费者持续使用行为的影响机制。

(4) 已有文献虽然对感知渠道整合进行了较深入的探讨,但对其构成与测度仍缺乏统一的认知,例如目前存在单维度、多维度和二阶因子多种测量方法。且未能厘清不同测度方式之间的异同。另外,当前对全渠道模式下感知渠道整合的实证分析还相对较少,仍未能明确全渠道模式与传统多渠道模式下的感知渠道整合在构成与测度上的区别。

（5）全渠道模式下的消费者面临多种渠道选择，如何有效地保留顾客是全渠道零售企业面临的重要研究课题。但已有文献对多渠道顾客忠诚的研究仍存在不一致结论。例如，一些研究发现多渠道消费者的忠诚度更高，而另一些研究则发现单渠道消费者的忠诚度更高。虽然一些学者试图从渠道整合角度解释多渠道顾客忠诚的不一致结论，但仍缺乏对感知渠道整合如何影响顾客忠诚的机制的系统探究。此外，从渠道整合视角研究全渠道模式下顾客忠诚的相关研究仍较缺乏。

（6）全渠道模式下的消费者行为得到了国内外学者的广泛关注，由于全渠道零售实践还处于初期阶段，已有研究多为定性探索，基于实证方法的定量研究还较少，还有待对该主题进行深入的实证研究。

综上所述，已有文献对多渠道模式下的消费者信任传递和使用传递行为进行了研究，但仍缺乏从渠道整合视角系统探究感知渠道整合对多渠道模式下的消费者信任传递和使用传递行为的影响机制。此外，已有文献倾向于将多个渠道视为分离的单独个体，仍缺乏从渠道整合视角探究多渠道环境下感知渠道整合对消费者持续使用行为的影响机制。全渠道模式下的顾客体验和顾客忠诚尤其重要，需要研究感知渠道整合对全渠道环境下顾客体验与顾客忠诚的影响机制。本书的研究不仅对丰富感知渠道整合与拓展全渠道消费者行为研究具有重要的意义，而且可以为企业制定全渠道战略提供理论依据和决策参考。

第三章 感知渠道整合对消费者信任传递行为的影响研究

随着移动通信技术的迅猛发展与无线设备的快速普及，移动互联网渠道在商业交易中的重要性正在迅速增长（Dastane et al., 2020）。越来越多的企业开始进入移动电子商务市场（Mohd Paiz et al., 2020；Turban et al., 2018）。中国网络零售市场的发展也经历了从 PC 互联网向移动互联网环境的升级与拓展。例如，阿里巴巴集团的 B2C 在线零售商天猫（Tmall.com）在 2012 年推出了移动购物应用平台。毫无疑问，电子商务企业通过提供新的基于移动互联网的商业服务，希望扩大其销售额与市场占有率，从而提高销售收入（Lee & Kim, 2010；Yang, Chen, et al., 2015）。然而，电子商务市场的成功不一定能保证移动商务市场的成功，因为两个市场之间存在显著的差异性（Kourouthanassis & Giaglis, 2012；Wang et al., 2013）。第一，与传统的 PC 互联网相比，移动互联网环境下基于移动信道的无线交易数据容易遭受信息截获与破解（Lu, Yang, et al., 2011）。第二，与 PC 相比，移动设备具有相对较小的显示屏幕、处理器速度相对较慢、存储有限等特点，这些特征都会影响消费者对移动商务的采纳意愿。第三，移动互联网环境下基于位置或情景的服务通常会显示用户的位置，因此，这也提高了用户对隐私的关注（Xu et al.，2009；Chopdar et al.，2018）。移动互联网的这些固有的风险可能导致消费者不信任这些服务及其提供商，不太愿意采用其新推出的移动互联网服务。因此，建立消费者信任有助于促进消费者对移动互联网服务的接受程度，也就是说消费者信任在 PC 互联网向移动互联网服务成功拓展的过程中具有至关重要的作用。

在学术界，尽管已有文献对移动互联网环境下的消费者信任进行了大量研究（Chen et al.，2020；Kim，Shin，et al.，2009；Chong et al.，2012），但大多数研究仅探究了移动互联网（单渠道）环境下消费者信任的前置影响因素。尽管有一些研究开始涉及多渠道环境下消费者对移动互联网服务的信任（Cao et al.，2018），但仍未明确基于渠道整合视角的 PC 互联网服务和移动互联网服务之间的信任传递过程及其对消费者行为的影响机制。此外，已有研究往往将移动互联网服务视为一种新技术，并基于技术接受模型（TAM）等传统技术接受理论来解释移动互联网服务的采纳行为（Sharma，2017）和创新扩散行为（Rafique et al.，2020）。较少有研究从消费者为中心的角度，考虑其感知收益与成本权衡，分析消费者使用移动互联网服务的态度与行为。移动互联网服务的用户与在组织环境中使用传统信息技术的用户不同，移动互联网服务的用户具有双重角色：技术用户和服务使用者（Yang，Chen，et al.，2015；Kim et al.，2007）。因此，在解释消费者对这些创新服务的使用意愿与行为时，应当从移动互联网服务的正向收益与负向付出两个方面综合考虑其对用户意愿的影响。基于此，本章拟从渠道整合视角研究消费者信任传递过程及其对消费者使用移动互联网进行购物的感知收益、感知风险与移动商务购买意愿的影响机制。

基于信任传递理论，本章研究了信任传递过程中信任源、信任目标、信任源与信任目标之间的关系，以及感知渠道整合对消费者信任传递过程和移动购买意愿的影响。本章的研究问题如下：在零售企业从 PC 互联网渠道向移动互联网渠道拓展的过程中，（1）信任源（消费者对零售企业的 PC 互联网渠道的信任）如何影响信任目标（消费者对零售企业的移动互联网渠道的信任）？（2）信任源与信任目标之间的关系（感知渠道整合）如何影响信任源向信任目标的信任传递过程，并如何影响消费者在该零售企业的移动互联网渠道的购买意愿？

第一节　理论基础

一　感知整合性理论

分类理论认为人们认识世界是通过将现实世界的思想、观念和对象依据感知相似性和一致性进行归类而实现的（Ozanne et al.，1992）。当人们认为信息目标和来源具有某种联系或具有一致性时，他们会将这两个实体在记忆中归为同一类别（Escalas & Bettman，2005）。而这种结构化信息将导致基于类别的评估过程，这一过程也是信息在信息源和目标之间传递的基础（Wang et al.，2013）。Campbell（1958）将感知整合性定义为人们认为由单个实体组成的集合在多大程度上属于同一个群体。在本书的研究情景下，感知渠道整合的过程是基于消费者感知渠道之间所具有的某种紧密联系而实现的（Yang et al.，2017；Chen et al.，2020；Campbell，1958）。不同领域的学者对感知整合性进行了研究（Yang et al.，2018；杨水清，2012），包括：市场营销学（Franziska & Sattler，2006）、社会心理学（Johnson & Queller，2003；McConnell et al.，1997）和信息管理学（Yang et al.，2017；Stewart，2003；Peijian et al.，2009）。Crawford 等（2002）研究了感知整合性对群体中的不同个体之间信息传递的影响，研发现具有较高感知整合性的群体成员之间的信息传递程度要高于那些较低感知整合性的群体之间的信息传递程度。主要原因在于感知整合性较低的群体成员之间的感知隔离度较高，并且这种高度的隔离感阻碍了成员之间的信息传输。在信息系统领域，Stewart（2003）也发现感知整合性在用户对知名网站的信任通过超级链接转移到对不知名网站的初始信任的信任转移过程中起到了关键性的作用。同样的，Peijian 等（2009）也发现感知整合性显著影响多渠道消费者行为。相较于低感知整合性情景，高感知整合性情景下消费者使用当前技术产品的感知有用性与易用性对使用另一项新技术产品的感知有用性与易用性的影响更大。

根据感知整合性理论，顾客感知两个渠道之间的联系紧密程度显著影响顾客的使用行为（Yang, Chen, et al., 2015）。例如，大多数企业实施多渠道策略时通常会在线下渠道与线上渠道使用相同的标识。这些相同的标识是感知整合性水平的指标，它是表明该企业的线下渠道与线上渠道具有紧密联系的信号。当两个实体之间的感知整合性水平较高时，消费者通常倾向于认为二者具有相同或一致的特征（Campbell, 1958）。基于感知整合性理论，本书将研究零售企业从 PC 互联网渠道向移动互联网渠道拓展过程中，消费者对 PC 互联网渠道的信任如何影响其对移动互联网渠道的信任，这一信任传递过程在多大程度上受 PC 互联网渠道与移动互联网渠道的整合水平的影响。

二 信任传递理论

Pavlou 和 Gefen（2004）将信任定义为信任方认为被信任的一方将会按期望履行义务的一种心理预期或主观信念。在信息系统研究文献中，学者们研究了信任对不同情景下消费者行为的影响机制。例如，移动银行（Kim, Shin, et al., 2009; Shao et al., 2019）、网络购物（Pagani et al., 2019; Chiu et al., 2012; Gefen et al., 2003; Kim, Ferrin, et al., 2009）、网络代理（Komiak & Benbasat, 2006; Komiak & Benbasat, 2004）、虚拟团队（Robert et al., 2009; Jarvenpaa & Staples, 2000）和移动数据服务（Lu et al., 2008）。学者们归纳了消费者信任的不同类型，包括基于制度的信任、基于知识的信任、基于个性的信任、基于计算的信任和基于认知的信任（Gefen et al., 2003; Mayer et al., 1995; McKnight et al., 2002; Yang, 2016）。

近年来，随着越来越多的零售企业开始向基于移动互联网的多渠道销售转型，多渠道信任受到了学者的关注（Cao et al., 2018; Wang et al., 2013; Zhang et al., 2018; Lu, Yang, et al., 2011; Lin et al., 2011）。信任传递是指消费者对一个领域的信任影响他们对另一领域的信任的认知过程（Yang, Chen, et al., 2015; Lee et al., 2007）。Lee 等（2007）将信任传递过程分为渠道内的信任传递和渠道间的信任传递。渠道内的信任传递是指消费者对一种产品/服务的信任影响该消费者对同一渠道内另一种产品/服务的感知信任；渠道间的信任传递是消费者信任在不同渠道之间的转递过程。随着移动互联网、大数据和人工智能的快速发展，越来越多的传统零售企业开始通过两个或两个以上渠道销售产品/服务。学者们发现消费者在某企业的一个渠道获得的信任可以传递到该企业的另一个渠道（Yang, Chen, et al., 2015; Lin et al., 2011; Lee et al., 2007）。例如，Similar、Kuan 等（2007）发现消费者对零售商的线下渠道的信任显著地影响他们对该零售商的线上 PC 互联网渠道的信任。一些学者研究了多渠道环境下的信任传递行为（Wang et al., 2013; Lu, Yang, et al., 2011; Lin et al., 2011）。例如，Lu、Yang 等（2011）发现消费者对企业的 PC 互联网支付服务的信任正向影响他们对该公司的移动互联网支付服务的信任。类似的，

Lin 等（2011）也发现消费者对网络经纪服务的信任可以传递到移动互联网环境中。但鲜有研究剖析感知渠道整合对信任传递行为的影响机制。Wang 等（2013）研究了 PC 互联网与移动互联网的信任传递行为，发现 PC 互联网与移动互联网口碑服务之间的关系对 PC 互联网信任向移动互联网口碑服务的信任传递行为存在显著正向影响。但该研究并未深入考察感知渠道整合如何影响信任传递过程，如何影响消费者对收益与成本的权衡以及消费者购买行为。

第二节 研究模型与假设

基于信任传递理论，本章拟实证研究感知渠道整合对 PC 互联网向移动互联网信任的传递过程及其对消费者购买行为的影响（图 3-1）。如图 3-1 所示，本书假设 PC 互联网购物信任（信任源）将正向影响移动互联网购物（简称移动购物）信任（信任目标），且这一信任传递影响过程受到感知渠道整合（信任源与信任目标之间关系）的影响。因此，本书假设消费者对 PC 互联网的购物信任将正向影响该消费者的移动购物信任与感知收益，并负向影响移动购物感知风险；感知渠道整合将正向影响移动购物信任与感知收益，并负向影响移动购物感知风险；移动购物信任与感知收益将正向影响消费者移动购物意愿，移动购物感知风险将负向影响消费者移动购物意愿。

一 效价框架（感知收益—感知成本）

已有研究认为消费者基于感知收益与成本权衡的最大化净收益是解释消费者决策行为的基本准则（Kim et al., 2007; Kim, Ferrin, et al., 2009）。一方面，由于信息存在不对称性，消费者在决策过程中常

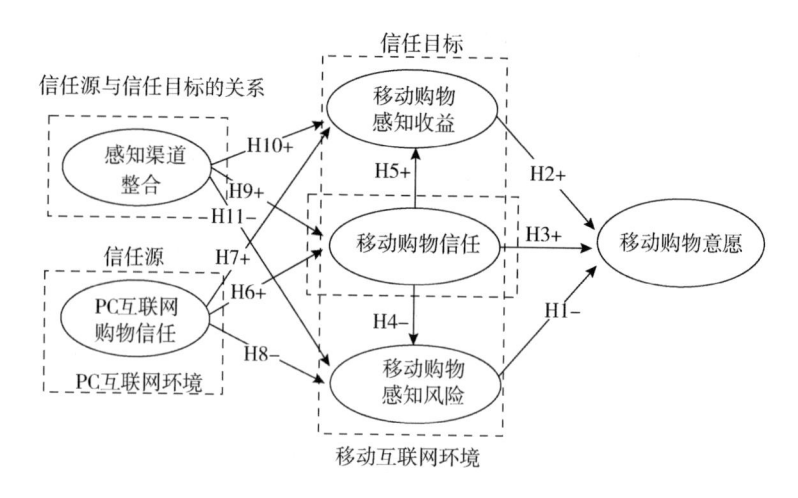

图 3-1 本章研究模型

常面临一定程度的风险或不确定性；另一方面，消费者可以通过做出特定的决策而从中获得某些收益（Yang, Chen, et al., 2015）。基于收益与成本的权衡分析原理，Peter 和 Tarpey Sr（1975）提出了一种效价框架（Valence framework），该框架将消费者感知风险和感知收益视为消费者决策的两个最基本的方面。在感知风险方面，该框架假设消费者有动机将任何预期的负效用最小化；在感知收益方面，该框架则假定消费者应采取行动以使预期的正效用最大化（Kim, Ferrin, et al., 2009；Yang et al., 2012）。

在学术界，效价框架被广泛用于解释不同情景下的消费者决策行为（Yang, Chen, et al., 2015）。例如，该理论被用于解释市场营销（Peter & Tarpey Sr, 1975）和管理信息系统（Kim, Ferrin, et al., 2009）领域的消费者在同时考虑收益和风险时的消费行为。Kim 等（2008）将效价框架用于解释消费者的网络购物服务行为，研究发现，消费者的购买意愿受到感知风险和感知利益的双重影响。Lu、Cao 等（2011）也发现效价框架是解释消费者使用网络银行服务意愿的有效理论模型。Yang 等（2012）研究发现，效价框架可以有效解释移动互联网情景下的消费者决策行为。基于此,本章将基于效价框架研究消费者在 PC 互联网渠道向移动互联网渠道扩展过程中的感知利益和感知风险如何影响消费者的信任传递与使用行为。

1. 感知风险

感知风险在效价框架中反映了消费者的感知负面效用。已有研究发现感知风险是消费者在互联网环境下进行互联网购物(Kim,Ferrin,et al.,2009)、互联网银行交易(Lee,2009)和互联网拍卖(Yeh et al.,2012)面临的主要障碍。例如,基于无线技术的移动互联网更容易受到信息拦截的干扰,并且更加不稳定。此外,移动互联网服务提供的基于地理位置的信息通常暴露使用者的方位,从而可能会使消费者受到隐私侵犯的威胁(Xu et al.,2009)。因此,感知风险在解释消费者使用特定移动互联网服务的决策行为方面具有重要作用。本研究情景下,感知风险主要体现在消费者对由于信息拦截、隐私入侵和不安全交易等导致对使用移动互联网服务的潜在损失的担忧上。当消费者认为使用移动购物的风险较高时,有可能不会进行移动购物。已有研究还发现感知风险显著负向影响移动商务使用意愿(Cocosila,2013)。例如,研究发现感知风险对移动银行服务(Luo et al.,2010)、移动支付服务(Yang et al.,2012)和移动健康服务(Cocosila,2013)等移动互联网服务的消费者使用意愿存在显著负向影响。基于此,本书提出如下假设:

H3-1:移动购物感知风险将负向影响消费者的移动购物意愿。

2. 感知收益

感知收益在效价框架中反映了消费者的感知正面效用。已有研究发现感知收益显著正向影响消费者使用移动互联网的购物意愿(Kim,Shin,et al.,2009;Lu,Yang,et al.,2011)。相较于传统购物方式,移动互联网可以提供无处不在的、基于位置的个性化服务,消费者使用移动购物方式能够更方便、更有效地完成购物任务。本书将感知收益定义为消费者感知移动购物相对于其他传统购物方式更方便和有用的程度。已有研究验证了移动商务环境下感知收益对消费者行为意愿的正向影响关系(Kim, Shin, et al., 2009)。本研究情景下,当消费者对移动购物的感知收益较高时,消费者更有可能采用移动购物的方式。因此,在已有研究基础上(Kim, Shin, et al., 2009; Lu, Yang, et al., 2011),本书提出以下假设:

H3-2:移动购物感知收益将正向影响消费者的移动购物意愿。

二 移动购物信任

以往研究已验证了信任对消费者采纳行为的正向影响关系(Kim, Shin, et al., 2009; Shao et al., 2019; Gefen et al., 2003; Zhou, 2013a)。学者们发现信任可以减少消费者的担忧,因而消费者信任对电子商务的成功具有至关重要的作用(Pavlou & Gefen, 2004; Gefen et al., 2003; Kim et al., 2008)。移动互联网环境下,信任对消费者行为的影响作用更加重要,因为相对于传统线下渠道或 PC 互联网渠道,移动互联网具有更大的风险与不确定性(Kim, Shin, et al., 2009; Lu, Yang, et al., 2011)。已有研究还表明消费者信任对移动电子商务具有重要的促进作用(Kim, Shin, et al., 2009; Lu, Yang, et al., 2011; Yang, 2016)。消费者对移动互联网渠道的购物服务越信任,则越有可能使用该移动购物服务。基于已有研究关于消费者信任对移动商务使用行为意向的正向影响的结论(Lu, Yang, et al., 2011),本书提出以下假设:

H3-3:移动购物信任正向影响消费者的移动购物意愿。

已有研究发现消费者信任可通过降低感知风险（Kim et al.，2008）和提高感知收益（Yang，Chen，et al.，2015；Lu，Yang，et al.，2011；Kim，Ferrin，et al.，2009），影响消费者使用行为。由于移动购物的固有特性，消费者在移动购物决策中往往会遇到某种程度的不确定性或风险。当消费者在高不确定和高风险的环境下进行商务交易时，信任就成为减轻消费者感知风险、促进消费者移动购物决策的关键因素（Kim et al.，2008）。已有研究发现随着消费者信任的增加，消费者对电子商务和移动电子商务环境下购买行为的感知风险会降低（Lu，Yang，et al.，2011；Yang，2016；Kim et al.，2008）。基于此，本书提出如下假设：

H3-4：移动购物信任负向影响消费者移动购物感知风险。

此外，现有研究发现消费者信任正向影响移动互联网环境下的消费者感知收益（Lu，Yang，et al.，2011；Kim，Ferrin，et al.，2009）。例如，Kim、Ferrin 等（2009）发现消费者信任对 PC 互联网环境下的感知收益存在显著正向影响。在移动电子商务情景下，当消费者对移动购物的信任越高时，消费者感知收益将会越多。例如，移动购买可以有效降低搜索成本和提高购物效率。Lu、Yang 等（2011）研究发现消费者信任对移动支付环境中的感知收益存在显著正向影响。基于此，本书提出如下假设：

H3-5：移动购物信任正向影响消费者移动购物感知收益。

三 PC 互联网购物信任

基于信任传递理论，消费者对信任源的信任能够影响他们对信任目标的信任（Stewart，2003）。在本研究情景下，PC 互联网购物可以看作信任传递的信任来源，而移动互联网购物则是信任目标。依据信任传递理论，消费者对 PC 互联网购物的信任将会影响他们对移动互联网购物的信任，主要原因在于消费者在同一零售商提供的 PC 互联网和移动互联网渠道进行购物时，消费者感知渠道之间的整合性较高。因此，当消费者基于长期的购买经历对零售商的 PC 互联网购物具有较高的信任时，他们很可能会对该零售商的移动购物产生类似的较高信任。已有研究还发现消费者对某企业的 PC 互联网服务的信任显著影响他们对该企业的移动互联网服务的信任（Wang et al.，2013；Lin et al.，2011）。基于此，本书提出以下假设：

H3-6：消费者的 PC 互联网购物信任正向影响其对该企业的移动购物信任。

已有研究发现消费者的 PC 互联网购物经验对他们在移动环境下购物意愿存在显著影响（Lu，Yang，et al.，2011）。在本研究情景中，由于移动购物在 PC 互联网购物服务基础上为消费者提供个性化和泛在化的购物服务，因此，消费者的 PC 互联网购物信任将有利于降低消费者对移动购物的感知风险，并进一步促进移动购物意愿（Yang，Chen，et al.，2015；Lin et al.，2011）。事实上，当消费者对零售企业的 PC 互联网购物具有较高信任时，他们将更有可能对该零售商的移动购物感知更少的风险。另外，当消费者在他们信任的零售企业购买产品或服务时，他们更可能从移动购物的便利性、本地化、个性化等特征中获得收益。因此，当消费者信任零售企业的 PC 互联网购物服务时，他们更会期望零售企业会诚实地履行其义务，从而更好地获得移动购物带来的收益。已有研究也发现消费者对 PC 互联网服务的信任会正向影响其对移动互联网服务的感知收益（Lin et al.，2011）。此外，消费者对 PC 互联网服务的信任也会负向影响其对移动互联网服务的感知风险（Kim et al.，2008）。基于此，本书提出如下假设：

H3-7：消费者的 PC 互联网购物信任正向影响其对同一企业

的移动购物感知收益。

H3-8：消费者的 PC 互联网购物信任负向影响其对同一企业的移动购物感知风险。

四　感知渠道整合

感知渠道整合是基于顾客感知渠道之间所具有的某种紧密联系而实现的（杨水清，2015；Campbell，1958）。Crawford 等（2002）研究了感知整合性对群体的信息传递过程的影响，研究发现具有高感知整合性水平的群体成员之间的信息传递程度比低感知整合性水平的群体成员高，这是因为低感知整合性水平群体成员之间的感知分离度较高，这种高分离度阻碍了成员间的信息传递。近年来，学术界对感知渠道整合的构成及其对多渠道消费者行为的影响进行了大量有益探索（Li，Liu，et al.，2018；Chen et al.，2020；Shen et al.，2018；Yang et al.，2018；Zhang et al.，2018；Yixiao Li，2018）。

基于信任传递理论，信任传递的过程取决于信任源与信任目标之间的联系（Stewart，2003；Stewart，2006）。因此，感知渠道整合是影响消费者在 PC 互联网购物与移动购物之间信任传递的关键因素（Stewart，2003；Delgado-Ballester & HernáNdez-Espallardo，2008）。本研究情景下，消费者信任传递过程发生在 PC 互联网与移动互联网渠道之间，感知渠道整合则反映了 PC 互联网与移动互联网渠道之间的关系。基于已有研究（Lee & Kim，2010），本研究采用感知渠道整合来测度 PC 互联网与移动互联网渠道之间的数据集成、信息一致性的整合水平。基于信任传递理论，感知渠道整合测度了信任源与信任目标的关系，因此消费者对 PC 互联网渠道的信任对其移动互联网渠道的信任存在正向影响（Wang et al.，2013；Stewart，2003）。在本研究情景下，当零售企业较好地整合其 PC 互联网和移动互联网购物平台时，消费者将会认为该零售企业有更多诚意与能力提供优质的移动购物服务，从而提高消费者对移动互联网服务的信任。已有研究也发现感知渠道整合对消费者信任传递过程存在显著影响（Wang et al.，2013；Delgado-Ballester & HernáNdez-Espallardo，2008）。基于此，本书提出以下假设：

H3-9：感知渠道整合正向影响消费者的移动购物信任。

基于分类理论，感知整合性对消费者的目标评估存在显著影响（Yang et al.，2011；Delgado-Ballester & HernáNdez-Espallardo，2008）。在本研究背景下，当零售商的 PC 互联网与移动互联网渠道之间的整合水平较高时，消费者对传统 PC 互联网购物服务的信任将更容易传递到该零售商的移动互联网购物服务上（Yang，Chen，et al.，2015）。换言之，当消费者对零售商的 PC 互联网购物服务较为信任时，他们可能对该零售商新推出的移动购物平台的能力具有较高信任，因此促进了消费者对该移动购物平台的感知收益。反之，零售商的渠道整合水平较低时，消费者可能会质疑零售商由传统 PC 互联网平台向移动互联网平台扩展的能力。此外，当零售商的渠道整合水平较高时，将会降低消费者对新推出的移动购物平台的感知风险，因为消费者认为零售商的 PC 互联网与移动互联网之间具有紧密的联系（Wang et al.，2013；Stewart，2003）。基于此，本研究提出假设：

H3-10：感知渠道整合正向影响消费者的移动购物感知收益。

H3-11：感知渠道整合负向影响消费者的移动购物感知风险。

第三节　研究方法

本章的研究对象为中国领先的 B2C 电子零售商"京东商城"。选择京东商城作为研究对象的原因主要有以下三个方面。首先，网络购物是互联网时代最重要和最常见的商业活动之一，京东商城早在 2016 年年底活跃用户数就已达 1.987 亿人，其移动应用用户数也突破 1.5 亿人。因此，选择京东商城作为研究对象具有较好的代表性。其次，京东商城是整合传统 PC 电子商务和移动电子商务平台的典型代表，这将确保本书能较好地剖析感知渠道整合对信任传递和消费者购买行为的影响机制。最后，消费者在京东商城购物是一种自愿的消费行为，从而排除了其他强制影响因素的干扰。

一 量表测量

本研究模型共包括六个变量，为了保证问卷的内容效度，问卷的测度项均改编自前人研究的成熟量表，并根据本研究的消费者 PC 互联网与移动互联网的信任传递背景进行适当的调整。由于原始问卷测度项来自英文文献，本研究采用规范的量表翻译方法来确保量表翻译的准确性。首先，由一名研究人员将原始的英文量表翻译成中文，再由另一名研究人员独立将该中文量表再翻译成英文，交由两位研究人员比较两个英文量表的内容，并针对差异性进行必要的修正，以保证翻译的中文量表可以如实地反映原始测度项的含义。本研究还邀请了三位本领域研究专家对编制好的问卷进行审读，根据专家意见修改部分模糊的语句，以保证量表的准确性和可读性。最后，本研究邀请 15 位具有京东 PC 互联网购物和移动购物经历的本科生对问卷进行预测试，并根据反馈意见，对模棱两可的问题进行了进一步的修正。

感知收益的量表来源于 Falk 等（2007）和 Kim、Ferrin 等（2009）的研究；感知风险的量表改编自 Lee（2009）的研究；消费者对 PC 互联网购物的信任和移动购物的信任的量表均引用了 Lee（2005）

和 Lim 等（2006）的研究；感知渠道整合的量表改编自 Nelson 等（2005）和 Peijian 等（2009）的研究；移动购物渠道的使用意愿的量表引用了 Bhattacherjee 和 Park（2013）的研究。所有量表均采用李克特七级量表，填答者选择 1 至 7（非常不同意到非常同意）对问题进行打分。

二 数据收集

本章旨在探究消费者信任传递行为机制，分析感知渠道整合对信任传递机制的影响。基于此，本章的调查对象需要具有京东商城的 PC 互联网购物和移动购物的经历。正式的数据收集主要采用随机拦截的方式在移动营业厅进行问卷发布。选择移动营业厅作为本章的数据收集地点是因为其是移动服务使用者的聚集地，可以较方便地进行数据收集。本章的数据收集地点为中国东部某城市的两个移动营业厅。首先，研究人员询问被访者是否具有京东商城的 PC 互联网购物和移动购物经历，然后对确认的调查对象发放问卷进行调查，并对每位认真完成调查问卷的被访者提供一份小礼品（如卡通胶带、便笺本、卡包等）作为奖励。数据收集过程共持续了约一周时间，总共发放了 400 份调查问卷，对回收问卷进行甄别，对填写不完整和所有题项填写完全相同的问卷进行剔除后，最后获得309 份有效问卷。根据被调查者提交的信息，从性别来看，50.2%的被调查者为男性；从年龄来看，11.9% 为 20 岁以下，53.4% 为20—29 岁，25.6% 为 30—39 岁，9.1% 为 39 岁以上；从教育程度来看，28.8% 为高中及以下，27.2% 为大专，33.3% 为大学本科，10.7% 为研究生及以上学历；从京东商城的 PC 互联网平台使用经历来看，20.4% 的使用经历为 1 年以下，27.2% 的使用经历为 1—3 年，52.4% 的使用经历为 3 年以上。63.1% 的被调查者使用京东商城的移动互联网平台超过 3 个月。

第四节 研究结果

根据 Anderson 等（Anderson & Gerbing，1988）推荐的结构方程模型的两步检验方法，本书首先对测量模型进行信度与效度检验，然后分析结构模型与检验模型假设。

一 测量模型

本书对测量模型的检验主要考察量表的信度与效度。信度是指量表的一致性程度，当测量误差越小时，信度相应也越高。目前用于测量信度最常用的指标为 Cronbach's α 信度和复合信度。Cronbach's α 值越高，则表明潜变量各测量指标的结果越趋于一致，即量表信度越高。当 Cronbach's α 值大于 0.7 时，则表示信度较高；Cronbach's α 值介于 0.35—0.7，则说明信度中等。Nunnally（1978）认为 Cronbach's α 值大于 0.7，则可以认为因子的信度达到要求。复合信度是加权后的信度指标，能更好地反映因子的信度水平。

检验量表效度的指标主要包括内容效度（Content Validity）、区分效度（Discriminant Validity）和聚合效度（Convergent Validity）。其中，内容效度反映了量表的适合性。如果量表内容涵盖了所有研究计划所要讨论的内容和结构，则表明该量表具有较好的内容效度。区分效度反映了某潜变量根据实证标准真正区别于其他潜变量的程度，一般采用因子分析的交叉负载进行检验。聚合效度用于反映潜变量的收敛效度。一般而言，各潜变量的因子负荷均大于 0.7 时，则表明该变量具有较好的聚合效度。聚合效度在结构方程模型中通常由潜变量的平均萃取方差（Average Variance Extracted，AVE）

来检验。AVE 反映了潜变量相对于测量误差所解释的方差总量。若 AVE 值大于等于 0.5 时，则表示潜变量的测度具有较好的聚合效度（Bagozzi & Yi, 1988）。

本书采用大方差旋转的探索性因子分析（Exploratory Factor Analysis, EFA）对数据进行信度检验。结果如表 3-1 所示，按特征值 >1 的标准抽取出的 6 个因子总共解释了 82.051% 的方差，并且各个因子的指标负载均大于 0.7，远大于各个因子的交叉负载（均在 0.4 以下），表明各指标均可以有效地反映对应因子，因此，本书的量表区分效度得到了保证。

表 3-1　　　　　　　　　旋转后的因子负载矩阵

因子	PIN	BME	MRIS	TRW	TRM	MBEN
PIN1	0.784	0.058	-0.007	0.259	0.189	0.065
PIN2	0.791	0.150	0.022	0.161	0.261	0.214
PIN3	0.817	0.260	0.000	0.056	0.102	0.125
PIN4	0.777	0.174	-0.015	0.183	0.235	0.172
BME1	0.231	0.861	-0.108	0.174	0.171	0.122
BME2	0.219	0.868	-0.075	0.219	0.184	0.166
BME3	0.143	0.868	-0.101	0.180	0.211	0.103
MRIS1	-0.040	-0.070	0.908	-0.024	-0.029	-0.063
MRIS2	-0.030	-0.031	0.928	-0.072	-0.063	0.007
MRIS3	0.066	-0.120	0.901	-0.061	-0.047	-0.002
TRW1	0.237	0.269	-0.081	0.832	0.086	0.096
TRW2	0.146	0.211	-0.020	0.887	0.218	0.095
TRW3	0.252	0.099	-0.120	0.709	0.350	0.209
TRM1	0.270	0.245	-0.050	0.185	0.812	0.216
TRM2	0.375	0.238	-0.070	0.199	0.788	0.172
TRM3	0.242	0.214	-0.089	0.314	0.749	0.249
MBEN1	0.320	0.191	-0.060	0.098	0.151	0.751
MBEN2	0.090	-0.055	-0.025	0.113	0.175	0.833
MBEN3	0.107	0.277	0.017	0.109	0.138	0.790

续表

因子	PIN	BME	MRIS	TRW	TRM	MBEN
特征值	3.177	2.798	2.567	2.438	2.375	2.236
解释方差	16.720	14.725	13.510	12.831	12.498	11.767
累计方差	16.720	31.444	44.955	57.786	70.284	82.051

本书对样本变量的信度、区分和聚合效度采用验证性因子分析（CFA）进行检验。检验结果如表3-2所示，表中各变量的标准负载、Cronbach's α、复合信度值（Composite Reliability）均超过0.80，确保了较好的信度（Nunnally & Bernstein，1978）。各变量的平均萃取方差均超过0.710，说明本书的量表具有较好的聚合效度。

表3-2　　　　　　　　　　信度与效度分析

因子	测度项	标准负载	Cronbach's α	CR	AVE
感知渠道整合（PIN）	PIN1	0.826	0.885	0.921	0.744
	PIN2	0.895			
	PIN3	0.843			
	PIN4	0.882			
移动购物意愿（BME）	BME1	0.945	0.942	0.963	0.896
	BME2	0.959			
	BME3	0.935			
移动购物感知风险（MRIS）	MRIS1	0.906	0.907	0.942	0.843
	MRIS2	0.926			
	MRIS3	0.921			
PC互联网购物信任（TRW）	TRW1	0.885	0.880	0.928	0.811
	TRW2	0.933			
	TRW3	0.881			
移动购物信任（TRM）	TRM1	0.934	0.921	0.950	0.864
	TRM2	0.946			
	TRM3	0.906			

续表

因子	测度项	标准负载	Cronbach's α	CR	AVE
移动购物感知收益（MBEN）	MBEN1	0.886	0.799	0.880	0.710
	MBEN2	0.776			
	MBEN3	0.861			

本书对变量的 AVE 值的平方根和变量之间的相关系数进行分析，用于进一步对数据的区分效度进行检验。如果各变量的 AVE 值的平方根超过其与其他变量之间的相关系数，则表明样本数据的区分效度较好。

表 3-3　　　　因子 AVE 值平方根与因子间相关系数矩阵

	PIN	TRW	MBEN	TRM	MRIS	BME
PIN	**0.863**					
TRW	0.512	**0.901**				
MBEN	0.457	0.391	**0.843**			
TRM	0.619	0.605	0.518	**0.929**		
MRIS	-0.041	-0.168	-0.078	-0.156	**0.918**	
BME	0.472	0.499	0.404	0.547	-0.196	**0.947**

从表 3-3 可以看出，对角线上黑体数字所表示的各因子 AVE 平方根都超过了相应的相关系数，表明本书的样本数据具有较好的区分效度。

本书采用两种统计方法检验样本数据可能存在的共同方法偏差。首先，本书对测量模型进行了哈曼单因子检测，检验结果表明单个因子所解释的最大方差为 16.720%，表明本书的数据不存在较严重的共同方法偏差。接着，基于 Podsakoff 等（2003）和 Liang 等（2007）推荐的检验方法，本书对可能存在的共同方法偏差进行进一步检验。由表3-4可知，共同偏差因子的平均因子负载为0.005，远小于原始模型中因子的平均因子负载0.892。从因子负载的显著性水平而言，原始模型中因子的平均因子负载均在 $p<0.001$ 水平显著，而绝大部分共同偏差因子的平均因子负载不显著。因此，再次表明本书的样本数据没有严重的共同方法偏差问题。

表3-4　　　　　　　　　共同方法偏差分析

因子	指标	实际因子负载（R1）	$R1^2$	共同偏差因子负载（R2）	$R2^2$
感知渠道整合（PIN）	PIN1	0.873***	0.762	-0.051	0.003
	PIN2	0.840***	0.706	0.061	0.004
	PIN3	0.914***	0.835	-0.079	0.006
	PIN4	0.826***	0.682	0.064	0.004
移动购物意愿（BME）	BME1	0.947***	0.897	-0.001	0.000
	BME2	0.916***	0.839	0.054	0.003
	BME3	0.977***	0.955	-0.054	0.003
移动购物感知风险（MRIS）	MRIS1	0.908***	0.824	-0.016	0.000
	MRIS2	0.930***	0.865	-0.002	0.000
	MRIS3	0.917***	0.841	0.017	0.000
PC互联网购物信任（TRW）	TRW1	0.933***	0.870	0.018	0.000
	TRW2	0.963***	0.927	0.047	0.002
	TRW3	0.729***	0.531	0.124*	0.015
移动购物信任（TRM）	TRM1	0.960***	0.922	-0.088	0.008
	TRM2	0.941***	0.885	0.007	0.000
	TRM3	0.830***	0.689	0.084	0.007
移动购物感知收益（MBEN）	MBEN1	0.777***	0.604	0.129*	0.017
	MBEN2	0.926***	0.857	-0.117*	0.014
	MBEN3	0.835***	0.697	0.021	0.000
平均值		0.892	0.799	0.011	0.005

注：*表示 $p<0.05$，***表示 $p<0.001$。

二 假设检验

本书采用 LISREL 8.7 对结构方程模型进行分析。模型的拟合指标如表 3-5 所示,除了模型拟合值 GFI 略微小于推荐值之外,其他拟合指数均大于对应的推荐值,表明了良好的模型拟合度。

表 3-5　　　　　　　拟合指标与模型指标（N=309）

拟合指标	χ^2/df	RMSEA	GFI	AGFI	CFI	NFI
推荐值	<5	<0.08	>0.90	>0.80	>0.90	>0.90
模型值	2.83	0.077	0.882	0.838	0.971	0.956

模型检验结果如图 3-2 所示,大部分的假设都得到了数据的验证。移动购物环境下的感知风险、感知收益和消费者信任均显著影响消费者移动购物意愿,验证了 H3-1、H3-2 和 H3-3。其中,感知风险显著负向影响移动购物意愿;感知收益和移动购物信任显著正向影响移动购物意愿。

此外,消费者对移动购物的信任正向影响感知收益,负向影响感知风险,验证了 H3-4 和 H3-5。在消费者 PC 互联网向移动互联网渠道的信任传递过程中,消费者对 PC 互联网购物的信任显著影响移动购物信任和移动购物感知风险,支持了 H3-6 和 H3-8。感知渠道整合对移动购物信任和移动购物感知风险存在显著影响,验证了 H3-9 和 H3-10。但是,消费者对 PC 互联网的信任对移动购物感知收益和感知风险均不存在显著的影响,因此拒绝了 H3-7 和 H3-11。本章的模型对感知风险、感知收益、移动购物信任和移动购物意愿的解释方差分别为 0.054、0.395、0.532 和 0.387,表明了研究模型较好的解释力。

图 3-2 模型分析结果

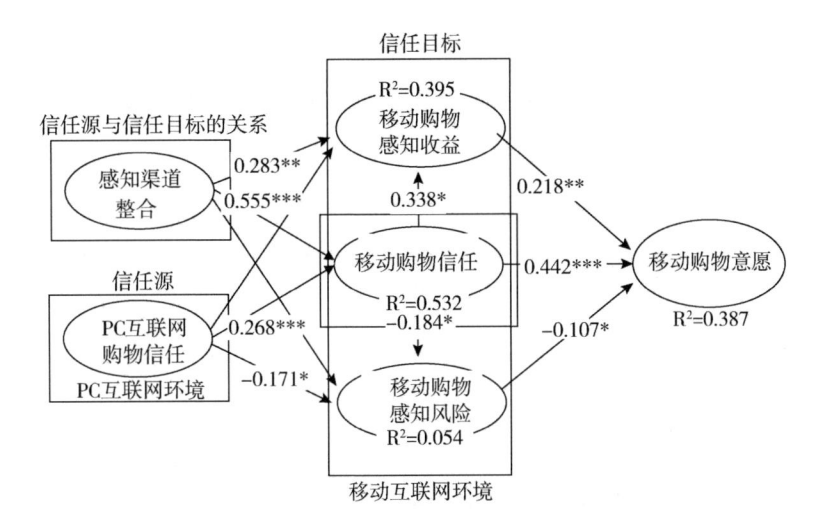

注：* 表示 $p < 0.05$；** 表示 $p < 0.01$；*** 表示 $p < 0.001$。

第五节 结论与讨论

一 基本结论

本章研究了 PC 互联网向移动互联网购物的信任传递过程，并分析了感知渠道整合对消费者信任传递过程的影响机制。本书的基本结论如下。

第一，移动购物信任对消费者移动购物意愿存在强烈的正向影响，表明消费者信任对移动商务的重要作用。此外，移动购物信任通过影响消费者感知收益和感知风险对消费者移动购物意愿存在重要的间接影响。即，移动购物信任通过两条路径：提高消费者对移动购物感知收益和减少移动购物感知风险，显著促进了消费者移动购物意愿。这一结果进一步增强了移动购物信任对移动购物意愿的重要影响。

第二，PC互联网购物信任显著正向影响其移动购物信任，这一结论验证了Wang等（2013）的研究。这一结果表明多渠道零售企业可以通过利用现有的消费者对其PC互联网购物的信任，快速建立起消费者对其新推出的移动购物的信任。此外，消费者对PC互联网购物的信任也会对消费者使用对应的移动购物感知风险产生负向影响。这一结论表明多渠道零售企业通过提高消费者对其传统PC互联网购物的信任不仅有利于零售商当前的PC互联网平台，而且可以为零售商拓展的移动购物平台提供便利和增加消费者信任。然而，本书发现PC互联网购物信任对移动购物服务的感知收益和感知风险的直接影响并不显著。可能的原因是PC互联网购物信任对移动购物服务的感知收益和感知风险的影响受到了移动购物信任的中介。事实上，PC互联网购物信任对移动购物信任存在很强的影响（$\beta=0.268$，$t=5.328$），其进一步影响移动购物的感知收益（$\beta=0.338$，$t=3.980$）。

第三，感知渠道整合对移动购物信任存在显著正向影响，这一结论与现有研究结论具有一致性（e.g., Wang et al., 2013; Delgado-Ballester & HernáNdez-Espallardo, 2008）。从路径系数和显著水平看，感知渠道整合对移动购物信任的影响比PC互联网信任对移动购物信任的影响要大，表明了感知渠道整合在消费者信任传递过程中的重要作用。此外，感知渠道整合对移动购物感知收益存在正向影响，这表明：有效整合PC互联网与移动互联网购物平台的多渠道零售企业可以较好地促进消费者移动购物行为。但是感知渠道整合对移动购物感知风险的直接影响并不显著。可能的原因在于感知渠道整合对感知风险的影响受到了移动购物信任的中介。事实上，感知渠道整合对移动购物信任具有重要的影响（$\beta=0.555$，$t=9.348$），而移动购物信任对移动购物感知风险具有负向影响（$\beta=-0.184$，$t=-2.118$）。这些结论进一步强调了感知渠道整合在促进移动购物意愿方面的重要影响。

二 理论价值

本书具有重要的理论价值。首先，不同于已有研究主要从单渠道视角分析移动商务消费者使用行为的影响因素，本章从渠道整合视角考察了消费者的 PC 互联网信任对跨渠道的移动购物信任与移动购物意愿的影响。

其次，基于信任传递理论，本书从信任源、信任目标、信任源与信任目标之间的关系三个方面研究了消费者的 PC 互联网购物向移动购物的信任传递过程。已有研究大多仅考虑信任源对信任目标的影响，较少考虑信任源与信任目标之间的关系如何影响信任传递过程。本章采用感知渠道整合对信任源与信任目标之间的关系进行测量，并实证研究了其对信任传递和消费者移动购物行为的影响机制。

最后，本章基于效价框架分析了消费者信任传递过程及其对消费者移动购物感知收益与感知风险的影响机制。研究证实了感知渠道整合和 PC 互联网信任对移动购物信任的重要影响。通过对 PC 互联网和移动互联网两个环境下的信任传递和感知渠道整合的研究，本书可以为本领域学者进一步考察信任传递机制提供理论基础。

三 实践价值

本书具有重要的实践意义。首先，多渠道零售企业应认识到 PC 互联网信任在消费者评估和使用新推出的移动互联网购物平台中的重要作用，因为本书的结果表明，消费者在 PC 互联网购物过程中积累的信任可以传递到移动互联网环境中。具体而言，PC 互联网信任促进了消费者的移动购物信任，并降低了对移动购物的感知风险。通过建立和保持高水平的消费者 PC 互联网信任，多渠道零售企业可以利用它们现有的消费者 PC 互联网信任促进消费者对其移动购物平台的信任。

其次，多渠道零售商也应该意识到其 PC 互联网与移动互联网平台之间的关系的重要作用，因为本章研究发现，感知渠道整合显著影响消费者信任传递和移动购物行为。感知渠道整合不仅可以促进消费者对移动购物平台的信任，还可以增加消费者对移动购物平台的感知收益。研究结论对多渠道零售商的启示非常明确：维护高水平的消费者对传统 PC 互联网购物的信任，并提高 PC 互联网与移动互联网渠道的整合水平，可以促进消费者对移动互联网渠道的信任以及移动购物意愿。例如，多渠道零售商可以通过为其 PC 互联网与移动互联网平台提供一致的信息、数据、商品和售后服务，以实现更好的渠道整合水平。

第四章　感知渠道整合对消费者渠道使用传递行为的影响研究

随着互联网经济的快速发展,越来越多的传统企业开始从实体渠道向线上线下结合的多渠道模式发展(Yang, Lu, & Chua, 2013; Shen et al., 2018)。例如,传统实体企业开始增加线上互联网渠道(如 PC 互联网渠道和移动互联网渠道)为消费者提供产品与服务。相应地,消费者也面临着从单一渠道使用者向多渠道消费者的转变。因此,研究消费者的线下实体渠道向线上互联网渠道的使用传递机理,掌握消费者渠道使用规律,将有利于企业在多渠道营销战略中掌握主动权,更好地发挥多渠道零售作用,提升企业整体服务效率和服务品质。

基于自我感知理论、期望不确认理论和感知整合性理论,本章在作者前期渠道扩展研究工作的基础上(杨水清,2015),进一步建构了感知渠道整合对消费者渠道使用传递行为的理论模型,以银行业为研究对象,实证研究了感知渠道整合对银行线下实体渠道与线上互联网渠道的消费者使用传递行为的影响机制。

第一节　研究模型与假设

一　线下实体渠道使用行为

自我感知理论是研究反馈机制的比较常用的基础理论之一。自我感知理论认为人们通常会基于自己的行为去评价对某种产品或服务的态度和感知（Bem，1972）。自我感知理论认为人们在获取关于自己的态度、情感和其他内心状态的信息时，有部分是通过观察周围人的行为和自己的行为而获得的。而且，只有当他人明确要求进行这种自我评价时，这种自我反馈机制才会发生作用（Kim & Malhotra，2005）。总体而言，自我感知理论认为人们对某种产品或服务使用越多表明他们对这种产品或服务的评价越积极。

近年来，不少学者对自我感知理论进行了实证研究。Kim和Malhotra（2005）研究发现用户对个性化门户网站的使用行为会正向影响他们对该网站有用性和易用性的感知，以及继续使用动机。类似地，Song等（2009）研究发现用户对即时通信软件的使用会正向影响他们对该产品的有用性和易用性感知。在本研究情景中，用户对银行线下营业厅的使用行为越频繁，说明用户对该营业厅评价越正面（否则该用户可能会转换其他银行），从而对该营业厅的感知绩效也会越高，反之亦然。同理，用户对银行线下营业厅使用得越多，则表明该用户对银行的线下实体渠道的期望不确认程度会越低。基于期望不确认理论，高的绩效感知倾向导致低的期望不确认。基于以上分析，本书可以提出如下假设：

H4-1：消费者使用银行线下实体渠道正向影响其对银行线下实体渠道的感知绩效。

H4-2：消费者对银行线下实体渠道的感知绩效负向影响对银行线下实体渠道的期望不确认。

H4-3：消费者对银行线下实体渠道的使用负向影响对银行线下实体渠道的期望不确认。

二 感知渠道整合

期望不确认理论最早源于社会心理学，该理论被广泛用于解释和分析不同产品或服务采纳后的消费者满意与持续使用行为（Bhattacherjee & Premkumar，2004；Bhattacherjee，2001；Oliver，1980；Jeong et al.，2019）。期望不确认理论认为消费者的持续使用过程一般需要经历5个步骤：第一，购买前，消费者对一种具体产品或服务形成一个期望；第二，当消费者使用该产品或服务后，会对该产品或服务的感知绩效进行评估。第三，基于对购买前的期望与使用后的感知绩效的比较，消费者将综合评价现实绩效与初始期望不一致的程度，形成期望不确认水平。这时存在两种情况：第一种情况，如果现实绩效和初始期望是一致的，或者超过了初始期望，则消费者的期望不确认程度将处于较低水平；第二种情况正好相反，如果消费者感知实际绩效小于消费者的初始期望，则消费者的期望不确认程度将处于较高水平。第四，基于期望不确认程度，消费者将形成相应的满意水平。第五，这种满意水平决定了消费者重复购买动机（Oliver & Burke，1999）。

期望不确认理论认为使用者的期望不确认程度将显著影响其使用后期望（Bhattacherjee，2001；Metzger et al.，2015）。依据期望不确认模型，在本研究的银行业情景下，当用户在使用银行线下实体渠道后，如果该银行线下实体渠道的感知绩效不能达到用户的初始期望水平，用户往往会经历认知失调的心理状态，这将会进一步导致用户的期望不确认。用户感知的期望不确认水平越高，越说明银行现有的线下实体渠道未能满足用户需要。作为应对方式，理性的用户一般会尝试寻求和使用互联网渠道来减少感知的认知失调，或通过降低对实体渠道的感知绩效来调节这种认知失调。与之相反，如果用户对使用银行线下实体渠道的期望不确认水平较低，表明现有的银行线下实体渠道已经可以较好地满足用户需要，理性的用户将会持续采用该银行的线下实体渠道处理业务，而不会去尝试学习和使用陌生的线上互联网渠道，这是因为该类用户对互联网渠道的感知相对优势较低。因此，基于期望不确认模型（Bhattacherjee，2001），本书提出以下假设：

H4-4：用户对银行线下实体渠道的期望不确认正向影响用户对该银行线上互联网渠道的感知相对优势。

学者对多渠道情景下的线下实体渠道使用经历与线上互联网渠道的感知绩效之间的关系进行了研究。例如，Bhatnagar 等（2003）构建了一个期望转移理论模型，并检验了用户的线下实体渠道使用经历对其线上互联网渠道的期望与使用意愿的影响。研究发现，用户的线下实体渠道使用经历对该用户的线上互联网渠道服务期望，包括切实性、可靠性、响应性、安全性和移情性五个维度均存在显著的跨渠道影响。Verhagen 和 Van Dolen（2009）研究发现一个公司的线下商店的服务、商品、氛围和布局将正向影响用户去该公司线上商店的购买意愿。基于此，本书提出如下假设：

H4-5：用户对银行线下实体渠道的感知绩效正向影响用户对该银行线上互联网渠道的感知绩效。

用户从当前渠道向另一渠道的使用传递过程是基于用户感知两者之间具有某种紧密联系而实现的（Campbell，1958；Yang，Lu，& Chau，2013）。Campbell（1958）将感知整合性定义为人们会在多大程度上认为由个别实体组成的一个集合体同属于一个群体。基于感知整合性理论，在由银行线下实体渠道向线上互联网渠道转移的过程中，如果用户对线下实体渠道与线上互联网渠道之间的感知整合性较高，则银行线下实体渠道的感知绩效对该银行的线上互联网渠道感知绩效的影响也会较强（Crawford et al.，2002）。同理，具有高整合性感知的用户在银行线下实体渠道的期望不确认对该银行的线上互联网渠道的感知相对优势的影响关系上也会比具有低整合性感知的用户更强。基于上述分析，本书提出如下假设：

H4-6a：高感知整合性情景下，银行线下实体渠道的感知绩效对银行线上互联网渠道的感知绩效的影响将比低感知整合性情景下的影响更大。

H4-6b：高感知整合性情景下，银行线下实体渠道的期望不确认对银行线上互联网渠道的感知相对优势的影响将比低感知整合性情景下的影响更大。

三 线上互联网渠道使用行为

基于创新扩散理论，Rogers（1995）将感知相对优势定义为用户使用某项创新技术相对于在使用现有传统技术时而获得的收益。已有研究探讨了感知相对优势对用户行为的影响（Li & Kuo，1999；Choudhury & Karahanna，2008）。例如，Choudhury 和 Karahanna（2008）研究发现用户使用线上互联网渠道的主要原因是感知线上互联网渠道的相对优势。本研究情景下，用户使用银行线上互联网渠道的相对优势主要体现在以下几点：无需线下排队、无时间与空间的限制、方便快捷、个性化等。因此，本书提出如下假设：

H4-7：用户对银行线上互联网渠道的感知相对优势将正向影

响该用户对该银行线上互联网渠道的使用意愿。

另外，如果用户对使用银行线上互联网渠道具有较高的感知绩效，那么该用户对银行线上互联网渠道的使用意愿也将会较高。换言之，用户对银行线上互联网渠道的感知绩效将会正向影响该用户对银行线上互联网渠道的使用意愿。已有研究也证实了感知绩效对使用意愿的正向影响关系（Yang，Lu，& Chua，2013；Tse & Wilton，1988）。Yang、Lu 和 Chua（2013）研究发现感知绩效显著正向影响用户使用行为。已有研究发现感知绩效显著正向影响感知相对优势（Bolton & Drew，1991；Kumar & Grisaffe，2004）。基于已有研究，本书提出如下假设：

H4-8：用户对银行线上互联网渠道的感知绩效对该用户的银行线上互联网渠道的感知相对优势存在正向影响。

H4-9：用户对银行线上互联网渠道的感知绩效对该用户的银行线上互联网渠道的使用意愿存在正向影响。

基于此，本章的研究模型设定了六个影响用户由银行线下实体渠道向线上互联网渠道使用传递过程中的关键因素，并提出了十条基本假设。本章的研究模型见图4-1。

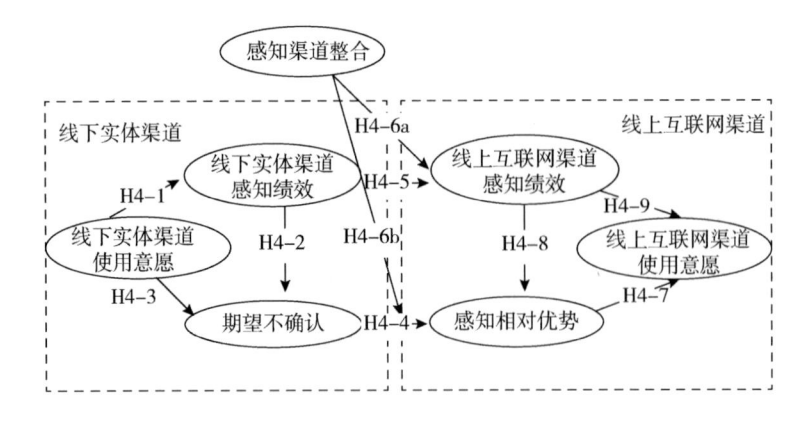

图4-1　线下实体渠道向线上互联网渠道的使用传递行为理论模型

第二节 研究方法

一 量表测量

本研究采用李克特七级量表对问卷进行设计，填答者对问题选择 1 到 7 进行回答。问卷的测度项均引用前人研究的成熟量表，并依据本章的研究背景进行适当修正，从而保证了量表的内容效度。线下银行使用和感知整合性的量表源于 Peijian 等（2009）的研究，并分别测量了用户使用银行线下实体渠道的频率和时间，以及线下实体渠道与线上互联网渠道的感知一体性；线下银行的感知绩效与线上银行的感知绩效的量表源于 Cronin Jr 和 Taylor（1992）的研究；感知相对优势的量表主要改编自 Kim、Shin 等（2009）的研究；期望不确认的量表源于 Bhattacherjee 和 Premkumar（2004）的研究；银行线上互联网渠道使用意愿的量表源于 Gu 等（2009）的研究。

由于问卷测度项的引用源于英文文献，为了确保量表翻译的准确性，首先由一个研究者将测度项翻译成中文，再由另一个研究者独立将中文翻译成英文。其次，比较两个英文版本的量表内容，并针对差异做了必要的修正，以确保中文的量表能够如实反映测度项的含义。再次，本书邀请两位电子商务领域的专家对初始量表进行审读，依据专家意见对问卷进行了修正。最后，选择 28 位具有线下银行、线上银行使用经历的大学生对问卷进行预测试，并进一步对量表进行修正。最终的问卷与参考文献如表 4-1 所示。

表 4-1 问卷问题和参考文献对应表

变量（缩写）	测度项	测度项内容	来源
线下实体渠道使用行为（OFU）	OFU1	平均来说，您一周花费在线下银行营业厅服务上的时间大概是？ （1）低于 10 分钟；（2）10—30 分钟（不包含 30 分钟）；（3）30—60 分钟（不包含 60 分钟）；（4）1—2 小时（不包含 2 小时）；（5）2—3 小时（不包含 3 小时）；（6）3 小时及以上	（Peijian et al.，2009）
	OFU2	平均来说，您一个月使用线下银行营业厅服务大概多少次？ （1）每月少于一次；（2）每月一次；（3）每月多次（2—3 次）；（4）每周一次；（5）每周多次（2—3 次）；（6）大约每天一次；（7）每天多次	
线下实体渠道感知绩效（OFP）	OFP 1	线下银行营业厅的硬件设施（除服务水平外）不错 （切实性）	（Cronin Jr & Taylor，1992）
	OFP 2	线下银行营业厅的交易是可靠的 （可靠性）	
	OFP 3	线下银行营业厅的员工能及时回应用户的服务请求 （响应性）	
	OFP 4	在线下银行营业厅，我所进行的各项交易是安全的 （安全性）	
	OFP 5	线下银行营业厅的员工是为我着想的 （移情性）	
期望不确认（DCO）	DCO1	基于线下银行营业厅的使用经历，线下银行营业厅的服务比我预想的好（反题）	（Bhattacherjee & Premkumar，2004）
	DCO2	线下银行营业厅服务水平比我预想的服务水平差	
	DCO3	总的来说，线下银行营业厅服务水平与我的（大部分）预想是一致的（反题）	
线上互联网渠道感知绩效（ONP）	ONP 1	线上银行的外观界面不错 （切实性）	（Cronin Jr & Taylor，1992）
	ONP 2	线上银行的交易是可靠的 （可靠性）	
	ONP 3	线上银行系统能很快回应用户的服务请求（响应性）	
	ONP 4	在线上银行进行交易是安全的 （安全性）	
	ONP 5	线上银行是为我着想的 （移情性）	

续表

变量（缩写）	测度项	测度项内容	来源
感知相对优势（REA）	REA 1	线上银行比线下银行营业厅有优势，不受时间地点限制	（Kim, Shin, et al., 2009）
	REA 2	线上银行比线下银行营业厅更方便	
	REA 3	线上银行比线下银行营业厅更有效率	
	REA 4	线上银行比线下银行营业厅更能有效管理银行账户	
感知渠道整合（PEN）	PEN 1	线下银行营业厅和线上银行之间有很强的相互联系	（Peijian et al., 2009）
	PEN 2	线下银行营业厅和线上银行一体化程度很高	
	PEN 3	线下银行营业厅和线上银行都是银行重要的服务渠道	
线上互联网渠道使用意愿（INT）	INT1	我打算经常使用线上银行办理个人银行业务	（Gu et al., 2009）
	INT2	我会强烈推荐我的朋友使用线上银行	

二 数据收集

鉴于本书的主要目的是探索跨渠道消费者使用传递过程，问卷数据的收集采用网络调查问卷方式以便控制问卷填写进程。首先，研究人员制作好网络调查问卷，然后在管理员的支持下将网络调查问卷的链接发到国内知名的某银行网络社区。同时，研究人员在威客网站发布了线上问卷调查任务。为了捕获动态的银行用户的跨渠道使用传递过程，本书将调查问卷分成两部分：第一部分为与用户使用线下银行相关的题项；第二部分是与用户使用线上银行相关的题项。在问卷首页，被试要求回答是否有过线上银行的使用经历，那些选择没有线上银行使用经历的被试在填写完问卷的第一部分后，问卷系统会自动连接进入国内某银行的线上银行演示中心，以便被试对线上银行的使用流程以及各项功能进行了解。演示完成后，被试再继续完成剩下的第二部分问卷。最后，剔除无效样本后，本研究收集了376份问卷，并最终用于对理论模型进行检验。基于被调查对象的样本统计分析，样本中的男性占比为57.2%，年龄主要为18—30岁（占比82.7%），月收入在1000—3000元的占比为53.7%；学历中的大专及以上学历的占比为81.4%。

第三节 研究结果

一 信度与效度

为了保证量表的有效性，首先使用最大方差旋转的主轴因子法对数据进行探索性因子分析（Exploratory Factor Analysis，EFA）。表4－2显示了经过方差最大法旋转后的因子负载矩阵。按特征值大于1的标准抽取出的4个因子共解释了78.950%的方差，各指标在其对应因子的负载（以黑体显示，均大于0.7）高于在其他因子上的交叉负载（均小于0.4），说明本书的量表效度较好。

表4－2　　　　　　　　因子负载矩阵

因子	REA	DCO	PEN	INT
REA1	**0.846**	-0.009	0.246	0.127
REA2	**0.883**	0.003	0.212	0.169
REA3	**0.873**	-0.028	0.140	0.189
REA4	**0.739**	0.002	0.044	0.402
INT1	0.346	-0.049	0.218	**0.836**
INT2	0.284	-0.123	0.176	**0.866**
PEN1	0.223	-0.083	**0.789**	0.165
PEN2	0.103	-0.095	**0.871**	0.193
PEN3	0.174	-0.188	**0.709**	0.036

续表

因子	REA	DCO	PEN	INT
DCO1	-0.040	**0.907**	-0.097	-0.011
DCO2	0.042	**0.921**	-0.117	-0.064
DCO3	-0.023	**0.857**	-0.140	-0.088
特征值	3.099	2.476	2.130	1.769
解释方差	25.822	20.635	17.753	14.739
累计方差	25.822	46.458	64.211	78.950

基于 Petter 等（2007）对形成型与反映型构念的划分标准，本书将线下实体渠道使用、线下实体渠道感知绩效和线上互联网渠道感知绩效定义为形成型构念。其中，线下实体渠道使用测量了银行线下渠道使用的时间与频率；线下实体渠道感知绩效和线上互联网渠道感知绩效则测量了感知绩效的可靠性、切实性、安全性、响应性和移情性五个维度。本书的反映型构念为期望不确认、感知相对优势、感知渠道整合、线上互联网渠道使用意愿。

本书分别对形成型与反映型构念的信度和效度进行了检验。如表 4-3 所示，对于反映型构念的检验，四个反映型构念共有十二个测试项，所有反映型构念均具有较高的信度指标。例如，所有因子的标准负载、Cronbach's α 和复合信度值均超过 0.7（Nunnally & Bernstein, 1978）；所有因子的平均萃取方差均大于 0.50。

对于形成型构念的检验，如表 4-3 所示，形成型构念的方差膨胀系数（VIF, Variance inflation factor）均未超过 3.5，说明不存在严重的多重共线性。本书对形成型构念的测度项权值和标准负载进行了检验，发现形成型构念的测度项的标准负载均大于 0.5，且测度项权值除个别权值（如 OFP2 权值）外，均在 $P<0.05$ 水平下显著。本书参照 Cenfetelli 和 Bassellier（2009）的检验方法对线下实体渠道感知绩效（OFP）可能存在的抑制因子效应进行了进一步

检验，并发现明显的抑制因子效应，综合考虑形成型构念的内容效度，本书保留了线下实体渠道感知绩效的OFP2测度项。

表4-3　　　　　　　　　　信度与收敛效度分析

构念	题项	权值	负载	标准差	T值
线下实体渠道使用（形成型）					
VIF = 1.245	OFU1	0.528		0.245	2.15
VIF = 1.245	OFU2	0.648		0.242	2.68
线下实体渠道感知绩效（形成型）					
VIF = 1.380	OFP1	0.245		0.074	3.34
VIF = 2.510	OFP2	-0.046		0.057	0.81
VIF = 1.687	OFP3	0.244		0.069	4.49
VIF = 2.516	OFP4	0.209		0.079	2.65
VIF = 1.606	OFP5	0.608		0.071	8.58
线上互联网渠道感知绩效（形成型）					
VIF = 1.368	ONP1	0.289		0.074	3.90
VIF = 2.605	ONP2	0.239		0.106	2.25
VIF = 1.503	ONP3	0.193		0.085	2.25
VIF = 3.259	ONP4	0.345		0.101	3.41
VIF = 1.901	ONP5	0.204		0.090	2.25
期望不确认（反映型）					
CR = 0.932　AVE = 0.821　Cronbach a = 0.889	DCO 1		0.921	0.008	85.22
	DCO 2		0.925	0.009	74.15
	DCO 3		0.870	0.017	39.79
感知相对优势（反映型）					
CR = 0.932　AVE = 0.774　Cronbach a = 0.901	REA1		0.871	0.016	37.38
	REA2		0.908	0.015	45.11
	REA3		0.898	0.017	42.39
	REA4		0.839	0.019	34.40
线上互联网渠道使用意愿（反映型）					
CR = 0.938　AVE = 0.884　Cronbach a = 0.868	INT1		0.943	0.008	94.64
	INT2		0.938	0.009	76.54

续表

构念	题项	权值	负载	标准差	T值
感知渠道整合（反映型）					
CR = 0.869 AVE = 0.689 Cronbach a = 0.771	PEN1		0.841	0.024	24.62
	PEN2		0.898	0.012	50.86
	PEN3		0.744	0.031	16.74

如表 4-4 所示，表中对角线上黑体数字显示的各反映型构念 AVE 值的平方根均大于相应的相关系数，所以保证了较好的区别效度。

表 4-4　　　　　因子 AVE 值平方根与因子间相关系数矩阵

因子	OFU	OFP	ONP	DCO	REA	INT	PEN
OFU	**NA**						
OFP	0.143	**NA**					
ONP	0.085	0.445	**NA**				
DCO	-0.124	-0.678	-0.387	**0.906**			
REA	0.058	0.177	0.504	-0.056	**0.879**		
INT	0.176	0.204	0.584	-0.170	0.583	**0.940**	
PEN	0.036	0.272	0.453	-0.276	0.404	0.422	**0.830**

注：对角线上的黑体数字是各因子 AVE 值的平方根，对角线以下的数字是各因子的相关系数。

同时，为了检验可能存在的共同方法偏差，本书采用了哈曼单一因子测试方法，结果发现各因子被解释的方差比较均衡。说明本书不存在严重的共同方法偏差。

二　假设检验

本书包括形成型和反映型两类构念，适合使用 PLS-SEM 软件进行模型检验与显著水平分析。模型假设检验结果如图4-2所示,除了H4-3外,其余假设均得到验证。由图4-2可知,线下实体渠道使用正向影响线下实体渠道感知绩效(H4-1),验证了自我感知理论(Bem,1972)。同时,线下实体渠道使用经历通过两条不同路径分别影响线上互联网渠道使用意愿:一方面,线下实体渠道感知绩效正向影响线上互联网渠道感知绩效(H4-5),线上互联网渠道感知绩效进而正向影响线上互联网渠道使用意愿(H4-9);另一方面,线下实体渠道的期望不确认正向影响线上互联网渠道感知相对优势(H4-4),线上互联网渠道感知相对优势进而正向影响线上互联网渠道使用意愿(H4-7)。数据结果证实了线下实体渠道使用经历显著影响同一公司或品牌的线上互联网渠道使用意愿。研究还发现感知整合性正向调节线下实体渠道使用影响线上互联网渠道使用的两条关键路径(H4-6a,H4-6b),那些对线下实体渠道与线上互联网渠道之间的整合性水平感知高的用户相比整合性水平感知低的用户,其线上互联网渠道使用经历对线上互联网渠道使用的影响更大。因此,本书在跨渠道情景下验证了感知整合性理论的适用性(Campbell,1958)。

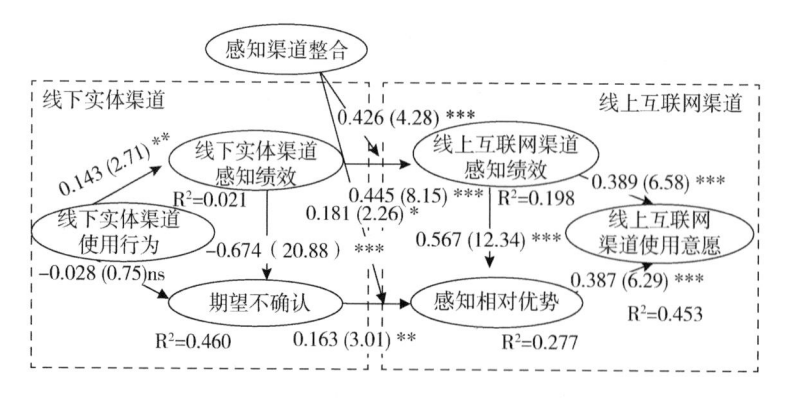

注:* 表示 $p<0.05$,** 表示 $p<0.01$,*** 表示 $p<0.001$,ns 表示不显著。

图4-2 模型分析结果

本书包括没有线上银行使用经历和有线上银行使用经历的两类样本。由于有使用经历的被试填写问卷主要基于他们的实际使用感受，而没有使用经历的被试填写问卷更多的是基于他们对线上银行使用前的某种认知（Bhattacherjee & Premkumar，2004）。例如被试通过将自己银行线下实体渠道的使用感受映射到对该银行线上互联网渠道的感知，这一认知过程是基于某种暗示认知而实现的（Lee et al.，2007）。为了研究不同使用者在使用传递过程中的差异，本书对两组样本分别进行了检验（如表4－5所示）。由表4－5中可知，除了H4－3外，两类样本在路径系数上均存在显著差异。特别是，H4－4和H4－7仅在样本N_2中显著。即，对于无线上银行使用经历的用户，用户主要通过线下实体渠道使用后的感知绩效来影响其线上互联网渠道感知绩效，进而影响线上互联网渠道使用意愿；对于有线上银行使用经历的用户，用户不仅通过线下实体渠道使用后的感知绩效影响其线上互联网渠道感知绩效，且用户还通过线下实体渠道使用后的期望不确认来影响其线上互联网渠道感知相对优势，进而影响线上互联网渠道使用意愿。

表4－5　　　　　　　　两类样本检验结果的比较

	样本没有线上银行使用经历 (N_1 = 141)	样本有线上银行使用经历 (N_2 = 235)
	R^2	R^2
线上互联网渠道使用意愿	0.379	0.446
线上互联网渠道感知绩效	0.225	0.190
感知相对优势	0.294	0.205
期望不确认	0.366	0.535
线下实体渠道感知绩效	0.035	0.014
	路径系数	路径系数
H4－1：OFU－>OFP	0.187**	0.117^a

续表

	样本没有线上银行使用经历 （$N_1 = 141$）	样本有线上银行使用经历 （$N_2 = 235$）
	R^2	R^2
H4-3：OFP->DCO	-0.599***	-0.730*** a
H4-2：OFU->DCO	-0.027	-0.010
H4-4：DCO->REA	0.102	0.180** a
H4-5：OFP->ONP	0.474***	0.436*** a
H4-7：REA->INT	0.160	0.486*** a
H4-8：ONP->REA	0.570***	0.498*** a
H4-9：ONP->INT	0.515***	0.297*** a

注：a 表示 N_1 与 N_2 样本的路径系数在 $p<0.001$ 的显著水平下显著；$*p<0.05$，$**p<0.01$，$***p<0.001$；$T = (PC_1 - PC_2) / [Spool_{ed} \times SQRT(1/N_1 + 1/N_2)]$；$Spool_{ed} = SQRT\{[(N_1-1)/(N_1+N_2-2)] \times SE_1^2 + [(N_1-1)/(N_1+N_2-2)] \times SE_2^2\}$；SE = 路径系数的标准差；PC = 路径系数。

第四节　结论与讨论

一　研究结论

基于自我感知理论、期望不确认理论和感知整合性理论建构了一个线下渠道至线上渠道的使用传递行为的理论模型，并在中国银行业背景下实证检验了模型，得出了如下几点结论。

首先，通过模型检验，本书发现用户的银行线下实体渠道使用经历经由两条不同路径影响用户线上互联网渠道使用意愿。在线下实体渠道情景下，银行线下实体渠道使用正向影响线下实体渠道的感知绩效。这一结果与文献（Song et al.，2009）的结论具有一致性，也进一步验证了自我感知理论。H4-2 并未得到证实，即本书并未发现线下实体渠道使用负向影响线下实体渠道期望不确认，可能的原因是用户线下实体渠道感知绩效捕获了大部分由线下实体渠道使用产生的影响。在线上互联网渠道情景下，线上互联网渠道感知绩效和感知相对优势分别正向影响线上互联网渠道使用意愿，系数分别为 0.389 和 0.387（P<0.001）。此结果与文献（Tse & Wilton, 1988）（Li & Kuo; Choudhury & Karahanna, 2008）的结论相一致，说明感知绩效和感知相对优势是决定用户使用线上互联网渠道的关键因素。在线下实体渠道到线上互联网渠道的转移过程中，线下实体渠道感知绩效正向影响线上互联网渠道感知绩效（0.445，P<0.001），线下实体渠道期望不确认正向影响线上互联网渠道感知相对优势（0.163，P<0.01）。这一实证结果表明，用户线下实体渠道使用经历正向影响其线上互联网渠道的使用意愿，且这种影响机制是通过两条不同的路径产生作用的。这也为企业多渠道使用传递策略找到理论依据。一方面，那些保持着较高线下实体渠道绩效的传统企业可以利用用户对其线下实体渠道良好的使用感受来建立用户对其线上互联网渠道同样良好的绩效感知。这也表明企业保持良好的线下实体渠道服务水平不仅对当前的线下实体渠道有直接的积极影响，而且对它的线上互联网渠道绩效水平的感知同样有间接的正向影响；另一方面，线下实体渠道期望不确认水平越高的用户对企业线上互联网渠道的感知相对优势也越高。这说明线下实体渠道期望不确认显著影响用户对线上互联网渠道相对优势的感知，其决定了用户从线下实体渠道向线上互联网渠道的转移意愿，并将用户区分为单渠道用户和多渠道用户。即线下实体渠道期望不确认水平较低的用户较少有动机去使用线上互联网渠道，因为线下实体渠道已经能很好地满足用户的需求，他们很少会感知到线上互联网渠道的相对优势；当用户的线下实体渠道期望不确认水平较高时，他们对线上互联网渠道相对优势的感知会较高，进而强化了用户使用线上互联网渠道的意向。因此，从多渠道使用传递的视角来看，企业的线下实体渠道绩效在一定程度上发挥了某种用户保留的作用，因为它对线下实体渠道和线上互联网渠道的使用都有正向影响；而线下实体

渠道的期望不确认则起到了某种渠道转移风向标的作用，因为它决定了用户对线上互联网渠道的相对优势感知，进而影响了用户渠道转移意愿。

其次，我们对感知整合性的调节作用进行了分析，数据结果表明，假设感知整合性对银行线下实体渠道向线上互联网渠道转移的两条关键路径（H4-4，H4-5）具有显著的正向调节作用。感知整合性对线下实体渠道感知绩效与线上互联网渠道感知绩效之间关系的调节作用为（0.426，$P<0.001$）；感知整合性对线下实体渠道的期望不确认与线上互联网渠道的感知相对优势之间关系的调节作用为（0.181，$P<0.05$）。这一结果表明，在线下实体渠道向线上互联网渠道使用传递的两条关键路径的影响关系上，整合性水平较高的用户比整合性水平较低的用户受到的影响更大。且感知整合性对H4-4的调节效应比对H4-5调节效应的更显著，这一结果进一步验证了感知整合性在使用传递过程中的重要连接作用（Peijian et al.，2009）。这一结论也为提高多渠道企业的线下至线上渠道使用传递行为的效果找到了方法。

最后，我们对无线上银行使用经历样本（N_1）和有线上银行使用经历样本（N_2）的模型结果进行T检验。研究发现二者在线下实体渠道向线上互联网渠道的两条关键转移的路径系数上存在显著差异。在第一条关键转移路径上，即，在线下实体渠道感知绩效影响线上互联网渠道感知绩效，线上互联网渠道感知绩效进而影响线上互联网渠道使用意愿的路径系数上，样本N_1的路径系数均显著大于样本N_2的路径系数；在第二条关键转移路径上，即在线下实体渠道期望不确认影响线上互联网渠道感知相对优势，线上互联网渠道感知相对优势进而影响线上互联网渠道使用意愿的路径系数上，样本N_1的路径系数均不显著，而样本N_2的路径系数都是显著的。这种不同用户在两条转移路径上存在的差异可能是因为无线上互联网渠道使用经历的用户通常属于那些没有动机或没有能力去使用线上互联网渠道的一类群体。由于线下实体渠道已经能很好满足他们的需求，他们很少会感知到线上互联网渠道的相对优势，因此，他们形成线上互联网渠道使用意愿主要基于线上互联网渠道和线下实体渠道感知绩效。而有线上互联网渠道使用经历的用户一般属于那些有较高动机或能力去使用线上互联网渠道的一类群体，其线下实体渠道期望不确认水平通常较高，进而导致了他们较高的线上互联网渠道感知相对优势，因此，他们形成线上互联网渠道使用意愿主要基于线上互联网渠道感知相对优势。

二 管理启示

本书的实证结论对企业管理实践有以下几点启示：首先，基于线下实体渠道使用经历从两条不同路径显著影响线上互联网渠道使用意愿的结论，企业可以从以下两方面采取措施来实施多渠道使用传递战略和实现用户持续使用。一方面，企业要努力保持和提高其线下实体渠道感知绩效，因为线下实体渠道感知绩效不仅对当前的线下实体渠道有直接正向影响，而且对线上互联网渠道感知绩效和使用意愿存在跨渠道的正向影响。因此，维持较高的用户感知绩效是企业保留用户的关键。基于线下实体渠道使用正向影响线下实体渠道的感知绩效的结论，即用户对线下实体渠道使用越多越能提高用户的线下实体渠道感知绩效。企业可以通过加强与用户的互动、提高服务水平、促进用户使用，从而进一步提高用户感知绩效。另一方面，企业要认清用户线下实体渠道的期望不确认在多渠道使用传递中的作用，并进行有效控制。线下实体渠道的期望不确认影响用户对线上互联网渠道的相对优势感知，进而影响了用户渠道转移意愿。正如 Wallace 等（2004b）指出，企业采用多渠道战略不仅是为了应对竞争对手，而且是为了迎合用户的期望。企业可以通过宣传企业的线上互联网渠道服务或指导用户试用线上互联网渠道服务，来提高用户的线下实体渠道期望不确认水平，进而提高用户对线上互联网渠道的相对优势感知，促进用户的使用传递和增加用户黏性。

其次，基于感知整合性对线下实体渠道向线上互联网渠道转移的两条关键路径的显著正向调节作用，为了强化用户从线下实体渠道向线上互联网渠道使用传递的效果，企业可以通过多种方法来提高用户对其线下实体渠道和线上互联网渠道之间的整合性感知。如：企业可以加强其线下实体渠道与线上互联网渠道之间的互动性，提供线下实体渠道和线上互联网渠道的协同服务，在线上互联网渠道中提供企业线下服务网点的介绍等。

最后，不同用户在线下实体渠道向线上互联网渠道的两条关键转移路径系数上存在显著差异。这为企业针对不同用户的用户保留战略提供了指导。因为无线上互联网渠道使用经历的用户在线上互联网渠道使用意愿上主要基于该用户的线下实体渠道感知绩效，而有线上互联网渠道使用经历的用户更多地基于线下实体渠道的期望不确认来形成线上互联网渠道的使用意愿。因此，提高用户感知绩效对保留两类用户都十分重要，对无线上互联网渠道使用经历的用户，企业需要提高用户对线上互联网渠道相对优势的感知，例如采用奖励的方式促进用户感知线上互联网渠道的相对优势。

第五章　感知渠道整合对移动社交媒体使用行为的影响研究

近年来，随着移动互联技术的飞速发展与移动设备的快速普及，移动社交网络服务的使用者正呈现爆发式增长。根据中国互联网络信息中心（CNNIC）发布的第45次《中国互联网络发展状况统计报告》，截至2020年3月，我国移动互联网用户规模已达8.97亿人，网民中使用手机上网的人群占99.3%（CNNIC，2020）。移动社交网络服务为用户之间随时随地构建与共享社会关系网络提供了渠道，已成为一种新的信息交流范式（Yang, Liu, et al., 2016）。事实上，移动社交网络服务通过向用户提供无处不在的便捷服务，正在显著改变人们的线上线下社交方式。例如，通过使用移动社交网络服务，用户在参与线下社会活动的同时也可以保持与其线上社交网络成员的沟通。基于其无处不在性、个性化和碎片化等特征，可以说，移动社交网络服务有效地整合了人们的线上线下社会生活。然而任何事物都有其两面性，尽管移动社交网络服务为用户带来了许多价值，并获得了快速普及，但过度使用这些移动社交网络服务也会导致技术成瘾问题，而这也是管理信息系统领域研究的热点之一。以往研究认为技术成瘾不仅损害了人们的个人生活，也提高了组织对员工生产力和隐私侵犯的担忧。因此，研究影响移动社交网络服务用户成瘾的关系因素及其干预机制具有重要的理论与实践意义。

基于此，本章拟以社会资本理论为理论基础，从线上渠道、线下渠道整合的视角研究影响移动社交网络服务用户成瘾的关键因素。具体而言，本章研究问题如下：（1）线上社会资本与线下社会资本（结构维、关系维和认知维）如何影响移动社交网络服务用户成瘾？（2）感知渠道整合如何影响用户的线下社会资本、线上社会资本、移动社交网络服务用户成瘾？本章研究的贡献主要体现在以下几个方面。首先，近年来很多学者对移动社交网络服务用户行为进行了较深入的研究（Hsiao, 2017；Yang, Wang, et al., 2016；Nie et al., 2020），但已有研究多关注移动社交网络服务的正向使用行为，如持续使用行为（Hsiao, 2017）、打卡行为（Nie et al., 2020）等。已有研究较少关注移动社交网络服务用户的负向使用行为，例如用户的技术成瘾行为。本章基于社会资本理论对影响移动社交网络服务用户成瘾的关键因素进行了系统研究，本章的研究结论可以为后续研究提供理论支持与创新视角。其次，以往研究大多倾向于从单一渠道环境中发现影响移动社交网络服务用户成瘾的关键因素（Barnes et al., 2019）。信息时代，人们的社交网络不仅存在于线下渠道的实体物理空间中，也存在于线上渠道的网络虚拟空间中，因此，为了更全面地解释移动社交网络服务用户成瘾，需要研究者从线上社交网络与线下社交网络的多渠道视角展开研究。最后，虽然一些学者从线上渠道与线下渠道结合的视角研究了移动社交网络服务用户行为，但倾向于将线上渠道与线下渠道视为分离的个体，还未能明确用户感知渠道整合对移动社交网络服务用户成瘾的影响机制。随着移动互联网的普及，用户的线上社交网络与线下社交网络的联系越发紧密，研究移动社交网络服务用户成瘾需要从线上渠道、线下渠道整合的视角进行系统研究。

第一节 文献综述

一 移动社交网络服务的技术成瘾

技术成瘾可以归结为一种特殊类型的行为成瘾,其被定义为"一种用户依赖于信息技术使用时的不适应心理状态,这种心理状态常常通过强迫模式表现出来,并以侵犯使用者正常的信息技术使用行为或其他重要活动为代价"(Turel & Serenko,2012)。技术成瘾可以影响人们生活的方方面面,有时甚至可能需要进行治疗(Turel et al.,2011)。技术成瘾与习惯的概念存在明显区别,习惯反映了由于学习而产生的自动行为,而这种自动行为与心理依赖无关(Turel et al.,2011)。技术成瘾也不同于在技术使用过程中的过度使用行为,因为技术过度使用行为通常与病理性的技术使用行为无关。事实上,技术成瘾通常有多种行为成瘾症状的表现,例如冲突、退缩、依赖以及情绪改变等(Yang,Liu,et al.,2016)。

信息时代,虽然与技术相关的成瘾现象越来越多,且技术成瘾最近得到了越来越多的学者和管理者的关注(Yang,Liu,et al.,2016;Leong et al.,2019),但并不是所有科技产品都具有上瘾特性(Turel & Serenko,2012;Yang,Lu,et al.,2014)。技术成瘾在科技产品使用的过程中通常会通过正强化效应来发挥作用(Turel & Serenko,2012)。事实上,由于使用科技产品带来的刺激可以填补人们在社会心理上的空白,因此科技产品在人们的平时社会生活中会让人更容易上瘾(Yang,Liu,et al.,2016)。已有研究主要关注具有享乐特征的科技产品的技术成瘾,例如在线游戏(Xu et al.,2012;Jiang,2014)和移动社交网络服务(Turel & Serenko,2012)等。

移动社交网络服务作为一类具有享乐特征的科技产品，通过填补人们生活中的社会心理空白，已经成为一种潜在的易于上瘾的社交服务（Yang，Liu，et al.，2016）。例如，很多人通过移动设备时刻刷新社交应用，已经达到了不能控制自己行为的程度，甚至有人一旦离开手机就产生焦虑。与常见的技术成瘾症状一致，移动社交网络服务用户成瘾可以通过一些核心症状表现出来，包括凸显行为（例如，用户使用移动社交网络服务在其所有活动中占据主导地位）、冲突行为（例如，用户由于过多使用移动社交网络服务而干扰用户的其他正常活动）、依赖行为和退缩行为（例如，用户不能自主地停止移动社交网络服务的使用）、负面情绪（例如，当用户如果不能访问移动社交网络时则会表现出负面情绪）。Turel 和 Serenko（2012）比较了计算机游戏、在线拍卖网站和社交网络服务的成瘾特征，发现这三类科技产品的成瘾特征与几种核心成瘾症状具有一致性。基于此，本书采用 Turel 和 Serenko（2012）研究中使用的量表对移动社交网络环境下的技术成瘾进行测量，并将移动社交网络环境下的技术成瘾定义为用户在使用移动社交网络服务过程中的非正常依赖使用行为。

现有研究主要采用三类模型来解释移动社交网络成瘾的形成机制：社交技能模型（Caplan，2005）、认知行为模型（Davis，2001）和社会认知模型（LaRose et al.，2003）。社交技能模型认为缺乏社交或自我表现技能的个人更喜欢参与基于互联网的虚拟交互而不太喜欢面对面的线下沟通；认知行为模型则认为个体可以适应不良认知，这种认知可以被各种环境因素放大。例如，移动社交网络服务用户的强迫使用模式通常会在缺乏社会支持的环境下被强化与放大；社会认知模型则认为个人的强迫使用行为会受到其对结果预期的影响。本书旨在研究用户使用移动社交网络服务时的感知渠道整合如何影响该用户的线上社交资本与线下社交资本，以及最终如何影响其移动社交网络成瘾。

二 社会资本理论

社会资本被定义为"个人或社会团体所拥有的关系网络中的实际资源与潜在资源的总和"（Nahapiet & Ghoshal, 1998）。社会资本不同于侧重于资产或个人的物质资本和金融资本，它是植根于社交网络结构中的资源，这些资源促进了人们的各种社会交往与互动活动（Zhao, Lu, Wang, et al., 2012）。社会资本通常用三个维度来衡量：结构维、认知维和关系维（Yang, Liu, et al., 2016; Nahapiet & Ghoshal, 1998; Wagner et al., 2014; Zhou, Lu, et al., 2010）。社会资本的结构维是指"社会系统中个体之间联系的整体模式"（Nahapiet & Ghoshal, 1998）。参与者需要通过社会网络联系获得可用资源并形成社会关系（Zhao, Lu, Wang, et al., 2012）。社会资本的认知维则是参与者之间共同的认识、解释和含义系统的资源，其包含有助于促进社交网络中的参与者之间交互的通用代码、语言和叙述形式（Zhao, Lu, Wang, et al., 2012; Sun et al., 2012）。社会资本的关系维则是指个人与他人通过社会互动而形成的社会关系，该维度包括社会规范、尊重和认同感等（Nahapiet & Ghoshal, 1998）。

在学术界，社会资本理论已广泛用于解释线下渠道（基于面对面的社交活动）和线上渠道（基于互联网的社交活动）环境下的组织和个人的各类社交行为（Zhao, Lu, Wang, et al., 2012; Wagner et al., 2014; Hsiao & Chiou, 2012）。例如，Chow 和 Chan（2008）研究了线下渠道的社会资本在组织知识共享中的作用，研究发现社会资本显著地正向影响了成员间的共享知识行为。Lawson 等（2008）研究发现关系资本和结构资本正向影响买方的感知绩效改善。Sun 等（2012）研究发现社会资本在金融背景下对信息技术服务的用户满意度存在显著正向影响。已有研究发现社会资本显著影响虚拟社区中个人的知识获取和共享行为（Zhao，Lu，Wang，et al.，2012）、持续使用意愿（Lin & Lu，2011a）和顾客忠诚（Hsiao & Chiou，2012）。Li 和 Wang（2014）将社会资本理论应用于移动社交网络环境中解释用户的广告共享行为，该研究发现社会资本是影响用户使用移动社交网络服务进行广告共享的重要因素。

虽然已有研究对社会资本在线上渠道与线下渠道环境下影响用户社交行为的作用机制进行了考察，但现有研究仍存在一定局限性。第一，已有研究主要关注社会资本对用户社会化行为的正面后果的影响，而较少研究用户使用社交网络服务而产生的负面后果（例如，技术成瘾）。事实上，社交网络服务促进了用户与其他群组成员建立社交关系，其本质上属于一种易于上瘾的应用程序（Stieger et al.，2013；Wang & Wang，2013）。尽管移动社交网络服务获得了广泛应用，但已有研究仍缺乏对社会资本如何影响移动社交网络成瘾的系统探究。第二，现有研究多基于单一渠道视角分析影响移动社交网络成瘾的因素。无线互联时代，人们的线下社交生活与线上社交生活已经融为一体，因此，迫切需要从多渠道角度探讨社会资本对移动社交网络服务成瘾的影响机制。第三，虽然一些学者基于线上与线下结合的多渠道视角分析了移动社交网络服务用户行为，但倾向于将线上渠道与线下渠道视为分离的个体，本书拟从渠道整合视角研究感知渠道整合对移动社交网络成瘾的作用机制。

基于 Nahapiet 和 Ghoshal（1998）的社会资本理论，本书拟从结构维、认知维和关系维三个维度测量社会资本。在学术界，社会互动关系是社会资本的结构维中最重要的因素之一。社会互动关系反映了关系强度、沟通频率和交互花费的时间（Wang & Wang，2013；Chiu et al.，2006）。社会支持是社会资本的认知维中最重要的因素之一，其是个体在需要建议、援助或保护时可以获得的社会资产或资源

（Chiu et al.，2006）。社会认同则是社会资本的关系维中最重要的因素之一，其是指个体对自我的概念，即认为自己不是一个单独的个体，而是一个社区的成员。基于已有研究（Zhao，Lu，Wang，et al.，2012），本书采用社会互动关系测量社会资本的结构维，采用社会支持测量社会资本的认知维，采用社会认同测量社会资本的关系维。

第二节 研究模型与假设

基于社会资本理论，本章提出了一个多渠道模式下感知渠道整合对线上社会资本、线下社会资本和移动社交网络成瘾影响的理论模型（图5-1）。如图5-1所示，线上社会资本的三个维度（线

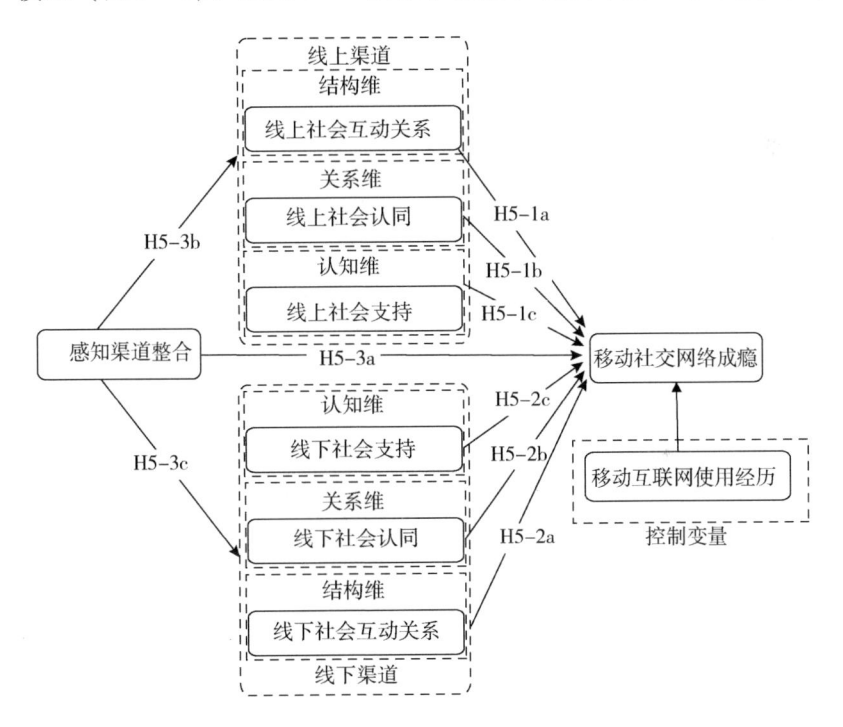

注：各假设条件的含义详见后文。

图 5-1 移动社交网络成瘾理论模型

上社会互动关系、线上社会支持、线上社会认同）对移动社交网络成瘾存在正面影响；线下社会资本的维度（线下社会互动关系、线下社会支持、线下社会认同）对移动社交网络成瘾存在负面影响。感知渠道整合不仅对移动社交网络成瘾存在直接影响，而且通过影响线上社会互动关系与线下社会互动关系对移动社交网络成瘾存在间接影响。以下将对本书的理论假设进行具体讨论。

一 社会资本和移动社交网络成瘾

社会资本理论被广泛应用于解释不同研究情景下的用户行为，包括知识贡献（Wasko & Faraj, 2005）、社区忠诚（Hsiao & Chiou, 2012）和 IT 服务满意（Sun et al., 2012）。已有研究主要分析了社会资本对用户行为的正面影响，而人们的社会互动还可能导致潜在的负面后果。实际上，Turel 和 Serenko（2012）研究发现用户在适度使用社交网络服务时会对用户行为产生正面的影响，而过度使用社交网络服务时，则会导致用户对社交网络服务存在一种病态的依赖。Stieger 等（2013）研究也发现社交网络服务是一种具有高度参与性和交互性特征的网络服务，某些高参与度的用户对社交网络服务通常表现出不可抗拒的、压倒一切的欲望，他们经常无法控制自己去反复检查朋友的在线状态。基于此，本书拟从多渠道视角研究感知渠道整合对线上社会资本、线下社会资本和移动社交网络成瘾的作用机制。

线上互联网环境下，社会资本的三个维度（线上社会互动关系、线上社会支持、线上社会认同）将对移动社交网络成瘾存在正面影响。实际上，参与线上网络社区活动的个体成员在和其他社区成员的交往过程中通常会发展与形成密切的社会互动关系。这些关系将使个人成员能够与网络社区的其他成员保持活跃的社交关系，并从中获得社会支持，这反过来可能导致他们对网络社区的心理依赖（Wang & Wang，2013）。已有研究也发现社区成员在网络社区的互动时间越多，其网络信息交互的频率和强度就越大（Chiu et al.，2006）。已有文献研究发现线上社会互动关系、线上社会支持和线上社会认同对社交网络成瘾存在显著正向影响（Magsamen-Conrad et al.，2014；Chiu，2014；Ridings & Gefen，2004；Douglas et al.，2008；Yeh et al.，2008）。例如，Ridings 和 Gefen（2004）研究发现线上社会支持是人们持续参与网络社区互动的重要动机。Yeh 等（2008）研究发现相对于从网络社区获得社会支持较少的社区成员，那些获得较多社会支持的社区成员表现出更高的网络成瘾的迹象。Xu 等（2012）研究发现用户的社会需求（包括对社交关系的需求和逃避现实的需求）会促进他们的网络游戏成瘾。类似地，Wang 和 Wang（2013）研究发现线上社会支持和线上社会互动关系对网络成瘾存在显著正向影响。线上社区的社会认同反映了社区成员对网络社区的参与感和归属感，并被认为是影响网络成瘾的关键因素（Kuss & Griffiths，2011）。近年来，移动社交网络的快速普及使移动社交网络成瘾的研究主题成为学者关注的热点（Yang，Liu，et al.，2016；Chiu，2014；Salehan & Negahban，2013；Wang，2019）。鉴于基于移动互联网的社交网络与基于 PC 互联网的社交网络具有类似的交互技术，因此影响传统 PC 互联网社交网络成瘾的因素也可以适用于移动社交网络环境（Yang，Wang，et al.，2014）。基于现有研究（Yang，Liu，et al.，2016；Chiu，2014；Salehan & Negahban，2013；Wang，2019），本书提出以下假设：

H5-1a：线上社会互动关系将正向影响移动社交网络成瘾。

H5-1b：线上社会认同将正向影响移动社交网络成瘾。

H5-1c：线上社会支持将正向影响移动社交网络成瘾。

不同于线上社会资本，本书认为线下社会资本（包括线下社会互动关系、线下社会支持和线下社会认同）将对移动社交网络成瘾存在负向影响。事实上，已有研究发现人们从线下社区获得的社会资本可以有效预防那些与技术有关的网络成瘾（Wang & Wang, 2013；Tsai et al., 2009）。线下社区的面对面社会交互为人们提供了可触摸的温暖而有意义的社区活动，这些活动可以分散或减少用户对线上社区强迫使用的注意力（Xu et al., 2012）。换言之，用户的线下面对面的社会互动与线上社交生活具有一定的替代性。当人们对现实世界中面对面的社会互动需求很高时，或者他们对逃避网络虚拟世界的数字干扰的需求很高时，他们就会减少过度使用移动社交网络进行线上社区互动的可能性。以往研究还表明在线下面对面环境下获得的社会资本，如社会支持、社会互动关系和社会认同将会抑制网络成瘾（Stieger et al., 2013；Wang & Wang, 2013；Magsamen-Conrad et al., 2014；Tsai et al., 2009）。基于此，本书提出以下假设：

H5-2a：线下社会互动关系将负向影响移动社交网络成瘾。

H5-2b：线下社会认同将负向影响移动社交网络成瘾。

H5-2c：线下社会支持将负向影响移动社交网络成瘾。

二 感知渠道整合

借助其随时随地访问网络的能力，移动互联网极大地改变了人们的线上线下社交生活方式（Chen et al., 2020）。在本研究情景下，移动社交网络服务有效地整合了人们的线上线下社交活动，为人们提供了满足各类社会需求的机会。在现有研究的基础上（Chen et al., 2020；Yang et al., 2011；Oh et al., 2012），本书将移动社交网络服务情景下感知渠道整合定义为用户使用移动社交网络服务时感知其线上线下社交活动的结合强度。移动社交网络服务无缝地集成人们的线上线下社交活动，促进了社区成员之间的交流频率与互动时间，这将进一步增加使用者对移动社交网络服务的心理依赖（Douglas et al.，2008）。社会互动关系作为社会资本的结构维度，反映了"社区成员之间如何联系的整体模式"（Nahapiet & Ghoshal，1998）。在使用移动社交网络服务时，当人们对线上社交生活与线下社交生活的感知渠道整合水平越高，他们与线上渠道和线下渠道成员之间形成的社交网络互动关系就越强。基于此，当用户使用移动社交网络服务感知渠道整合水平较高时，他们的线上社会互动关系和线下社会互动关系将会相应较高。换言之，感知渠道整合将正向影响线上社会互动关系和线下社会互动关系。此外，当用户感知渠道整合水平较高时，他们将更有可能形成对移动社交网络服务的依赖使用行为（Douglas et al.，2008）。因此，本书提出以下假设：

H5-3a：感知渠道整合对移动社交网络成瘾存在正向影响。

H5-3b：感知渠道整合对线上社会互动关系存在正向影响。

H5-3c：感知渠道整合对线下社会互动关系存在正向影响。

此外，已有文献发现过去的使用经验是预测后续用户行为的潜在因素（Yang, Wang, et al.，2014；Kim & Son，2009）。在此研究基础上，本书将移动互联网使用经历作为控制变量引入研究模型。

第三节 研究方法

一 研究量表

本书的理论模型及其假设基于当前已有理论和实证研究，测量变量均采用目前国内外使用较多且相对成熟的量表，并根据移动社交网络服务特点进行了适当的修正，从而保证量表的效度。线下社会互动关系与线上社会互动关系的量表引用了 Chiu 等（2006）的研究。线下社会认同和线上社会认同的量表借鉴了 Zhou（2011）的研究。线上社会支持和线下社会支持的量表改编自 Wang 和 Wang（2013）的研究。移动社交网络成瘾的量表改编自 Turel 和 Serenko（2012）的研究。除被试基本信息外，所有的变量均采用李克特七级量表进行打分测量（7 = 完全赞同，1 = 完全不赞同）。由于采用的原始量表为英文，而调查问卷为中文，因此本书采用了双向回译方法以确保英汉版本之间不存在显著差异。此外，通过对感知渠道整合的相关文献进行文献综述研究发现，已有感知渠道整合的相关量表大多为特定情景下的量表，且仍缺乏经过规范程度开发和验证的量表。基于此，本书遵循 Churchill Jr.（1979）建议的量表开发程序，对移动社交网络服务情景下的感知渠道整合量表进行开发。首先，基于多渠道情景下感知渠道整合的相关文献进行文献综述，对相关量表进行整理与归纳。其次，邀请了来自管理信息系统领域的三位教授来检验量表的测度。根据他们的建议对量表进行了修改，以提高量表的准确度。再次，收集部分用户数据对量表进行验证性因子分析（CFA），以进一步精炼量表，并采用偏最小二乘法（PLS）测量量表的信度和效度。最后，基于上述三个步骤，获得了四个具有高度信度和效度的感知渠道整合的量表题项。

二 研究样本

本书主要针对中国移动通信集团有限公司的线下营业厅进行数据收集。中国移动是中国最大的电信运营商，通过其线下营业厅我们可以接触到大量的移动互联网用户。本书采用方便抽样的方法获取数据，并通过中国移动的某东部省份分公司联系其下属的三个线下营业厅进行问卷发放。调查者对线下营业厅的用户进行随机拦截，并询问他们是否具有使用移动应用程序（App）访问网络社区的经历，对那些肯定回答的被访者，我们要求他们根据其与线上社区成员、线下社区成员的社会互动经验填写问卷。调查样本的人口统计特征如表5-1所示。

表 5-1　　　　　　　　　　人口统计特征

变量	选项范围	频数（人）	百分比（%）
性别	男	219	47.8
	女	239	52.2
年龄	<15 岁	2	0.4
	15—20 岁	164	35.8
	21—25 岁	151	33.0
	26—30 岁	108	23.6
	>30 岁	33	7.2
教育程度	高中及以下	137	29.9
	两年制专科	148	32.3
	本科	156	34.1
	研究生及以上	17	3.7
职业类型	企业员工	225	49.1
	政府工作人员	21	4.6
	教育工作者	39	8.5
	学生	121	26.4
	其他	52	11.4

注：本书对计算结果四舍五入。下同。

每位完成问卷的被访者都会获得一份小礼物作为酬谢。本次数据收集工作共持续两周时间，共收到526份原始问卷，通过剔除一些包含缺失值的无效样本后，最后获得有效样本458份，有效率为87.1%。使用频率最高的移动社交网络服务为微信。

第四节 数据分析与假设检验

基于 Anderson 和 Gerbing（1988）推荐的结构方程模型的两阶段分析流程，本书首先对测量模型的信度与效度进行检验，然后，检验结构模型与研究假设。

一 信度与效度

本书对测量模型进行验证性因子分析（CFA），以检验其信度与效度。本书选取 Cronbach's α 和复合信度（CR）来检验测量模型的信度，选取因子载荷和各因子的平均萃取方差（AVE）等来验证测量模型的效度。当 Cronbach's α 值大于 0.7 时，则表示量表信度较高。复合信度是加权后的信度指标，当复合信度值超过 0.7 时，则说明量表信度较高。AVE 反映了潜变量相对于测量误差所解释的方差总量。若 AVE 值大于等于 0.5 时，则表示潜变量的测度具有较好的聚合效度（Bagozzi & Yi, 1988）。

如表 5-2 所示，所有因子指标的标准负载均超过 0.70，各因子的 Cronbach's α 值和复合信度值均超过 0.70，确保了较好的一致性信度。此外，所有因子的平均萃取方差都超过 0.50，表明本书的量表具有较好的收敛效度。

表 5-2　　　　　　　　　验证性因子分析结果

因子	指标	标准负载	Cronbach's α	CR	AVE
线上社会认同（OSI）	OSI1	0.914	0.931	0.750	0.880
	OSI2	0.959			
	OSI3	0.938			

续表

因子	指标	标准负载	Cronbach's α	CR	AVE
线上社会支持（OSS）	OSS1	0.907	0.927	0.948	0.821
	OSS2	0.929			
	OSS3	0.908			
	OSS4	0.879			
线上社会互动关系（OST）	OST1	0.964	0.926	0.964	0.913
	OST2	0.750			
线下社会认同（OFSI）	OFSI1	0.929	0.910	0.943	0.847
	OFSI2	0.938			
	OFSI3	0.893			
线下社会支持（OFSS）	OFSS1	0.900	0.912	0.938	0.792
	OFSS2	0.922			
	OFSS3	0.915			
	OFSS4	0.817			
线下社会互动关系（OFST）	OFST1	0.958	0.901	0.953	0.910
	OFST2	0.949			
感知渠道整合（PINT）	PINT1	0.864	0.860	0.905	0.705
	PINT2	0.836			
	PINT3	0.800			
	PINT4	0.855			
移动社交网络成瘾（MSA）	MSA1	0.870	0.817	0.891	0.732
	MSA2	0.865			
	MSA3	0.828			

本书进一步检验了量表的判别效度。如表5-3所示，所有因子的 AVE 值的方根都大于其与其他因子之间的相关系数，表明本书的测量模型具有较好的判别效度。

本书对量表进行探索性因子分析。如表5-4所示，各因子指标的内部负载均高于其与其他指标之间的交叉负载，表明本书的测量模型具有良好的结构效度。

表5-3　　　　　　　　　AVE 值的平方根及相关系数

	均值	标准差	OSI	OST	OSS	OFSI	OFST	OFSS	PINT	MSA
OSI	4.307	1.267	0.938							
OST	4.945	1.163	0.533	0.955						
OSS	5.417	1.130	0.299	0.089	0.906					
OFSI	4.977	1.157	0.557	0.255	0.516	0.920				
OFST	4.693	1.255	0.415	0.300	0.528	0.519	0.954			
OFSS	4.598	1.375	0.501	0.658	0.228	0.333	0.315	0.889		
PINT	5.019	1.201	0.431	0.382	0.447	0.455	0.278	0.457	0.839	
MSA	4.263	1.613	0.088	0.242	0.181	0.082	0.120	0.130	0.264	0.856

注：对角线数据是 AVE 值的平方根。

表5-4　　　　　　　　　　　因子负载矩阵

因子	OSS	OFSS	PINT	OSI	OFSI	MSA	OFST	OST
OSS1	0.850	0.099	0.144	0.218	0.014	0.065	0.102	0.102
OSS2	0.860	0.109	0.223	0.215	0.067	0.056	0.024	0.049
OSS3	0.850	0.043	0.170	0.158	0.073	0.054	0.057	0.224
OSS4	0.783	0.038	0.120	0.060	-0.021	0.186	0.107	0.179
OFSS1	0.104	0.850	0.160	0.109	0.060	0.129	0.194	0.006
OFSS2	0.088	0.889	0.152	0.080	0.117	0.105	0.141	-0.006
OFSS3	0.038	0.854	0.163	0.125	0.061	0.177	0.125	-0.014
OFSS4	0.023	0.810	0.179	-0.010	0.040	0.287	0.125	-0.012
PINT1	0.244	0.260	0.727	0.122	0.096	0.108	0.049	0.183
PINT2	0.149	0.271	0.789	0.097	0.049	0.059	0.051	0.027
PINT3	0.130	0.013	0.799	0.184	0.168	0.122	0.061	-0.024
PINT4	0.184	0.192	0.754	0.080	0.092	0.254	-0.011	0.126
OSI1	0.238	0.135	0.149	0.832	-0.043	0.221	0.068	0.113
OSI2	0.224	0.081	0.149	0.871	0.052	0.193	0.152	0.141
OSI3	0.241	0.110	0.194	0.792	0.033	0.280	0.123	0.176
OFSI1	0.087	0.065	0.112	0.025	0.841	-0.043	-0.005	0.094
OFSI2	0.049	0.064	0.090	-0.054	0.833	0.064	-0.033	0.165
OFSI3	-0.028	0.085	0.095	0.062	0.855	0.013	0.112	-0.089

续表

因子	OSS	OFSS	PINT	OSI	OFSI	MSA	OFST	OST
MSA1	0.168	0.292	0.201	0.201	-0.003	0.803	0.119	0.003
MSA2	0.101	0.287	0.149	0.222	0.004	0.832	0.157	0.018
MSA3	0.094	0.173	0.176	0.272	0.037	0.782	0.208	0.074
OFST2	0.140	0.286	0.079	0.167	0.045	0.235	0.839	0.095
OFST3	0.143	0.338	0.039	0.143	0.041	0.210	0.835	0.079
OST2	0.436	-0.040	0.162	0.285	0.132	0.038	0.131	0.756
OST3	0.466	-0.029	0.143	0.264	0.153	0.060	0.096	0.760
特征值	3.644	3.595	2.818	2.675	2.459	2.277	1.662	1.449
解释方差	14.574	14.381	11.270	10.698	9.835	9.107	6.647	5.798
累积解释方差	14.574	28.955	40.225	50.924	60.758	69.865	76.513	82.310

本书对理论模型的验证采用了被试自我报告的数据，为了进一步检验测量模型可能存在的共同方法偏差，本书首先对测量模型进行哈曼单因子检测（Podsakoff & Organ，1986）。主成分分析的检验结果显示本书没有单个因子可以代表所有因子的变动，说明不存在严重的共同方法偏差。如表5-4所示，因子负载矩阵按照特征值大于1的标准抽取出的8个因子共解释了82.310%的方差。且各因子对应指标与其他因子之间的相关系数具有显著差异，表明各指标都能有效地反映其对应的因子，确保了较好的量表效度。另外，本书采用Podsakoff等（2003）和Liang等（2007）推荐的共同偏差因子检验程序进一步检验可能存在的共同方法偏差。结果显示：原始模型各因子的平均因子负载远大于共同偏差因子的平均因子负载，且原始模型各因子的平均因子负载均在$p<0.001$水平显著，而共同偏差因子的平均因子负载均不显著，表明本书不存在严重的共同方法偏差问题。

二 假设检验

结构方程模型广泛应用于社会科学领域,是社会科学与行为科学量化研究中最重要的统计技术之一(Anderson & Gerbing, 1988;周涛、鲁耀斌,2006)。相对于传统的回归分析,结构方程模型融合了路径分析和因子分析两大统计技术,因此具有突出的优点。结构方程模型的优点主要体现在以下几个方面:第一,可以同时估计因子关系和因子结构;第二,可同时处理多个因变量;第三,容许变量含测量误差;第四,可以估计整个模型的拟合程度。结构方程模型可分为测量模型和结构模型,其中,测量模型描述潜变量与指标之间的关系,采用验证性因子分析;而结构模型描述潜变量之间的关系,采用结构方程软件进行分析。

本书采用 PLS-Graph 3.0(PLS-Graph 版本 3.01060)进行结构模型分析,并使用自助法(Bootstrapping)对路径系统的显著水平进行估计(Chin et al., 2003)。与基于协方差的结构方程建模(CB-SEM)相比,PLS 具有较少的统计识别问题,且要求相对较小的样本量。此外,PLS 为 CB-SEM 提供了良好的近似估计,更适合探索性研究而非理论验证(Hair et al. 2011)。

如图 5-2 所示,除了 H5-2b 和 H5-2c 之外,其他假设均得到支持。具体而言,在线上渠道环境下的影响因素方面,线上社会互动关系和线上社会支持显著正向影响移动社交网络成瘾,从而验证了 H5-1a 和 H5-1c。线上社会认同对移动社交网络成瘾存在负向影响,因此,H5-1b 不成立。在线下渠道环境下的影响因素方面,线下社会支持对移动社交网络成瘾存在显著负向影响,验证了 H5-2a。但是,线下社会互动关系和线下社会认同对移动社交网络成瘾的影响并不显著,因此,H5-2b 和 H5-2c 未得到支持。感知渠道整合对线上社会互动关系、线下社会互动关系和移动社交网络成瘾存在显著正向影响，且路径系数均在 $p<0.001$ 水平显著，从而验证了 H5-3a、H5-3b 和 H5-3c。作为控制变量，移动互联网经历对移动社交网络成瘾的影响不显著。

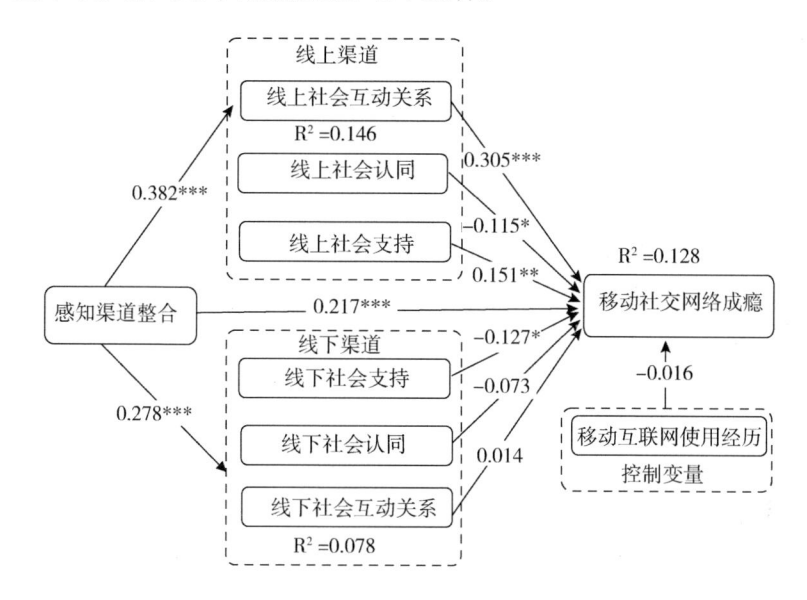

注：*表示 $p<0.05$；**表示 $p<0.01$；***表示 $p<0.001$。

图 5-2 研究模型结果

第五节 结论与讨论

基于社会资本理论与感知整合性理论，本章研究了感知渠道整合对线上渠道与线下渠道的社会资本和移动社交网络成瘾的影响机制，从渠道整合视角剖析了感知渠道整合对其线上渠道与线下渠道的社会资本，以及移动社交网络成瘾的作用机制。本研究将对主要结论进行如下讨论。

首先，在线上渠道中的社会资本方面，研究发现线上社会互动关系和线上社会支持对移动社交网络成瘾存在显著正向影响。该结论与已有研究结论（Wang & Wang，2013；Yeh et al.，2008）具有一致性。本书进一步证实了线上社会资本可能导致用户在使用信息技术时产生负面影响，如技术成瘾等。事实上，线上社交网络中形成的社会资本不仅有助于知识共享（Zhao，Lu，Wang，et al.，2012）和社区忠诚度（Hsiao & Chiou，2012），还可能导致移动社交网络成瘾（Yang，Liu，et al.，2016）。而与本书提出的假设相反，我们发现线上社会认同对移动社交网络成瘾存在负向影响。可能的原因在于：那些具有高水平社会认同的用户更有可能帮助其他线上社区成员并积极向社区分享知识，从而减少了该类用户的移动社交网络成瘾。与其他网络社区成员提供的线上社会支持不同，线上社会认同反映了用户自己认为自己在社区中的价值性和重要性的程度（Zhou，2011）。因此，具有高线上社会认同的用户更有可能参与网络社区而不是沉迷于其中。

其次，在线下渠道的社会资本方面，线下社会支持被发现对移动社交网络成瘾存在显著负向影响。这一研究结果表明在线下渠道环境中（如家庭、同学或同事之间）存在的社会支持会减少移动社交网络成瘾。该研究结论与 Wang 和 Wang（2013）的研究结论具有一致性，后者研究发现线下社会支持对网络成瘾产生负面影响。然而，线下社会认同和线下社会互动关系对移动社交网络成瘾的影响并不显著。这一结论的可能原因是人们的线上和线下渠道的社交活动之间存在替代效应。当某一用户在线上渠道的社会互动关系较频繁时，可能会影响其在线下渠道的社会互动关系，反之亦然。因为人的时间与精力是有限的，从而导致用户的线上渠道与线下渠道的社交之间存在一定替代效应。事实上，已有研究表明，人们除了结交新朋友之外，他们还使用在线社交网络与他们的线下朋友保持联系（Subrahmanyam et al.，2008）。事实上，随着线上渠道的社会互动正在成为人们生活中不可或缺的一部分，越来越多的网络社交活动影响了人们的线下社交生活的方方面面（Xu et al.，2012）。人们可能需要来自线上和线下社区成员的社会支持，他们的线上和线下社会认同和线下社会互动关系往往是相互作用的，即，许多用户可能在线上社区中拥有高水平的社会认同和社会互动关系，但他们通常在线下社交生活较少会拥有相对较高的社会认同和社会互动关系。

最后，本书发现移动社交网络服务用户的感知渠道整合对线上渠道的社会互动关系和线下渠道的社会互动关系存在显著正向影响。这一结果表明移动社交网络服务用户可以通过加强用户与其线上和线下社交成员之间的社会互动关系，有效地融合人们的线上和线下社交生活。相对基于传统 PC 的互联网，移动互联网可以提供无处不在、基于位置的和个性化的社交服务，移动社交网络用户可以使用移动应用程序在与线下朋友聚会时，也可以与他们的网络社区成员进行互动。本书发现移动社交网络用户的感知渠道整合对移动社交网络成瘾存在显著正向影响。这一结论进一步验证了感知渠道整合是影响移动社交网络成瘾的关键因素。尽管已有研究从线下和线上渠道结合的视角分析了移动社交网络服务使用行为的影响因素，但大多数研究仅考察了感知渠道整合对用户正面行为的影响，如渠道扩展使用意愿（Yang et al.，2011）、渠道选择使用意愿（Schramm-Klein et al.，2011）、移动服务的跨品类促销（Yang, Lu, & Gupta, 2013）和顾客忠诚（Lee & Kim，2010）。较少文献研究了感知渠道整合对用户负面行为（如移动社交网络成瘾）的影响。本书的结果表明感知渠道整合对移动社交网络成瘾不仅存在直接的正向影响，而且通过促进用户的线上社会互动关系从而对移动社交网络成瘾产生间接的正向影响。本书结果显示，移动互联网使用经历对移动社交网络成瘾不存在显著影响，这一结论与已有研究 Walsh 等（2011）的结论具有一致性，这也进一步表明移动互联网使用经历并不一定能有效预测移动互联网服务成瘾。

第六节 研究意义

一 理论意义

本书的理论意义主要体现在以下几个方面。首先，本书与前人研究在分析社会资本的影响因素方面具有显著区别，以往研究大多倾向于将社会资本视为对用户的社会活动的正面行为（例如，持续参与或使用）的影响因素。本书发现社会资本是移动社交网络成瘾的重要影响因素。因此，本书的研究通过探讨社会资本对用户的社会生活的负面行为（例如，移动社交网络成瘾）的影响机制，为后续相关研究提供了理论支持与研究启示。

其次，现有研究倾向于在单渠道环境下探讨技术成瘾的驱动因素，忽略了多渠道环境下影响技术成瘾的关键因素。本书从线上渠道与线下渠道整合视角研究了影响移动社交网络成瘾的关键因素。研究结果表明用户的线上社会资本与线下社会资本均显著影响了其移动社交网络成瘾。本书的研究扩展了多渠道模式下移动社交网络成瘾行为的研究。

最后，已有研究多从用户个体特征、技术特征和社会环境等因素解释多渠道模式下移动社交网络成瘾行为，而忽略了感知渠道整合对移动社交网络成瘾的影响。基于感知整合性理论，本书剖析了感知渠道整合对移动社交网络成瘾的影响机制。本书将感知整合性理论应用于解释多渠道模式下用户的移动社交网络成瘾，并验证了感知渠道整合是影响移动社交网络成瘾的重要因素。本书的研究深化了对移动社交网络成瘾的系统认知。

二 实践意义

本书的实践意义主要体现在以下几个方面。首先,本书发现线上社交互动关系和线上社会支持对移动社交网络成瘾存在显著正向影响,而线下社会支持对移动社交网络成瘾存在显著负向影响。该研究结论对移动社交网络用户的管理启示如下:移动社交网络用户应该投入更多时间参与线下社交活动,并与现实世界中的家人、同事和朋友保持良好的社交关系。主要的原因在于用户参与线下成员的社交互动将会减轻其移动社交网络成瘾的可能性。

其次,本书还发现感知渠道整合对线上社交互动关系、线下社交互动关系和移动社交网络成瘾存在显著正向影响。尽管移动互联网通过有效地整合人们的线上线下社交活动而使其具有技术上瘾的特征,但从本质上讲,移动互联网技术是一种中立性的信息技术产品。实际上,用户通过使用移动社交网络将线上渠道与线下渠道的社交生活进行了融合,促进了用户的线上线下社交互动。该研究结论对移动社交网络用户的管理启示如下:移动社交网络用户可以利用移动社交网络平台保持与线下社区的互动,从而降低移动社交网络成瘾的可能性。原因在于,本书发现感知渠道整合增加了线下社交互动关系,而线下社交互动关系则负向影响移动社交网络成瘾。移动社交网络服务的使用在某种程度上减轻了人们在线上线下社交活动的分离问题,使得人们在进行线下社交活动的时候,也可以保持与线上社区朋友的社交互动。

第六章 感知渠道整合对移动政务微博服务持续使用行为的影响研究

随着移动通信技术的迅猛发展、移动终端设备在全球范围内的快速普及，移动互联网已成为人们获取信息与参与互动的重要渠道（Mohd Paiz et al.，2020；Hew et al.，2016；杨水清，2015；Hsu & Yeh，2018）。根据中国互联网络信息中心（CNNIC）发布的第 45 次《中国互联网络发展状况统计报告》，截至 2019 年 12 月，经新浪平台认证的政务微博达到 13.9 万个（CNNIC，2020）。同时，随着移动互联网技术的发展成熟，截至 2020 年 3 月底我国移动互联网用户数量已达 8.97 亿人，手机网民占比达 99.3%，在线政务服务用户规模达 6.94 亿人，占总体网民的 72.8%，移动政务微博的使用人数也显著增长（CNNIC，2020）。移动政务微博为公众提供无处不在和个性化的政务服务，为政民关系建设、政府腐败监测和公众政治参与等提供了新的契机（Panagiotopoulos et al.，2014）。移动政务微博有力地推动了政务社会化服务，极大地促进了公众与政府之间的双向社会化互动（Yang et al.，2018；Guo et al.，2016）。移动政务微博服务通过向公众提供便捷和无处不在的政务服务，不仅促进了公众与政府之间的互动，而且为公众的线上与线下社交生活融合与互动创造了条件（Yang et al.，2018）。例如，公众通过使用移动政务微博服务可以参与线下社交活动的同时,也能保持与线上好友的联系。换言之,移动政务微博服务成为连接公众的线上线下社交活动的桥梁,使公众可以有效维持现有社交关系。尽管移动政务微博服务得到迅速普及并最初吸引了大量粉丝,但公众的持续参与仍然很低(Guo et al.,2016)。例如,上海移动政务微博"上海发布"拥有 600 多万粉丝(ShangHai-Announcement,2018),但该政务微博上的公众点赞、分享、评论等互动参与率仍然很低。信息系统的成功不仅取决于用户的初始采纳,更重要的是用户的持续使用(Bhattacherjee,2001),因此,迫切需要研究影响移动政务微博服务持续使用行为的关键因素。

在学术界,已有文献对公众在不同情景下的政务信息系统使用行为进行了实证研究,包括基于短信息的电子政务服务(Susanto & Goodwin,2013)、政府社交媒体服务(Guo et al.,2016)和移动政务服务(Ahmad & Khalid,2017)。已有文献主要基于传统的技术接受模型(例如,Technology Acceptance Model,TAM)解释政务服务系统的使用行为(Susanto & Goodwin,2013;Ahmad & Khalid,2017)。虽然技术接受模型及其扩展模型为解释信息系统使用行为提供了理论基础,但由于其黑箱特征,无法解释用户"为什么以及如何"选择使用某种信息系统来满足用户需求(Guo et al.,2010)。基于感知价值理论,Zhang 等(2017)认为信息系统的使用者不仅是技术使用者,而且是服务消费者,因此需要从感知价值视角解释用户使用行为。此外,已有相关研究倾向基于单渠道视角分析影响公众使用政务媒体平台的因素(e.g.,Li,et al.,2020;Susanto & Goodwin,2013;Ahmad & Khalid,2017)。随着移动社交媒体的快速发展,公众的线上和线下社交生活越来越多地通过使用移动社交媒体服务进行整合与互动,基于渠道整合与互动视角可以更全面地了解影响公众持续使用移动政务微博服务的关键因素。

基于此，本章拟从感知价值视角探究感知渠道整合和感知互动性对公众持续使用移动政务微博服务的作用机制。具体而言，本章拟对以下两个问题进行实证研究：（1）感知价值（例如，感知信息价值、感知社交价值、感知享乐价值和感知情感价值）如何影响公众持续使用移动政务微博服务？（2）感知渠道整合和感知互动性如何影响公众对移动政务微博服务的感知价值及其持续使用意愿？本书的贡献主要有如下几点：首先，已有研究大多基于传统的技术接受模型分析公众的政务信息系统使用行为（e.g., Li, et al., 2020；Susanto & Goodwin, 2013），本书基于感知价值理论，从技术使用者与消费者结合视角研究影响公众持续使用移动政务微博服务的关键因素。其次，已有研究大多基于单渠道视角研究影响公众使用政务媒体平台的因素（e.g., Guo, et al., 2016），本书则从多渠道视角研究公众持续使用移动政务微博服务的关键影响因素。最后，本书从渠道整合视角研究了感知渠道整合和感知互动性对移动政务微博服务的感知价值及其持续使用意愿的影响机制。因此，本研究不仅提供了解释公众持续使用移动政务微博服务的理论框架，而且为政府机构更好地管理移动社交媒体提供了理论依据与参考建议。

第一节　文献综述

一　感知价值

已有文献主要基于技术接受模型（e.g., Davis, 1989）、信息系统成功模型（e.g., Delone, 2003）、期望确认模型（e.g., Bhattacherjee, 2001b）等理论从技术使用者视角解释其持续使用信息系统行为。已有研究发现感知有用性、感知易用性、信息质量、系统质量等显著影响用户使用信息系统的连续性行为（Bhattacherjee，2001；Delone，2003；Nikou & Economides，2017；Limayem & Cheung，2008）。但是传统的信息技术采纳模型的黑箱特征无法解释"为什么以及如何"导致用户选择某种信息技术服务来满足其需求（Guo et al.，2010）。事实上，一些学者认为基于移动互联网的新兴信息技术服务环境下用户具有技术使用者和消费者的双重角色，因此需要从用户感知价值视角解释其持续使用行为（Kim et al.，2007；Yang，Lu，et al.，2015）。鉴于使用移动政务微博服务的公众具有技术使用者与消费者的双重角色，本章拟从感知价值视角研究影响公众移动政务微博服务持续使用行为的关键因素。

Zeithaml（1988）将感知价值定义为用户获得某产品或服务时感知收益与感知成本之间权衡的总体评价。已有研究主要从两个方面对感知价值进行分类：动机导向和目标导向（Zhang et al.，2017）。在动机导向方面，学者主要从功利价值和享乐价值两个角度对感知价值进行测量（Park & Park，2009）；在目标导向方面，学者将感知价值划分为外在价值和内在价值，其中内在价值包括享乐价值和利他价值，而外在价值则包括经济价值和社交价值（Holbrook，2006）。已有文献对不同情景下的感知价值进行了大量研究。例如，基于感知价值理论，赵文军等（2017）研究了感知价值对用户持续参与社交问答平台的影响，并将感知价值分为社交价值、信息价值和情感价值。Wang（2014）研究了感知价值对移动政务服务的持续使用意愿的影响，研究发现感知价值显著正向影响公众对移动政务服务的信任和持续使用意愿。

基于动机理论（Davis et al.，1992）和感知价值理论（Holbrook，2006），本书从内在价值和外在价值两个方面对感知价值进行测量。内在价值是指用户因为自身的内在原因而感受到一种价值体验（Holbrook，2006）。依据 Zhang 等（2017）对感知价值的分类，本书将内在价值分为享乐价值和情感价值。具体而言，享乐价值是指通过使用移动政务微博获得政务信息（如娱乐新闻、有趣的图片等）时所经历的愉悦感受（Chiu et al.，2014）。情感价值主要是指从移动政务微博服务中获得的情感关注与满意（如公众关注与关心等）（Williams & Soutar，2009）。外在价值则是指一种基于工具或功能性的价值体验（Holbrook，2006）。基于 Zhang 等（2017）的研究，本书将外在价值分为信息价值和社交价值。具体而言，信息价值是指公众对移动政务微博发布的政务信息的感知有用性（如政策法律、便民服务和年度报告等）（Jaeger & Bertot，2010）。社交价值则是指移动政务微博为公众提供的自我表达和参与互动的价值（如转发信息、点赞关注和发表评论等）（Hsu & Chen，2007）。已有文献对感知价值与持续使用行为之间的关系进行了大量研究（Zhang et al.，2017；Chiu et al.，2014）。例如，Chiu 等（2014）研究发现功利价值和享乐价值显著正向影响消费者网络重复购买意愿。Zhang 等（2017）研究发现社交价值和享乐价值显著正向影响微信用户的持续使用意愿。已有文献主要研究了单渠道环境下感知价值与用户持续使用行为之间的关系（Zhang et al.，2017；Chiu et al.，2014）。近年来，随着移动社交媒体的广泛使用，公众的线上社交生活与线下社交生活的界限变得越来越模糊，因此，需要从多渠道视角研究公众的移动政务微博服务持续使用行为。

二　感知互动性

由于感知互动性的丰富内涵，现有研究对其构成存在单维度、多维度和二阶因子等多种测度方式（Yang，Liu，et al.，2016；Hoffman & Novak，1996；王永贵、马双，2013；Yang & Lee，2017；张初兵等，2017；Kirk et al.，2012）。

（1）一些学者认为感知互动性是单维度的构念，由多个指标构成。例如，Chen等（2005）研究了跨渠道环境下感知互动性对顾客信任和产品评价的影响，并采用四组指标对感知互动性进行测度：①与线上渠道互动就好像与一个知识丰富且热情友好的企业销售代表在互动；②当我浏览线上渠道时，我感觉网站好像在与我对话；③我感觉电商网站知道我对哪些商品感兴趣；④购买衣服所需要了解的所有细节在电商网站上都很好地数字化了。Etemad-Sajadi（2016）采用同步性（Synchronicity）测量感知互动性的即时互动程度，并实证研究了感知互动性对顾客惠顾意向的影响。张初兵等（2017）将感知互动性定义为包含可控性、双向沟通和响应性三个指标的单维度变量，并研究了网站氛围线索与感知互动性的关系。Toufaily和Pons（2017）研究多渠道模式下网站特征对在线信任的影响时，也将感知互动性看作单维度构念。Yang等（2018）在研究移动社交媒体的持续使用行为时，采用单维度的响应性（Responsiveness）测量了感知互动性。

（2）另一些学者认为感知互动性是一个多维度的构念，由多个因子构成。其中比较有代表性的是Hoffman和Novak（1996）提出的感知互动性的二维测度：人际互动（Person Interactivity）和人机互动（Machine Interactivity）。基于Hoffman和Novak（1996）的研究，Bela和Aviv（2010）提出了多渠道模式下感知互动性的四维测度：与人相关的互动模式（Human-related Mode）、与信息相关的互动模式（Message-related Mode）、与媒介相关的互动模式（Medium-related Mode）、与产品相关的互动模式（Product-related Mode）。Lin和Chang（2018）从人与人互动（Human-to-Human）和人与信息互动（Human-to-Information）两个维度测量了感知互动性。Mcmahan 等（2009）从顾客感知视角提出感知互动性的三维测度：人与人互动、人与机器互动（Human-to-Computer）和人与内容互动（Human-to-Content）。王永贵、马双（2013）从人际互动、人机互动和产品互动三个维度测量了感知互动性，并研究了其对顾客满意的影响。赵宏霞等（2015）从顾客与企业互动、顾客与顾客互动和顾客与网站互动三个维度对顾客互动性进行了测量，并研究了其对顾客临场感和感知风险的影响。在顾客与企业互动方面，孙乃娟、李辉（2011）从任务导向、交互导向和自我导向三个维度测量了感知互动性，并研究了其对顾客满意的影响。刘蕾等（2018）从任务/技术导向和关系/社交导向两个维度测量了感知互动性，并考虑了图文一致性的影响。在顾客与顾客互动方面，申光龙等（2016）则从人际互动和产品互动两个维度对感知互动性进行了测量。杨瑞（2017）采用产品信息互动、正面情感传递和自我认同表露对满意事件中的顾客感知互动性进行了测量。此外，一些学者从人机互动角度的主动控制（Active Control）、双向沟通（Two-way Communication）、响应性（Responsiveness）和泛在性（Ubiquity）等多维度测量了感知互动性（Yang & Lee，2017；Lu et al.，2019；Zhou & Lu，2011）。

（3）还有一些学者认为感知互动性是一个二阶因子构念，由二阶形成型（Formative）和一阶反应型（Reflective）因子构成。Kiousis（2002）认为感知互动性包含三个一阶因子：技术结构因子（Structure of Technology）、沟通情景因子（Communication Context）和个体感知因子（Individual Perception）。其中技术结构包括速度（Speed）、范围（Range）、时间灵活性（Timing Flexibility）和感官复杂性（Sensory Complexity）；沟通情景包括三阶依赖性（Third-order Dependency）和社会呈现（Social Presence）；个体感知包括接近度（Proximity）、感官激活（Sensory Activation）、感知速度（Perceived speed）和临场感（Telepresence）。Johnson等（2006）认为感知互动性作为一个二阶形成型构念包含四个一阶反应型因子：非语言信息（Nonverbal Information）、响应性（Responsiveness）、响应速度（Speed of Response）和互惠性（Reciprocity），并研究了感知互动性对网站态度和卷入度的影响。在Johnson等（2006）的基础上，Lee等（2015）采用感知控制性（Perceived Control）、感知响应性（Perceived Responsiveness）、非语言信息（Nonverbal Information）、感知个性化（Perceived Personalization）四个一阶反应型因子测度感知互动性，研究了二阶形成型构念的感知互动性对移动互联网可用性的影响。

（4）另外，还有部分学者采用其他类似变量来测量感知互动性。例如，Sousa和Voss（2006）采用多渠道模式下整合互动（Integrated Interactions）来测量顾客感知线上、线下互动的内容一致性和过程一致性。在Sousa和Voss（2006）的基础上，Seck和Philippe（2013）采用三个指标测量了多渠道模式下感知渠道互动的内容一致性程度：①无论使用何种渠道，我收到的（银行产品/服务）信息都是一致的；②当我在一个渠道（线下或线上）完成操作后，我确信我能通过另外的渠道验证我的操作记录；③在银行的网点或网站，如果我有需要我可以和银行工作人员进行交流。类似地，Shen等（2018）采用全渠道模式下整合互动来测量感知互动性的内容一致性和过程一致性。Yang、Liu等（2016）则从感知线上互动和感知线下互动两个方面测量了多渠道模式下感知互动性。基于此，本书拟从多渠道视角剖析感知渠道整合和感知互动性对移动政务微博服务的感知价值及其持续使用意愿的影响机制。

第二节 研究模型与假设

一 感知渠道整合和感知价值

基于分类理论，人们主要是通过将现实世界思想、观念和对象基于感知相似性和一致性进行归类来认识世界的（Ozanne et al., 1992）。如果人们认为信息目标和信息来源具有某种联系或具有一致性时，他们会将这两个实体在记忆中归为同一类别（Escalas & Bettman, 2005）。而这种结构化信息将导致基于类别的评估过程，而这一过程也是信息在信息源和目标之间传递的基础（Wang et al., 2013）。在本研究情景下，当公众通过使用移动政务微博服务将其线上渠道与线下渠道的社交生活进行高度融合时，他们更有可能对其线上社交生活与线下社交生活形成一致的评价。实际上，移动政务微博通过提供随时随地且便捷的政务服务，显著改变了公众的线上社交活动与线下社交活动的互动方式（Yang, Liu, et al., 2016）。例如，当公众在线下渠道参与精彩而有趣的线下社交活动时，他们可以通过移动政务微博平台及时与他们的线上好友分享线下社交活动。在已有研究的基础上（Yang, Liu, et al., 2016; Oh et al., 2012），本书将感知渠道整合定义为公众通过移动政务微博平台将其线上社交生活与线下社交生活进行融合的程度。公众通过使用移动政务微博服务将其线上社交生活与线下社交生活进行融合，促进公众的感知渠道整合与互动，有利于增强其对移动政务微博服务的心理依赖（Fan & Yang, 2015）。已有文献也验证了感知渠道整合对消费者持续使用行为的正向影响（Teerling & Huizingh, 2004; Li, et al., 2018）。例如，Teerling 和 Huizingh（2004）研究发现线上线下渠道整合显著正向影响顾客忠诚。Verhoef 和 Donkers（2005）研究发现多渠道整合策略可以提高用户保留率。类似地，Li 等（2018）研究发现感知渠道整合对移动政务微博服务的持续使用行为存在显著正向影响。

近年来，移动政务微博服务已成为政务服务的重要部分（Yang et al.，2018）。不同于基于 PC 互联网的政务服务，公众可以使用基于移动互联网的移动政务微博服务实时获取与分享信息。例如，当公众在当地公园参与由政府发起的植树活动时，他们可以使用移动政务微博服务参与线上讨论与分享。因此，当公众使用移动政务微博服务进行基于线上线下渠道整合的社交活动时，他们的感知价值将会相应增强。鉴于线上渠道与线下渠道的互补性，许多政府希望通过移动互联网平台为公众提供线上线下渠道整合的政务服务来满足其信息需求。Ho 等（2012）研究发现线上线下渠道整合有利于促进消费者的旅游信息搜索行为。Wang 等（2013）发现消费者感知目标与来源之间的联系对其价值评价存在显著正向影响。在本研究情景下，当公众感知线上社交生活与线下社交生活的整合水平较高时，他们将更倾向于形成类似的一致性扩展评估，从而有利于提高其对移动政务微博服务的感知信息价值。事实上，移动政务微博服务通过整合线上社交生活与线下社交生活已成为公众的重要政务信息资源，其基于情景的个性化信息推送服务提高了公众的感知信息价值。基于此，本书提出如下假设：

H6-1a：感知渠道整合将正向影响公众使用移动政务微博服务的信息价值。

移动政务微博服务通过整合公众的线上社交生活与线下社交生活，从而促进了公众的感知社交价值（Gil-Garcia et al.，2009）。公众可以通过移动政务微博服务实时获取当地的政务信息和相关新闻，从而增加了公众对现实世界各类事件的了解，促进公众更多地参与线下社交活动。例如，当地政府在移动政务微博上发布的网络政务信息（如晚上 8 点市政广场上将举办音乐节目）将为公众参与线下社交活动提供良好的机会。已有文献也验证了感知渠道整合对社交价值的影响（Yang et al., 2018；Williams et al., 2006）。Williams 等（2006）研究了网络游戏情景下用户社交行为，发现大多数玩家似乎能够将他们线下友谊扩展到线上网络游戏世界中，同时也能将线上友谊扩展到线下渠道。另外，线下渠道的社交活动也增强了线上渠道中公众与政府之间的社交关系（Trepte et al., 2012）。基于此，本书提出以下假设：

H6-1b：感知渠道整合将正向影响公众使用移动政务微博服务的社交价值。

公众使用移动政务微博服务的享乐价值来源于两个方面。一方面，线上渠道已成为公众满足其享乐需求的体验环境，公众使用移动政务微博平台与他人进行线上互动和信息共享可以产生愉悦感（Lin & Lu, 2011b）。另一方面，在本研究情景下，移动政务微博服务通过整合公众的线上社交活动与线下社交活动为其提供跨渠道的使用体验，从而促进了公众的享乐价值。例如，使用移动政务微博服务将线上活动转换为线下活动（例如，政府通过线上网络平台呼吁公众参与捐赠，并引导公众参与线下捐赠活动），或者将线下活动信息传播到其线上网络平台（例如，公众上传他们自己参与线下捐赠的图片从而激发线上互动与讨论）有利于公众获得享乐价值。基于此，本书提出以下假设：

H6-2a：感知渠道整合将正向影响公众使用移动政务微博服务的享乐价值。

已有文献研究发现线上互动通常与线下互动密切相关，公众可以使用移动政务微博服务将线上社交生活与线下社交生活进行整合，从而通过线上社交互动维持现有的线下社交联系（Matzat, 2010）。已有研究发现多渠道互动可以促进个体与互动对象之间的关系，并增加个体对互动对象的信赖（Wang & Chen，2012）。在本研究情景下，公众使用移动政务微博服务在线上渠道与线下渠道互动越频繁，则越可能获得他人的情感认同，也越可能为他人提供情感支持。基于此，本书提出如下假设：

H6-2b：感知渠道整合将正向影响公众使用移动政务微博服务的情感价值。

二 感知互动性和感知价值

由于感知互动性的内涵非常丰富，不同学科领域对其的定义也不尽相同（Hoffman & Novak，1996；Yang & Lee，2017；Bela & Aviv，2010；Lin & Chang，2018）。已有研究对感知互动性的定义主要可以分为两种不同的方式：基于实际互动特征的方式和基于感知互动的方式（Yang & Lee，2017；Wu，2005）。不同于早期的研究通常根据实证互动特征的数量来量化互动水平，近期的研究更多地关注消费者的感知互动（Guo et al.，2016；Yang & Lee，2017；Zhao & Lu，2012）。事实上，虽然互动是一个双向概念，但由于顾客和企业各自视角不同，企业费尽心机设计的互动式服务常常会陷入内容精彩纷呈而顾客却并不买账的怪圈（孙乃娟、李辉，2011）。因此，需要基于顾客感知互动视角剖析感知互动性的内涵及其构成。从顾客感知视角而言，已有研究主要从人际互动（Hoffman & Novak，1996；王永贵、马双，2013；Mcmahan et al.，2009）和人机互动（Hoffman & Novak，1996；王永贵、马双，2013；Mcmahan et al.，2009）等多个方面对感知互动性进行了研究，并将感知互动性定义为顾客在上述各类互动过程中所体验到的相互作用与相互联系（Hoffman & Novak，1996；王永贵、马双，2013；Bela & Aviv，2010；赵宏霞 et al.，2015）。

不同于单渠道模式下的感知互动性，多渠道模式下的感知互动性主要具有如下互动特征：①强调基于移动互联网渠道互动的无线泛在性和即时响应性；②以顾客为中心的线上、线下渠道互动的信息一致性。例如，不同于单渠道模式，多渠道模式下顾客既可以通过线下亲身体验与实际感触的方式与产品进行直接互动，也可以通过扫描产品二维码获取线上货品描述和社会化口碑的方式与内容进行间接互动。此外，顾客也可以通过虚拟现实（VR）技术、增强现实（AR）技术，以及智能试衣镜、智能货架、智能导购等智能设备与应用进行线上线下渠道的互动。在本研究情景下，感知互动性主要包括公众和政府机构之间通过移动政务微博平台进行有助于点赞、分享和评论行政事务主题的信息交流。基于现有研究成果（Hoffman & Novak，1996；王永贵、马双，2013；Bela & Aviv，2010；Lin & Chang，2018；Mcmahan et al.，2009；赵宏霞 et al.，2015），结合本书的多渠道互动特征，本书从顾客感知视角将感知互动性定义为公众感知线上渠道与线下渠道模式下政府机构对其信息的回应频率和响应速度的程度。

由于感知互动性的情景依赖性，已有研究对其测度并没有达成一致性（Zhao & Lu，2012；Wu，2000）。许多研究采用了感知互动性的多维度量（Yang & Lee，2017；Zhao & Lu，2012；McMillan & Hwang，2002）。例如，同步性（Yang & Lee，2017）、双向沟通（McMillan & Hwang，2002）、响应性（Yang & Lee，2017；Zhao & Lu，2012；McMillan & Hwang，2002）等被确定为不同研究背景下感知互动性的维度。但仍然有许多研究将感知互动性测度为一维构念（Guo et al.，2016；Etemad-Sajadi，2016；Toufaily & Pons，2017；Mero，2018）。例如，Etemad-Sajadi（2016）将感知互动性定义为网络购物环境下的线上实时交互。Toufaily 和 Pons（2017）将感知互动性定义为网站交互性，其反映了用户可以参与修改特定网站的内容和形式的程度。Mero（2018）则认为感知互动性是电子商务环境下的双向通信。Guo 等（2016）测量了政务微博服务环境下的感知互动性，将其定义为公众与政府之间在政务微博服务环境下的互动。基于 Guo 等（2016）的研究，本书将感知互动性测度为公众感知线上渠道与线下渠道模式下公众—政府互动程度，其反映了政府机构在政务微博平台对公众意见和建议的回应频率和响应速度。

已有用户体验相关研究表明感知互动性与感知价值存在正相关关系（Yoo et al.，2010）。Teo 等（2003）研究发现感知互动性对消费者感知价值存在正向影响。感知互动性可以通过提高沟通质量和增强正向感知，从而促进顾客满意（Lowry et al.，2009）。基于移动互联网的无处不在的交互特征（Yang & Lee，2017），本书提出感知互动性将正向影响公众对移动政务微博服务的感知价值。在本研究情景下，公众通过使用移动政务微博服务促进了公众与政府之间的互动，提升了公众的获取信息和参与互动的感知价值。例如，通过获取个性化的推送信息、公众参与评论、转发和点赞等。总体而言，基于移动政务微博服务的公众—政府互动可以降低信息获取成本，提高传输速度和信息质量，从而提高公众的感知信息价值（Yang et al.，2018）。基于此，本书提出以下假设：

H6 –3a：感知互动性对公众使用移动政务微博服务的信息价值存在正向影响。

已有研究证实良好的公众—政府互动将有利于提高公众的感知社交价值（Yang et al.，2018）。事实上，基于移动互联网的线上渠道与线下渠道社交活动对促进用户的社交价值具有重要的作用（Yang et al.，2018；Preece，2001）。在本研究情景下，移动政务微博服务提供了许多社交功能，如，允许公众进行个性化信息管理，公众可以对政务微博进行评论、转发和点赞等，从而创造良好的自我社会形象，并可以扩大社交影响力。另外，政务微博管理者可以在公众—政府互动过程中及时反馈公众评论，从而提高公众的感知社交价值。基于此，本书提出以下假设：

H6-3b：感知互动性对公众使用移动政务微博服务的社交价值存在正向影响。

已有研究验证了感知互动性对感知价值的正向影响（Yoo et al., 2010; Sutcliffe & Hart, 2017; Hu et al., 2016; Chen et al., 2016）。在本书的研究背景下，当公众在移动政务微博服务的互动过程中体验到愉快的使用经历时，他们更有可能有高的感知享乐价值，并继续使用移动政务微博服务。已有文献表明那些为公众提供乐趣的互动体验促进了其享乐价值（Sicilia et al., 2005）。Chen等（2016）研究发现感知互动性显著地正向影响社交游戏环境中的感知享乐价值。基于已有研究（Chen et al., 2016; Sicilia et al., 2005），本书可以提出以下假设：

H6-4a：感知互动性对公众使用移动政务微博服务的享乐价值存在正向影响。

个体的心理或情感价值是其内在情绪所导致的结果（Sheth et al., 1991）。已有研究发现感知互动性作为一种刺激体验可以促进个体的情感体验（Fiore et al., 2005）。在本研究情景下，公众在使用移动政务微博服务过程中的互动刺激体验从两个方面促进其感知情感价值：情绪唤起和情感愉悦（Bigné et al., 2005）。情绪唤起是特定情景下用户感受刺激或兴奋的程度，而情绪愉悦则是特定情景下用户感到快乐或满足的程度。已有研究发现个体在互动过程中可以同时体验情绪唤起和情感愉悦（Yang et al., 2018）。因此，公众使用移动政务微博服务参与公众与政府之间的互动时，可以促进其情感价值。基于此，本书提出以下假设：

H6-4b：感知互动性对公众使用移动政务微博服务的情感价值存在正向影响。

三 感知价值和持续使用意愿

感知价值一直被视为信息系统持续使用与成功的重要决定因素,包括持续的网络购物意愿(Chiu et al.,2014)、电子政务成功(Scott et al.,2016)、移动互联网环境下的用户参与意愿(Kim et al.,2013)和基于微信的用户持续使用行为(Zhang et al.,2017)。在本研究背景下,当公众使用移动政务微博服务的信息价值较高时,他们更有可能在最初采用之后持续使用移动政务微博服务。已有研究也发现感知价值(如信息价值、社交价值、享乐价值和情感价值)对持续使用行为存在正向影响(Yang et al.,2018)。换言之,当公众使用移动政务微博服务从线上渠道与线下渠道获取信息、增进社交关系、享受愉快体验和情感共鸣时,他们将更有可能持续使用移动政务微博服务。基于已有研究(Yang et al.,2018;Zhang et al.,2017;Scott et al.,2016),本书假设信息价值、社交价值、享乐价值和情感价值将正向影响移动政务微博服务使用意愿。基于此,本书提出以下假设:

H6-5a:信息价值对公众的移动政务微博服务持续使用意愿存在正向影响。

H6-5b:社交价值对公众的移动政务微博服务持续使用意愿存在正向影响。

H6-6a:享乐价值对公众的移动政务微博服务持续使用意愿存在正向影响。

H6-6b:情感价值对公众的移动政务微博服务持续使用意愿存在正向影响。

已有文献认为使用经历对用户使用行为具有重要作用(Yang,Wang,et al.,2014)。本章的主要目的是研究影响公众的移动政务微博服务持续使用意愿的关键因素，公众的已有使用经历可能会影响其对移动政务微博服务的持续使用意愿。已有研究也发现感知移动性对移动服务环境下的用户使用行为存在显著影响（Mallat et al.，2009）。此外，人口统计特征（如年龄和性别）也可能对移动政务微博服务持续使用意愿存在潜在影响。因此，本书将移动政务微博服务使用经历、感知移动性、年龄和性别作为控制变量。基于上述讨论提出如图 6-1 所示的研究模型。

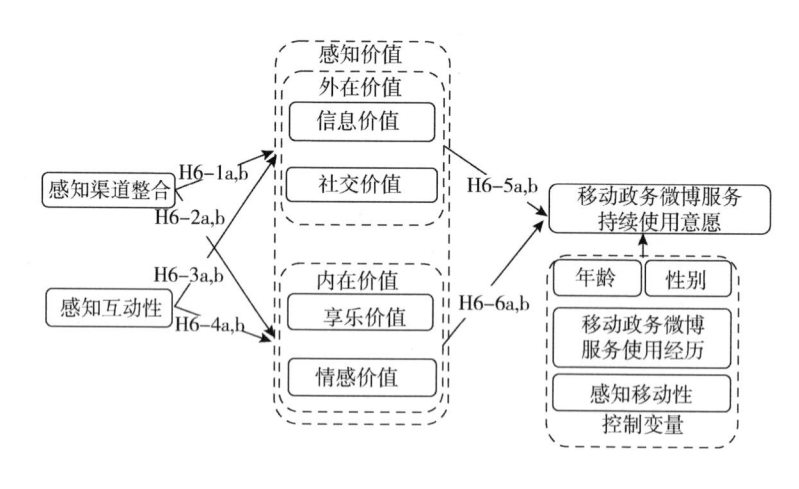

图 6-1　研究模型

第三节　研究方法

一　模型量表

本书采用问卷调查的方法对理论模型进行验证。为了确保量表的内容效度，本书的所有变量的测度均引用已有研究的成熟量表，并依据移动政务微博服务的研究背景对量表进行适当修正。本书采用李克特七级量表对问卷进行设计，填答者对问题选择 1—7 进行回答。社交价值的量表来源于 Guo 等（2016）和 Zhang 等（2017）的研究。信息价值和享乐价值的量表题项改编自 Zhang 等（2017）的研究。情感价值的量表题项源于 Lin（2011）的研究。感知互动性的量表来源于 Guo 等（2016）的研究。感知渠道整合的量表来源于 Oh 等（2012）和 Yang、Liu 等（2016）的研究。移动政务微博服务持续使用意愿的量表来源于 Bhattacherjee（2001）的研究。

由于问卷题项的引用源于已有英文文献，为了确保量表翻译的准确性，本书采用双向翻译程序进行问卷编制。首先，由一个研究人员将原始测度项翻译成中文量表，然后由另一个研究人员独立将该中文量表翻译成英文，并比较两个英文版本的量表内容，针对两者的差异做必要的修正，以确保中文量表能够如实地反映测度项的含义。其次，研究人员邀请两位移动社交媒体用户行为研究领域的专家对初始量表进行审读，然后依据专家意见对问卷进行了修正，最后，将问卷在具有移动政务微博服务使用经历的大学生中进行预测试，并进一步对量表进行修正。

二　调查样本

本书采用问卷调查的方法对理论模型进行实证分析。调查问卷通过专业网络问卷调查网站"问卷星"（www.sojump.com）进行设计与数据收集。本书采用了"问卷星"提供的付费样本收集服务。"问卷星"是中国最大的网络问卷调查网站之一，其样本数据库中有超过 260 万活跃成员，每日参与调查的会员超过 100 万。由于本书主要目的是研究影响移动政务微博服务公众持续使用行为的关键因素，因此被调查者需要具有新浪政务微博 App 的使用经历。

表 6-1　　样本统计特征

因素	项目	样本（共619人）	比例（%）
性别	男	308	49.8
	女	311	50.2
年龄	18 岁以下	3	0.5
	18—25 岁	86	13.9
	26—35 岁	403	65.1
	35 岁以上	127	20.5
教育程度	高中及以下	13	2.1
	大专	53	8.6
	大学本科	498	80.4
	硕士及以上	55	8.9
职业	学生	23	3.7
	企业职工	366	59.1
	企业管理人员	202	32.6
	个体户	14	2.3
	其他	14	2.3
移动政务微博服务使用经历	1 年以下	47	7.6
	1—3（含）年	304	49.1
	3—5（含）年	198	32.0
	5 年以上	70	11.3

注：表中数据经过四舍五入处理。下同。

本书的数据收集一共持续了三周时间，通过"问卷星"系统对那些全部问题给出相同答案和没有移动政务微博 App 使用经历的问卷进行了自动剔除并进行人工审核，最后获得有效问卷共 619 份。如表 6-1 所示，样本中男性占比为 49.8%，女性占比为 50.2%；被试年龄大多在 26—35 岁，占比为 65.1%；大学本科学历占比为 80.4%；绝大多数被试为企业职工和企业管理人员，占比为 91.7%；被试使用移动政务微博服务多为 1—5 年，占比为 81.1%。

第四节 研究结果

一 信度和效度

本书采用 Cronbach's α 和复合信度对测量模型的内部信度进行检验。如表6-2所示，模型中所有因子的 Croanbach's α 和复合信度均高于0.7，表明测量模型的信度较高。所有因子的测度项的负载项均大于0.7，所有因子的 AVE 值均高于0.5，表明测量模型的收敛效度较好。

表6-2　　　　　　　　　验证性因子分析结果

因子	指标	标准因子载荷	Cronbach's α	CR	AVE
感知渠道整合（PINT）	PINT1	0.828	0.831	0.887	0.664
	PINT2	0.829			
	PINT3	0.815			
	PINT4	0.784			
感知互动性（PIA）	PIA1	0.881	0.830	0.899	0.748
	PIA2	0.876			
	PIA3	0.835			
移动政务微博服务持续使用意愿（MGC）	MGC1	0.837	0.796	0.881	0.712
	MGC2	0.855			
	MGC3	0.832			
情感价值（EMV）	EMV1	0.866	0.819	0.892	0.734
	EMV2	0.849			
	EMV3	0.852			
社交价值（SOV）	SOV1	0.810	0.786	0.876	0.702
	SOV2	0.864			
	SOV3	0.835			

续表

因子	指标	标准因子载荷	Cronbach's α	CR	AVE
享乐价值（HEV）	HEV1	0.857	0.807	0.886	0.722
	HEV2	0.836			
	HEV3	0.849			
信息价值（INV）	INV1	0.879	0.714	0.875	0.778
	INV2	0.883			

本书采用比较平均萃取方差的平方根与因子之间相关系数来进一步检验判别效度。如表6-3所示，所有因子的平均萃取方差的平方根均显著高于其与其他因子之间的相关系数，表明其良好的判别效度。

表6-3　　　　　　　　AVE值的平方根及相关系数

	均值	标准差	HEV	EMV	SOV	INV	MGC	PINT	PIA
HEV	5.566	0.994	0.849						
EMV	5.530	0.989	0.667	0.857					
SOV	5.483	1.028	0.573	0.630	0.838				
INV	5.815	0.913	0.604	0.570	0.448	0.882			
MGC	5.890	0.960	0.638	0.580	0.527	0.670	0.844		
PINT	5.437	1.041	0.616	0.589	0.632	0.529	0.593	0.815	
PIA	5.343	1.089	0.536	0.587	0.519	0.520	0.554	0.686	0.865

为了进一步检验测量模型的效度，本书采用最大方差旋转的主轴因子法对数据进行探索性因子分析。

表6-4显示了经过方差最大法旋转后的因子负载矩阵。如表6-4所示，按特征值大于1的标准抽取出的7个因子共解释了73.456%的方差，且各因子的内部负载远大于其与其他因子上的交叉负载，显示各指标均能有效地反映其对应因子，进一步验证了测

量模型的效度。

表6-4 旋转因子矩阵

因子	PINT	PIA	MGC	EMV	SOV	HEV	INV
PINT1	0.582	0.264	0.311	0.157	0.281	0.281	-0.075
PINT2	0.683	0.316	0.163	0.173	0.171	0.232	0.010
PINT3	0.647	0.279	0.134	0.100	0.204	0.229	0.153
PINT4	0.703	0.071	0.108	0.123	0.226	0.072	0.443
PIA1	0.216	0.774	0.150	0.174	0.129	0.203	0.201
PIA2	0.262	0.767	0.193	0.126	0.216	0.141	0.124
PIA3	0.498	0.577	0.133	0.300	0.066	-0.032	0.151
MGC1	0.019	0.221	0.642	0.133	0.134	0.202	0.414
MGC2	0.174	0.186	0.763	0.161	0.134	0.213	0.180
MGC3	0.367	0.088	0.686	0.199	0.198	0.094	0.189
EMV1	0.098	0.363	0.138	0.674	0.241	0.225	0.162
EMV2	0.080	0.144	0.170	0.652	0.237	0.284	0.319
EMV3	0.294	0.113	0.204	0.767	0.208	0.145	0.078
SOV1	0.249	0.136	0.067	0.305	0.656	0.266	-0.038
SOV2	0.180	0.83	0.236	0.161	0.779	0.179	0.033
SOV3	0.221	0.108	0.124	0.178	0.729	0.023	0.391
HEV1	0.166	0.136	0.267	0.340	0.147	0.689	0.134
HEV2	0.223	0.180	0.116	0.127	0.178	0.780	0.207
HEV3	0.256	0.055	0.283	0.282	0.198	0.509	0.339
INV1	0.087	0.260	0.305	0.125	0.065	0.285	0.654
INV2	0.204	0.151	0.302	0.242	0.100	0.171	0.654
特征值	2.683	2.236	2.209	2.203	2.177	2.055	1.863
解释方差	12.778	10.650	10.517	10.489	10.366	9.783	8.873
累积解释方差	12.778	23.428	33.945	44.434	54.799	64.583	73.456

注：PINT=感知渠道整合；PIA=感知互动性；MGC=移动政务微博服务持续使用意愿；EMV=情感价值；SOV=社交价值；HEV=享乐价值；INV=信息价值。

为了检验可能存在的共同方法偏差，本书采用包括哈曼单因子测试和共同方法因子检验在内的两种统计方法进行分析。第一，本书对理论模型进行了哈曼单因子测试，结果显示在全部因子中单个因子解释的最大协方差为 12.778%，由于单个因子占全部因子的解释方差的比例较小，说明本书不存在严重的共同方法偏差问题。第二，基于 Podsakoff 等（2003）推荐的方法，本书构建了一个加入基于所有变量的指标组成的共同方法因子的检验模型（Liang et al., 2007）。本书对包含共同方法因子的模型与实际研究模型的结果进行比较。研究结果显示实际模型变量的因子负载在 $P < 0.001$ 水平均显著，而共同方法因子模型的因子负载绝大多数不显著，这再次表明本书不存在严重的共同方法偏差。

二 假设检验

本书采用结构方程建模软件 PLS 对理论模型和相应假设进行检验。PLS 是一种基于组件的结构方程建模方法，并在现有文献中得到广泛应用。与基于协方差的结构方程建模方法相比，基于组件的结构方程建模方法不需要数据具有严格的正态分布，且可以同时处理形成型与反映型构念（Chin, 1998）。基于协方差的结构方程建模方法主要用于理论验证研究，而基于组件的结构方程建模方法则适合进行理论发展与预测（Hair et al., 2011）。鉴于本书的理论发展性质，基于组件的结构方程建模方法 PLS 更适合本书的模型估计。

本书理论模型的检验结果如图 6-2 所示。结果显示：感知渠道整合对信息价值、社交价值、享乐价值和情感价值存在正向影响，因此验证了 H6-1a、H6-1b、H6-2a 和 H6-2b。类似地，感知互动性对信息价值、社交价值、享乐价值和情感价值的假设路径均显著，因此验证了 H6-3a、H6-3b、H6-4a 和 H6-4b。此外，信息价值、社交价值和享乐价值对移动政务微博服务持续使用意愿均存在显著正向影响，因此验证了 H6-5a、H6-5b 和 H6-6a。但情感价值对移动政务微博服务持续使用意愿的影响并不显著，因此假设 H6-6b 没得到支持。

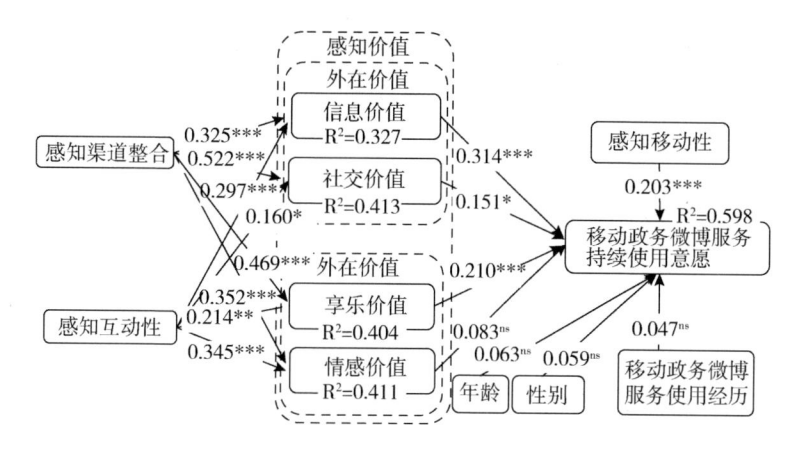

图 6-2 模型检验证结果

注：*表示 $p<0.05$；**表示 $p<0.01$；***表示 $p<0.001$；ns 表示不显著。

从控制变量的影响而言，感知移动性对移动政务微博服务持续使用意愿存在显著影响，而移动政务微博服务使用经历、年龄和性别对移动政务微博服务持续使用意愿不存在显著影响。信息价值、社交价值、享乐价值、情感价值和移动政务微博服务持续使用意愿的解释方差分别为 32.7%、41.3%、40.4%、41.1% 和 59.8%，表明本研究的理论模型能很好地解释公众的移动政务微博服务持续使用意愿。

本研究进一步对模型变量的中介效应进行了分析（Zhao et al., 2010；MacKinnon, 2008）。基于已有研究的标准中介效应分析流程，本研究采用结构方程进行多重中介效应分析（Preacher & Hayes, 2008）。如表 6-5 所示，信息价值和享乐价值部分中介了感知渠道整合和感知互动性对移动政务微博服务持续使用意愿的影响。

表 6-5　　　　　　　　　中介效应分析结果

路径关系	样本均值（M）	标准误差（STERR）	T Statistics	Sobel Z
PIA→MGC	0.165150	0.033704	4.822776	
PIA→EMV	0.346875	0.058567	5.898281	1.075
EMV→MGC	0.063702	0.050480	1.274771	
PIA→HEV	0.217866	0.069357	3.083356	2.233
HEV→MGC	0.176732	0.047761	3.638537	
PIA→INV	0.298443	0.058800	5.051959	4.248
INV→MGC	0.293309	0.038561	7.616349	
PIA→SOV	0.164893	0.053108	3.021545	1.672
SOV→MGC	0.097870	0.041112	2.411767	
PINT→MGC	0.403470	0.042779	9.485838	
PINT→EMV	0.352464	0.057050	6.176381	1.103
EMV→MGC	0.063702	0.050480	1.274771	
PINT→HEV	0.466689	0.063963	7.340213	2.661
HEV→MGC	0.176732	0.047761	3.638537	
PINT→INV	0.324371	0.067922	4.789067	4.677
PINT→MGC	0.403470	0.042779	9.485838	
PINT→SOV	0.518578	0.051135	10.212440	1.893
SOV→MGC	0.097870	0.041112	2.411767	

注：PINT = 感知渠道整合；PIA = 感知互动性；MGC = 移动政务微博服务持续使用意愿；EMV = 情感价值；SOV = 社交价值；HEV = 享乐价值；INV = 信息价值。样本平均值、标准误差和 T 值的计算均采用 Bootstrapping 重复抽样方法（每个子样本含 619 个观察值，重复抽样为 5000 个样本）。

第五节　结论与讨论

基于感知价值理论，本章研究了感知渠道整合和感知互动性对公众的感知价值与持续使用意愿的作用机制。通过收集的 619 个移动政务微博服务的用户数据对理论模型进行分析。以下将对研究结论进行分析与讨论。

本研究发现感知渠道整合对感知价值存在正向影响。具体而言，感知渠道整合显著地正向影响公众的感知外部价值（信息价值和社交价值）和内在价值（享乐价值和情感价值）。这一结论与已有文献（Yang, Liu, et al., 2016; Oh et al., 2012）的研究结论具有一致性。这进一步表明移动政务微博服务环境下感知渠道整合可以促进公众对移动政务微博服务的感知价值。当公众通过使用移动政务微博服务对其线上和线下社交生活进行整合时，他们将更有可能体验到使用移动政务微博服务的价值。基于路径系数和显著性水平的比较，本研究发现感知渠道整合对社交价值的影响最为显著，其次是享乐价值、情感价值和信息价值。这表明当公众认为他们的线上社交生活与线下社交生活通过使用移动政务微博服务而较好地整合时，公众更看重其互动中获得的社交价值。本书将感知渠道整合构念应用于移动政务微博环境当中，并实证检验了感知渠道整合对公众感知价值的重要影响。

本研究发现感知互动性对感知价值存在正向影响。这一结论与已有文献（Yoo et al., 2010）的结论具有一致性。具体而言，感知互动性对公众使用移动政务微博服务的信息价值、社交价值、享乐价值和情感价值均存在显著的正向影响。这表明公众与政府的互动有助于提升公众的感知价值。当公众在通过移动政务微博与相关政府机构进行互动时，感知政府机构对其信息的回应频率和响应速度的程度高，他们更有可能形成较高的感知价值。基于路径系数和显著性水平的比较，本研究发现感知互动性对情感价值的影响最为显著，接下来是信息价值、享乐价值和社交价值。这进一步表明当公众发现政府机构通过移动社交媒体及时回应公众的提问或评论时，他们将会体验较高的情感价值。

本研究发现公众的感知价值对其移动政务微博服务持续使用意

愿存在正向影响。具体而言，公众的感知信息价值、社交价值和享乐价值显著地正向影响其移动政务微博服务持续使用意愿。这一结论与已有文献（Zhang et al.，2017）的研究结论是一致的，并进一步验证了感知价值是影响用户持续使用意愿的关键因素。这表明公众使用移动政务微博服务的主要目的是获取信息、建立社交关系与追求愉悦体验。具体而言，通过对路径系数和显著性水平的比较，本研究发现信息价值对移动政务微博服务持续使用意愿的影响最大，其次是享乐价值和社交价值。不同于传统的娱乐性导向的社交网络（如微信），公众参与政务社交网络（如移动政务微博）更多的是获取政务信息、参与政务讨论等。事实上，本研究发现情感价值对移动政务微博服务持续使用意愿的影响并不显著，这进一步说明了公众使用移动政务微博服务的目的主要是获取政务信息、分享关于政府事务的看法，而不是为了获得情感上的安慰。另外，由于移动政务微博是一种基于松散型关系的社交网络，因此其很少能为成员之间提供有效的情感支持。

此外，本书发现感知移动性对移动政务微博服务持续使用意愿存在显著正向影响。这一结论与 Mallat 等（2009）的研究结论是一致的，这表明感知移动性在促进公众的移动政务微博服务持续使用意愿起到了重要作用。但移动政务微博使用经历、年龄和性别对移动政务微博服务持续使用意愿的影响并不显著。可能的原因在于公众的移动政务微博服务持续使用意愿的分布不均匀，例如，移动政务微博服务持续使用意愿的均值为 5.890，表明公众具有较高的移动政务微博服务持续使用意愿。

本研究进一步检验了感知价值的中介效应。研究发现信息价值和享乐价值部分中介了感知渠道整合和感知互动性对移动政务微博服务持续使用意愿的影响。这表明移动政务微博服务通过有效地整合公众的线上线下社交生活，并经由信息价值和享乐价值间接影响公众移动政务微博服务持续使用意愿。感知公众—政府互动水平也可以通过改善信息价值和享乐价值,并进一步正向影响公众的移动政务微博服务持续使用意愿。因此,本研究进一步强调了感知渠道整合和感知互动性对促进公众的移动政务微博服务持续使用意愿的重要作用。

第六节 研究意义

一 理论意义

本研究的理论意义主要体现在以下几个方面。第一,已有文献主要基于传统的技术接受模型解释公众的政务社交媒体使用行为(e.g., Susanto & Goodwin, 2013),而忽略了政务社交媒体用户的双重角色:不仅是技术使用者,而且是服务消费者。本研究基于感知价值理论,从技术使用者与服务消费者结合的视角研究影响公众持续使用移动政务微博服务的关键因素。本研究构建了一个移动政务微博服务持续使用行为的理论模型,并验证了感知渠道整合与感知互动性对公众的感知价值与持续使用影响之间的正向影响。因此,本研究将感知渠道整合和感知互动性相关理论应用于移动政务微博环境下解释公众的持续使用行为。

第二,已有文献通常认为用户的线上线下社交生活之间彼此孤立,较少基于渠道整合视角剖析影响其行为的关键因素。本研究从线上渠道与线下渠道整合视角研究了感知渠道整合对移动政务微博服务的感知价值及其持续使用意愿的影响机制。本研究提出的理论模型可以为相关后续研究提供理论基础,也可以为政府机构更好地管理移动社交媒体提供理论依据。

第三,虽然已有研究探讨了感知互动性对政务社交媒体服务使用行为的影响（Mossberger et al., 2013），但较少从感知互动性视角研究其对公众的感知价值与持续使用行为的影响。本研究发现公众对公众—政府的感知互动性显著影响公众的信息价值、享乐价值和社交价值，并最终影响他们的移动政务微博服务持续使用意愿。情感价值在移动政务微博情境下对公众的移动政务微博服务持续使用意愿影响并不显著。本研究提出的理论模型对解释移动政务微博服务持续使用行为具有重要意义。

第四，虽然已有研究从感知价值视角研究了公众的移动政务社交媒体持续使用行为，但较少考虑移动政务社交媒体的内在价值与外在价值对持续使用行为的影响机制。本研究从感知内在价值（享乐价值和情感价值）和感知外在价值（信息价值和社交价值）两个方面分析了感知价值对公众的移动政务微博服务持续使用意愿的影响。本研究的结论表明为了全面解释公众的移动政务微博服务持续使用意愿的关键因素，需要从感知内在价值和感知外在价值两个方面进行分析。

二　实践意义

本研究的实践意义主要体现在以下几个方面。第一，政府机构和政务微博管理人员需要密切关注公众使用移动政务微博服务的感知价值。因为本研究发现感知价值（信息价值、社交价值、享乐价值和情感价值）对公众的移动政务微博服务持续使用意愿存在显著正向影响。例如，政务微博管理人员需要关注公众在使用移动政务的微博服务过程中对政务信息搜索、社交互动、娱乐和愉悦的需求。

第二，考虑到移动政务微博情境下感知渠道整合对公众的感知价值存在显著正向影响，政府机构和政务微博管理人员应当采取措施，提高公众的线上和线下社交生活的整合程度，从而促进其感知价值。例如，政务微博管理人员可以通过基于位置的个性化推送服务，将本地化的线下活动和信息推送给本地成员，从而有效提高公众的线上、线下互动，并提高公众的感知信息价值、社交价值、享乐价值和情感价值。

第三，本研究发现移动政务微博情境下感知互动性对感知价值存在正向影响。因此，政府机构和政务微博管理人员应采取措施促进公众与政府之间的互动。例如，政府机构和政务微博管理人员可以发布贴合大众的政务信息，并采取即时响应策略与公众沟通，从而提高公众感知价值。

第七章　感知渠道整合对消费者持续购买行为的影响研究

无线互联时代，基于移动互联网在商业交易与顾客与企业沟通中的重要性日益增加（Mohd Paiz et al.，2020；Hsu & Yeh，2018；Turban et al.，2018；Wang et al.，2015）。2020年，全球智能手机用户数将超过58亿，占到全球互联网用户数的90%（Turban et al.，2018）。移动互联网巨大的市场机会促使越来越多的传统在线零售企业开始推出移动互联网平台。例如，中国知名的B2C在线零售商：京东商城、天猫商城和苏宁云商分别于2011年2月、2012年4月和2013年10月推出了移动购物平台。这些在线零售商希望通过提供包括移动互联网渠道在内的多个渠道，为顾客提供随时随地与便捷的购物服务，从而提高销售收入与顾客重复购买率（Lee & Kim，2010；Yang，2015）。

在零售企业向多渠道运营转型的过程中，多渠道布局并不一定总能带来正向结果（Yang et al.，2017；Soysal & Krishnamurthi，2015）。一些研究发现多渠道环境下消费者的购买金额与购买次数会显著增加（Yang et al.，2017；Venkatesan et al.，2007；Thomas & Sullivan，2005），而另一些研究却发现多渠道环境下消费者的忠诚度更低，且更容易流失（Neslin et al.，2006；Lee & Kim，2010）。这些不一致的结论不仅阻碍了人们对多渠道企业的运营机制的理解，也限制了人们对多渠道消费者行为的预测。近年来，一些研究结果显示感知渠道整合可能是解释多渠道环境下消费者行为不一致的重要因素（Zhang et al., 2018；Yang, Wang, et al., 2014；Cao & Li, 2015）。基于此，本章拟从渠道整合视角研究消费者感知渠道整合对其感知服务质量、顾客满意和持续购买行为的作用机制。

在学术界，已有研究往往基于传统信息技术理论来解释多渠道消费者行为，例如，技术接受模型（Slack et al., 2008）和创新扩散理论（Verhoef et al., 2015）。较少考察多渠道环境下消费者持续购买行为的内在机制。基于 Bagozzi（1992）的自我调节过程框架，本研究拟剖析多渠道环境下消费者感知渠道整合对其自我调节过程（初始评估、情绪反应和应对行为）的作用机制。具体研究内容包括：（1）消费者的初始评估（如，感知渠道整合、PC 互联网服务质量和移动互联网购物服务质量）如何影响他们的情绪反应（消费者满意），并随后影响他们的应对行为（持续购买意愿）；（2）感知渠道整合如何影响消费者评估 PC 互联网服务质量和移动互联网购物服务质量，进而如何影响消费者满意度和持续购买意愿。

本章的研究创新点主要体现在以下两个方面：首先，尽管学者们对多渠道环境下的消费者行为进行了大量研究，但已有研究往往将不同渠道情景下的影响因素分别进行考虑，较少从渠道整合视角研究多渠道环境下的消费者行为。本章拟从 PC 互联网与移动互联网的渠道整合视角剖析消费者感知渠道整合对消费者持续购买行为的影响机制。其次，已有研究主要从消费者认知视角解释多渠道环境下的消费者行为，较少从消费者情感视角进行研究。本章结合消费者认知和情感两个方面因素研究多渠道环境下的消费者持续购买行为。

第一节　理论基础

随着多渠道运营模式得到越来越多企业的认可与实施,消费者的多渠道消费行为引起了学术界与实业界的广泛关注(Lin,2012;Zhang et al.,2018;Yang,Wang,et al.,2014;Cao & Li,2015;Wu & Wu,2015)。企业可以通过多渠道运营来利用多个渠道的不同优势进行互补,从而产生竞争优势并增加销售收入(Zhang,Farris,Irvin,et al.,2010)。实践中,虽然多渠道运营为企业带来新的商业机遇,但企业同时也面临渠道之间整合不佳、相互冲突与侵蚀等问题(杨水清,2015;Kollmann et al.,2012)。在学术界,学者对消费者多渠道消费行为仍存在相互矛盾的观点。一些学者认为多渠道情景下的消费者相对于单渠道情景下的消费者会购买更多商品,并且具有更高的客户终身价值(Venkatesan et al.,2007),而另一些学者则认为多渠道情景下的消费者的顾客忠诚度低于单渠道情景下的消费者(Lee & Kim,2010)。虽然已有研究认为渠道整合水平可能是导致上述不一致结论的关键因素(Kollmann et al.,2012;Yang,Wang,et al.,2014;Cao & Li,2015),但学术界对渠道整合如何影响消费者持续购物行为的内在机制仍缺乏系统研究。

学者对渠道整合从多个方面进行了研究。例如,Berger 等(2005)将渠道整合策略分为三类:渠道分离策略、部分整合策略和完全整合策略,并建立了一个优化模型来研究渠道整合策略,研究发现企业实施完全整合策略获得的收益最大。Zhang、Farris、Irvin 等(2010)研究发现零售商在实施渠道整合方面面临四大挑战:数据集成、消费者行为分析、渠道评估、跨渠道资源分配与渠道策略协调。已有研究对渠道整合与消费者多渠道消费行为的关系进行了探讨(Lee & Kim,2010;Cao & Li,2015;Wu & Wu,2015)。例如,

Lee 和 Kim（2010）发现感知渠道整合显著影响多渠道环境下消费者忠诚。Schramm-Klein 等（2011）研究感知渠道整合正向影响消费者信任和企业品牌形象，进而进一步影响消费者忠诚。Cao 和 Li（2015）也发现消费者感知渠道整合对零售商的销售量存在正向影响。Wu 和 Wu（2015）研究发现线上、线下多渠道整合策略对消费者的不同购物阶段存在不同影响。

近年来，移动商务的巨大市场潜力，使越来越多的互联网企业将移动互联网渠道纳入其多渠道销售战略。基于 PC 互联网与移动互联网的多渠道消费者行为受到学者的广泛关注（杨水清，2015；Yang et al., 2017；Lin, 2012；Yang, Wang, et al., 2014；Lu, Yang, et al., 2011）。例如，Lin（2012）研究了多渠道环境下服务质量对消费者忠诚的影响。Lu、Yang 等（2011）研究了信任传递过程及其对多渠道环境中消费者行为的影响，发现消费者对某企业的 PC 互联网支付服务的信任正向影响其对该企业的移动支付服务的初始信任。尽管已有研究对多渠道环境下消费者行为进行了大量研究，但鲜有研究考察多渠道企业的 PC 互联网与移动互联网之间的渠道整合如何影响多渠道环境下消费者行为。传统的线上与线下结合的多渠道模式不同于 PC 互联网与移动互联网结合的多渠道模式，前者通常是线下实体渠道与线上互联网渠道彼此独立地运作，而后者则是相互补充与相互依赖的关系。实际上，移动互联网提供的基于地理位置和情景的个性化服务通常在特定使用环境中更具有价值，例如消费者在出行途中或候车的时候。互联网企业可以很容易集成 PC 互联网与移动互联网平台的用户数据库，从而将两个渠道进行整合。在线上与线下结合的多渠道情景下，一些消费者可能更喜欢实体商店的购物体验，而另一些消费者可能更喜欢便利的线上购物服务。基于此，如果简单地将线上与线下结合的多渠道消费者行为规律应用于解释 PC 互联网与移动互联网结合的多渠道消费者行为可能并不适用（Yang et al., 2017; Yang, Wang, et al., 2014; Cao et al., 2015）。此外，已有研究虽然探讨了感知渠道整合对消费者行为的影响（e.g., Yang, Wang, et al., 2014），但对其内在作用机理仍缺乏系统探究。基于此，本章旨在剖析感知渠道整合对消费者在 PC 互联网与移动互联网环境下的自我调节过程的作用机制，从而更好地了解影响消费者多渠道消费行为的关键因素。

第二节 研究模型与假设

一 自我调节过程

Lazarus（1991）提出了一个自我调节过程（Self-Regulatory Process）框架：初始评估—情绪反应—应对行为（Appraisal-Emotional reactions-Coping response），该理论认为消费者的态度和主观规范并不能完全解释消费者行为意愿，因此需要从自我调节过程对消费者行为意愿进行全面剖析。Bagozzi（1992）对该框架进行了进一步开发与验证，以便更好地理解消费者行为认知和情绪的自我调节过程。自我调节是指人们为了追求更好目标或结果而基于自我个性化特征去适应或调节他们的评价、感受、欲望和行为的能力（Gotlieb et al., 1994）。自我调节过程包括个体对结果的初始评估，由此而产生的情绪反应和之后的应对行为（Bagozzi, 1992; Gotlieb et al., 1994）。

在学术界，学者对 Bagozzi（1992）的自我调节框架在不同情景下进行了验证（Yang et al., 2017; Chang et al., 2009; Ranganathan et al., 2013; Zhao, Lu, Zhang, et al., 2012）。在已有文献中，学者主要将自我调节过程框架应用于解释单渠道环境下消费者行为，例如线下医疗服务（Gotlieb et al., 1994）、网络购物服务（Chang et al., 2009）、移动增值服务（Zhao, Lu, Zhang, et al.,

2012)。例如，Gotlieb 等（1994）将自我调节框架应用于解释感知服务质量、顾客满意和行为意愿之间的关系。基于 Bagozzi（1992）的自我调节框架，Chang 等（2009）研究了网络购物环境中感知服务质量、顾客满意和顾客忠诚之间的关系。研究发现消费者的电子服务质量感知显著正向影响顾客满意，并进一步影响顾客忠诚。类似地，Zhao、Lu、Zhang 等（2012）也发现感知服务质量和公平显著影响顾客满意，并进一步影响消费者对移动增值服务的持续使用意愿。基于自我调节框架，Ranganathan 等（2013）研究了电子邮件服务环境下消费者的初始评估（感知电子邮件服务质量和信任）与情绪反应（情绪、顾客满意、情感评论）、应对行为（顾客忠诚和行为意愿）之间的关系。鉴于单渠道与多渠道环境下消费者的自我调节过程具有类似性，本研究拟基于 Bagozzi 的自我调节框架研究多渠道环境下感知渠道整合对消费者的自我调节过程的作用机制。

基于 Bagozzi 的自我调节框架，本章提出了消费者感知渠道整合如何影响 PC 互联网和移动互联网环境下消费者自我调节过程的理论模型（如图 7-1 所示）。

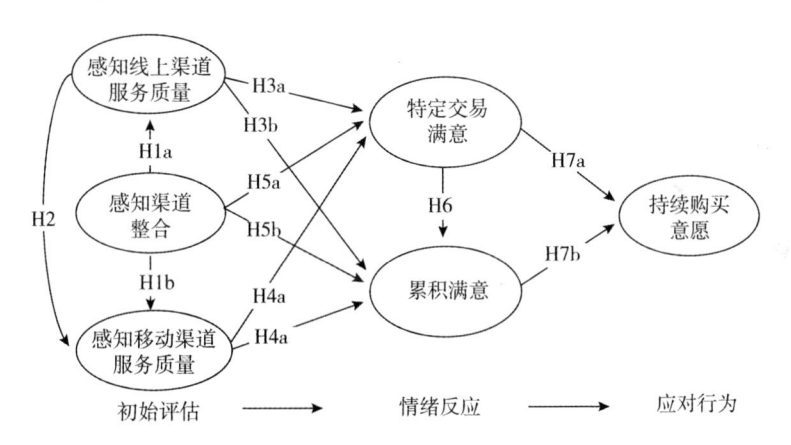

注：各假设条件的详细说明见后文。

图 7-1　本章研究模型

二　自我评估：服务质量

近三十年来，服务质量一直是市场营销领域研究的热点主题（Mohd Paiz et al.，2020；Cronin Jr et al.，2000；Parasuraman et al.，1988；Akter et al.，2019）。已有研究主要采用两种方法对服务质量进行了测量。第一种是对期望—绩效进行比较的测量方法，即将服务质量概念化为消费者期望与感知服务绩效之间的差异（Parasuraman et al.，1988）。第二种是基于绩效的测量方法，即将服务质量作为消费者对服务绩效的整体感知来测量（Cronin Jr et al.，2000）。期望—绩效差距测量方法一直以来存在绩效测量差异过大、有效性和可靠性较差、期望概念定义较为模糊等问题。已有研究也表明基于绩效的测量方法比期望—绩效差距测量方法更能准确和可靠地测量服务质量（Kuo et al.，2009）。基于此，本研究拟采用基于绩效的方法来测量服务质量。

在本研究情景下，由于与传统的 PC 相比，消费者在移动购物过程中使用的移动设备的显示屏和键盘都相对较小，因此消费者对基于 PC 互联网的线上购物服务与基于移动互联网的移动购物服务的感知服务质量将存在差异。基于已有相关研究（Yang et al.，2017；Kim et al.，2004；Zhou，2013b），本研究将从消费者对服务质量的可靠性、响应性、保证性和个性化四个维度测量线上渠道服务质量与移动渠道服务质量。已有研究对多渠道环境下服务质量进行了大量探讨（Yang et al.，2017；Lin，2012；Lu，Yang，et al.，2011；Akter et al.，2019）。不同于单渠道环境中的感知服务质量，多渠道环境下消费者感知服务质量取决于零售商对不同渠道的有效整合（Montoya-Weiss et al.，2003；Schramm-Klein et al.，2011）。在本研究情景下，感知渠道整合测量了零售商基于 PC 互联网的线上购物和基于移动互联网的移动购物渠道之间的数据整合程度、信息一致性和整体协调性（Yang et al., 2017; Peijian et al., 2009）。如前所述，电子商务与移动商务渠道具有不同的特点，消费者可以根据使用情景和渠道的优缺点交替使用这两种渠道（Yang et al., 2017; Seck & Philippe, 2013）。事实上，当多渠道零售商为消费者提供一致的界面、商品、价格信息和服务时，消费者将会体验更高的感知服务质量，因为消费者可以根据他们各自的需求选择不同的购物渠道（Lee & Kim, 2010）。感知渠道整合程度越高，消费者对多渠道整合的感知服务质量越好。在本研究情景下，当消费者对零售商的线上渠道和移动渠道之间的渠道整合水平评价越高，消费者对零售商的线上渠道服务质量和移动渠道服务质量的评价也会越高。基于此，本书提出如下假设：

H7-1：感知渠道整合对（H7-1a）感知线上渠道服务质量和（H7-1b）感知移动渠道服务质量存在正向影响。

已有研究发现消费者对某企业的线下渠道的态度显著正向影响他们对该企业的线上渠道的态度（Yang et al., 2011; Montoya-Weiss et al., 2003）。例如，Verhagen 和 van Dolen（2009）研究发现消费者对零售商的线下商店的印象正向影响他们对该零售商的线上商店的态度。Yang 等（2011）研究发现消费者感知线下渠道服务质量正向影响其对同一企业的感知线上渠道服务质量。Lin（2012）研究发现多渠道环境下消费者的感知线上渠道服务质量显著正向影响其感知移动渠道服务质量。基于此，在本研究情景下，消费者的感知线上渠道服务质量将会正向影响其对同一企业的感知移动渠道服务质量。因此，本书提出如下假设：

H7-2：感知线上渠道服务质量正向影响感知移动渠道服务质量。

三　情绪反应：顾客满意

顾客满意是一种复杂的消费者心理过程，其形成过程可以被视为情绪、认知或两者的结合（Zhao，Lu，Zhang，et al.，2012）。基于认知视角的顾客满意的已有文献主要关注认知的形成过程及其对消费者情绪反应和应对行为的影响机制（McKinney et al.，2002）；基于情绪视角的顾客满意的相关研究则主要关注消费者的积极或消极情绪如何影响其顾客满意（Oliver，1993）。在本研究情景下，本书结合认知和情感视角，将顾客满意定义为对特定消费体验的一种情绪反应与状态（Zhao，Lu，Zhang，et al.，2012）。

基于顾客满意随时间变化的动态性，顾客满意可以分为特定交易满意和累积满意（Johnson et al.，2001）。特定交易满意是消费者对特定时间点的特定服务满意程度的情绪反应，而累积满意则是消费者对长期服务满意程度的一种综合评估（Chang et al.，2009）。与特定交易满意相比，累积满意是基于消费者购买体验随着时间累积而形成的顾客满意，可以认为是特定交易满意在不同时间点的累积（Johnson et al.，2001）。已有文献研究了累积满意对消费者行为意愿的影响，并认为累积满意比特定交易满意能更好地解释与预测消费者行为意愿（Van Vaerenbergh et al.，2012）。但是在研究中如果仅关注累积满意而忽略了特定交易满意，也可能不足以全面解释复杂的消费者行为反应。Johnson（2001）认为特定交易满意与累积满意测量了顾客满意的不同方面，因此需要进行综合考虑。Olsen和Johnson（2003）也认为特定交易满意和累积满意对消费者行为意愿存在不同影响。虽然特定交易满意可以更好地捕捉当前的企业绩效和消费者行为反应，但累积满意可以更好地反映顾客与企业的长期关系（Zhao，Lu，Zhang，et al.，2012）。因此，本研究在构建顾客满意模型的同时考虑了特定交易满意和累积满意，因为忽略其中任何一个方面都可能导致不能充分理解顾客满意概念以及不能充分解释对消费者行为意愿的影响。

在学术界，学者对服务质量和顾客满意之间的关系进行了大量验证（Mohd Paiz et al.，2020；Yang et al.，2017；Gotlieb et al.，1994；Chang et al.，2009；Ranganathan et al.，2013；Zhao、Lu、Zhang, et al.，2012；Cronin Jr et al.，2000）。例如，Chang 等（2009）研究了网络购物环境下的顾客满意，发现线上渠道服务质量对顾客满意存在显著正向影响。类似地，Ranganathan 等（2013）研究发现电子邮件的服务质量与顾客满意之间存在正相关关系。Zhao、Lu、Zhang 等（2012）研究发现移动互联网环境下的服务质量对特定交易满意和累积满意存在显著正向影响。

在本研究情景下，零售商提供的基于 PC 互联网和移动互联网的购物服务分销渠道可以进行渠道互补来满足消费者需求，消费者可以根据自己的个性化需求和使用情景来使用不同购物渠道，从而有利于促进其特定交易满意和累积满意（Seck & Philippe，2013）。Montoya-Weiss 等（2003）研究了多渠道环境下的服务质量对顾客满意的影响，发现消费者的感知线下渠道服务质量和感知线上渠道服务质量显著影响了顾客满意。类似地，Seck 和 Philippe（2013）也发现消费者的感知线下渠道服务质量与感知线上渠道服务质量对顾客满意存在显著正向影响。这一结论与 Bagozzi（1992）的研究结论具有一致性。基于此，本书提出以下假设：

H7-3：感知线上渠道服务质量将正向影响顾客（H7-3a）特定交易满意和（H7-3b）累积满意。

H7-4：感知移动渠道服务质量将正向影响顾客（H7-4a）特定交易满意和（H7-4b）累积满意。

零售商的多渠道整合战略为消费者提供了多个接触点和个性化

服务，促进了消费者的跨渠道消费行为（Zhang et al.，2018；Oh et al.，2012）。在多渠道环境中，零售商通过维护良好的多渠道整合水平可以为消费者提供在多个渠道之间的无缝转换服务，从而更好地满足顾客需求（Schramm-Klein et al.，2011）。在本研究情景下，基于 PC 互联网和移动互联网渠道提供的服务存在显著差异。例如，基于 PC 互联网的线上零售渠道可以为消费者提供丰富的产品信息、相对稳定与便宜的网络链接等，而移动互联网渠道则可以为消费者提供基于位置和使用情景的无处不在的、个性化的信息搜索、产品比较与购买支付服务。因此，当基于 PC 互联网和移动互联网的渠道之间能较好整合时，例如两个渠道的用户数据、产品信息、促销信息等进行有效整合，消费者可以依据使用情景和个性化需求来使用不同渠道，从而提高购物体验与顾客满意。

已有研究也证实渠道整合水平越高，则消费者的满意度越高。例如，Wallace 等（2004b）研究发现多渠道整合战略通过增加服务产出组合，从而促进顾客满意。类似地，Van Birgelen 等（2006）也发现多渠道整合通过促进企业的整体服务水平，增加了顾客价值，并最终提高了顾客满意。基于此，本书提出如下假设：

假设 H7-5：感知渠道整合将对（H7-5a）特定交易满意和（H7-5b）累积满意存在正向影响。

学者对特定交易满意与累积满意之间的关系进行了验证（Yang et al.，2017；Zhao，Lu，Zhang，et al.，2012；Jones & Suh，2000）。例如，Jones 和 Suh（2000）研究发现特定交易满意对累积满意存在显著正向影响。Shankar 等（2003）研究了多渠道环境下顾客满意的影响因素，研究发现消费者的特定交易满意会对线下渠道和线上渠道的总体满意存在正向影响。Zhao、Lu、Zhang 等（2012）也发现特定交易满意对移动服务中的累积满意存在正向影响。基于此，本书提出以下假设：

H7-6：特定交易满意将正向影响累积满意。

四 应对行为：持续购买意愿

在已有市场营销的相关文献中，持续购买意愿被定义为消费者再次购买来自同一零售商的指定产品或服务的行为意向（Hellier et al.，2003）。与初次购买情景不同，持续购买情景下，消费者已具有先前的购买经验，并且已经形成了相应的满意水平，这种满意水平将会影响消费者的后续购买决策（Kim，Ferrin，et al.，2009）。实际上，相较于不满意的消费者，满意水平较高的消费者将更有可能从同一零售商处再次购买产品或服务（Zhao，Lu，Zhang，et al.，2012）。已有研究实证了顾客满意对持续购买意愿的正向影响（Cronin Jr et al.，2000）。例如，Jones 和 Suh（2000）研究发现特定交易满意和累积满意对消费者持续购买意愿存在显著正向影响。类似地，Zhao、Lu、Zhang 等（2012）也发现移动互联网服务情景下特定交易满意和累积满意对消费者持续购买意愿存在显著正向影响，而且相较于特定交易满意，累积满意对持续购买意愿的解释方差更大，因此，累积满意能更好地解释消费者持续购买意愿。基于此，提出以下假设：

H7-7：(H7-7a) 特定交易满意和 (H7-7b) 累积满意将正向影响消费者持续购买意愿。

第三节 研究方法

一 模型量表

本研究采用问卷调查方法对理论模型与假设进行检验。为有效地保证问卷的内容效度,所有量表的测度项均引用已有研究的成熟量表,并根据多渠道购物情景进行了适当的调整。本研究的量表均采用李克特七级量表进行测量。感知线上渠道服务质量和感知移动渠道服务质量的量表改编自 Kim 等(2004)和 Zhou(2013b),测量了服务质量的可靠性、响应性、保证性和个性化四个维度;特定交易满意的量表引用了 Zhao 等(2012)和 Kim 等(2004)的研究;累积满意的量表改编自 Zhao(2012)和 Cronin Jr 等(2000)。感知渠道整合的量表引用 Nelson 等(2005)和 Peijian 等(2009)的研究,并测量了渠道之间的数据集成程度、信息一致性和整体协调性。消费者持续购买意愿的量表改编自 Kim、Ferrin 等(2009)。

鉴于原始问卷测度项为英文,为了确保量表翻译的准确性,本研究按照标准的量表翻译程序对问卷进行双向互译。首先,由一位研究人员将原始英文测度项翻译成中文,再由另一位研究人员单独将该中文译文翻译回英文,然后两位研究人员对两个英文版本的量表进行比较,并针对差异进行必要的修正,以确保最后的中文量表能够如实反映原始测度项的含义。其次,邀请两位信息系统领域的专家对量表进行审读,并根据专家组的反馈对问卷进行相应修改,最后,两位研究人员重新检查修改后的问卷并编制最终的调查问卷。本研究邀请 30 名有过京东商城的 PC 互联网渠道与移动互联网渠道购物经历的被试进行预试。根据其反馈对问卷进行了进一步修正。

二 调查样本

本研究的调查对象为有京东商城的 PC 互联网渠道购物与移动互联网渠道购物经历的消费者。且采用网上调查问卷的方式进行数据收集。

表 7-1　　　　　　　　　调查问卷的样本特征

项目	选项	频数（人）	百分比（%）
性别	男	158	49.8
	女	159	50.2
年龄	<20 岁	49	15.5
	20—24 岁	126	39.7
	25—30 岁	104	32.8
	>30 岁	38	12.0
教育水平	高中及以下	52	16.4
	专科	92	29.0
	本科	139	43.8
	硕士及以上	34	10.8
月收入（RMB）	<1000	95	30.0
	1000—3000	157	49.5
	>3000	65	20.5
互联网京东商城使用经验	0—2 年	37	11.7
	2—3 年	49	15.4
	>3 年	231	72.9
京东商城 App 使用经验	0—2 月	106	33.5
	2—3 月	34	10.7
	>3 月	177	55.8

注：表中数据经过四舍五入处理。下同。

调查问卷通过互联网问卷调查网站"问卷星"进行设计与数据收集。第一，研究人员通过京东商城论坛发送调查问卷链接的方式，邀请消费者参与调查。第二，由于京东商城在其微博账户中拥有大量粉丝，研究人员可以通过向其微博粉丝发送短信方式，邀请消费者参与调查。第三，研究人员通过使用即时通信软件（如 QQ、微信）将调查问卷的超链接发送给被试。在调查问卷的说明页，所有参与者被告知他们需要具有使用京东商城 App 的经历，主要原因在于移动 App 应用程序可以为消费者提供基于位置、基于情景和个性化的服务。为了鼓励被试参与调研，研究人员通过问卷星网站设置了有奖参与活动。为了测试是否存在应答偏差，研究人员比较了调查的初期和末期调查问卷的差异，具体对包括性别、年龄、教育和使用经历在内的人口统计学特征进行 T 检验，结果显示两组数据在上述指标上均不存在显著差异。数据收集过程持续两周时间，通过对问卷进行甄别，剔除那些没有京东商城 App 的使用经历或所有问题填写相同的样本后，共获得 317 份有效问卷。样本的统计特征如表 7-1 所示。被调查者中 49.8% 是男性，50.2% 是女性。大多数调查者（72.5%）年龄在 20 岁到 30 岁之间。超过 54.6% 的被调查者的教育水平在本科及以上。被调查者中近一半（49.5%）的月收入在 1000—3000 元。大多数被调查者（72.9%）有超过 3 年的互联网京东商城使用经验，超过 55.8% 的被调查者拥有超过 3 个月的京东商城 App 使用经验。

第四节 研究结果

本研究基于检验结构方程模型的两步分析方法对研究模型进行分析：首先检验测量模型的信度与效度，然后分析结构模型与检验研究假设。

一 信度与效度

本研究采用 Cronbach's α 和复合信度对模型的信度进行检验。Cronbach's α 用于测量各因子的信度，复合信度用于测量各指标的内部一致性。如表 7-2 所示，所有变量的 Cronbach's α 和复合信度均高于阈值 0.7，表明量表具有良好的信度。

本研究采用结构方程建模软件 LISREL 8.70 进行了验证性因子

分析（CFA）。如表7-2所示，所有指标的标准负载均大于0.7，标准负载的T值均为P<0.001水平下显著。此外，所有因子的平均萃取方差均高于0.5，表明量表具有良好的收敛效度。

表7-2 量表信度与效度

因子	指标	标准负载	Cronbach's α	CR	AVE
感知移动渠道服务质量（MSQ）	MSQ1	0.891	0.904	0.935	0.781
	MSQ2	0.872			
	MSQ3	0.921			
	MSQ4	0.850			
感知渠道整合（PCI）	PCI1	0.835	0.886	0.921	0.745
	PCI2	0.892			
	PCI3	0.842			
	PCI4	0.881			
感知线上渠道服务质量（OSQ）	OSQ1	0.857	0.862	0.908	0.713
	OSQ2	0.849			
	OSQ3	0.895			
	OSQ4	0.779			
累积满意（CUS）	CUS1	0.912	0.890	0.934	0.824
	CUS2	0.935			
	CUS3	0.876			
持续购买意愿（RIN）	RIN1	0.916	0.895	0.937	0.831
	RIN2	0.945			
	RIN3	0.873			
特定交易满意（TRS）	TRS1	0.838	0.870	0.922	0.798
	TRS2	0.887			
	TRS3	0.951			

本研究通过比较平均萃取方差的平方根和因子相关系数来检验判别效度。由于LISREL统计分析方法需要数据为正态分布，因此

本研究检验了数据的偏度与峰度。如表 7-3 所示,所有变量的偏度系数均小于 1,并且峰度系数均小于 2。此外,所有因子的平均萃取方差的平方根均显著高于其与其他因子之间的相关系数,表明具有良好的判别效度。

表 7-3　　　　　　　　　因子间相关系数

因子	均值	标准差	偏度	峰度	OSQ	PCI	MSQ	CUS	TRS	RIN
OSQ	5.629	0.877	-0.654	1.030	**0.844**					
PCI	5.277	1.032	-0.188	-0.634	0.472	**0.863**				
MSQ	5.398	0.939	-0.281	-0.359	0.571	0.555	**0.884**			
CUS	5.313	1.099	-0.430	-0.033	0.474	0.385	0.505	**0.908**		
TRS	5.458	0.931	-0.187	0.083	0.388	0.305	0.403	0.534	**0.893**	
RIN	5.642	0.989	-0.542	0.149	0.521	0.449	0.590	0.669	0.583	**0.912**

注:对角线数据是平均萃取方差的平方根。

为了进一步检验判别效度,本研究采用最大方差旋转的主轴因子法对数据进行了探索性因子分析。表 7-4 显示了旋转后的因子负载矩阵。如表 7-4 所示,按特征值大于 1 的标准抽取出的 6 个因子共解释了 78.803% 的方差,且各因子的指标负载远大于其与其他因子上的交叉负载,显示各指标均能有效反映其对应因子,进一步验证了较好的量表效度。

表 7-4　　　　　　　　　因子负载矩阵

因子	PCI	MSQ	OSQ	CUS	RIN	TRS
PCI1	0.769	0.211	0.131	0.082	0.100	0.135
PCI2	0.824	0.262	0.138	0.063	0.091	0.122
PCI3	0.841	0.106	0.147	0.141	0.062	0.017
PCI4	0.789	0.212	0.203	0.144	0.038	0.162
MSQ1	0.281	0.739	0.194	0.214	0.168	0.176

续表

因子	PCI	MSQ	OSQ	CUS	RIN	TRS
MSQ2	0.283	0.766	0.252	0.134	0.120	0.073
MSQ3	0.209	0.809	0.179	0.244	0.173	0.177
MSQ4	0.168	0.804	0.202	0.089	0.082	0.213
OSQ1	0.086	0.141	0.791	0.261	0.241	0.102
OSQ2	0.232	0.169	0.796	0.178	0.077	0.050
OSQ3	0.177	0.227	0.822	0.150	0.073	0.141
OSQ4	0.219	0.310	0.626	-0.055	0.097	0.315
CUS1	0.198	0.160	0.157	0.823	0.249	0.133
CUS2	0.074	0.187	0.196	0.828	0.208	0.253
CUS3	0.146	0.193	0.162	0.744	0.150	0.278
TRS1	-0.033	0.118	0.053	0.110	0.845	0.192
TRS2	0.202	0.093	0.152	0.263	0.778	0.144
TRS3	0.123	0.197	0.200	0.201	0.856	0.168
RIN1	0.196	0.246	0.122	0.389	0.310	0.652
RIN2	0.249	0.230	0.194	0.301	0.284	0.746
RIN3	0.101	0.224	0.228	0.265	0.199	0.769
特征值	3.205	3.122	2.860	2.660	2.579	2.123
解释方差	15.262	14.868	13.618	12.666	12.282	10.108
累积解释方差	15.262	30.130	43.748	56.413	68.695	78.803

为了检验测量模型可能存在的共同方法偏差，本研究采用了哈曼单因子测试和共同方法因子检验方法进行统计分析。首先，哈曼单因子测试结果显示测量模型中的单个因子解释的最大协方差为 15.262%，由于单个因子的解释方差占整体解释方差的比例较小，说明本研究的共同方法偏差不存在严重问题。其次，基于（Liang et al.，2007）的研究，本章将所有变量的指标构建了一个共同方法因子，然后将该共同方法因子加入模型进行分析。如表 7-5 所示，研究结果显示实际变量的因子负载在 $p<0.001$ 水平下显著，而共同方法因子的因子负载绝大多数不显著，这再次表明共同方法

偏差不太可能影响本书的研究结果。

表 7-5 共同方法偏差分析

因子	指标	实际变量因子负载（R_1）	R_1^2	共同方法因子负载（R_2）	R_2^2
感知移动渠道服务质量（MSQ）	MSQ1	0.809***	0.654	0.091	0.008
	MSQ2	0.906***	0.821	-0.034	0.001
	MSQ3	0.887***	0.787	0.035	0.001
	MSQ4	0.937***	0.878	-0.096	0.009
感知渠道整合（PCI）	PCI1	0.823***	0.677	0.020	0.000
	PCI2	0.883***	0.780	0.011	0.000
	PCI3	0.922***	0.850	-0.100*	0.010
	PCI4	0.929***	0.863	0.067	0.004
感知线上渠道服务质量（OSQ）	OSQ1	0.857***	0.734	-0.004	0.000
	OSQ2	0.884***	0.781	-0.048	0.002
	OSQ3	0.931***	0.867	-0.045	0.002
	OSQ4	0.713***	0.508	0.110	0.012
累积满意（CUS）	CUS1	0.923***	0.852	-0.010	0.000
	CUS2	0.958***	0.918	-0.028	0.001
	CUS3	0.840***	0.706	0.040	0.002
特定交易满意（TRS）	TRS1	0.970***	0.941	-0.151*	0.023
	TRS2	0.821***	0.674	0.081	0.007
	TRS3	0.893***	0.797	0.079	0.006
持续购买意愿（RIN）	RIN1	0.896***	0.803	0.016	0.000
	RIN2	0.908***	0.824	0.043	0.002
	RIN3	0.934***	0.872	-0.063	0.004
均值		0.887	0.790	0.001	0.005

注：* 表示 $p < 0.05$，*** 表示 $p < 0.001$。

二 假设检验

本研究使用结构方程建模软件 LISREL 8.70 对理论模型和相应

假设进行检验。LISREL 是一种基于协方差的结构方程分析技术，与基于组件的结构方程分析技术相比，其可以提供更多的拟合指数用于检验理论模型。此外，基于协方差的结构方程分析技术主要用于理论验证研究，而不是预测分析。本研究模型的构建基于严谨的理论分析，因此 LISREL 更适合本研究的数据分析工作。表 7-6 显示了结构模型的推荐拟合指数和本研究模型的实际拟合指数。在所有拟合指标中，除 GFI 外，其他拟合指数均大于其相应的推荐值，表明模型的拟合良好。

表 7-6　　　　　　　　模型拟合参数（N = 317）

拟合指标	χ^2/df	RMSEA	GFI	AGFI	CFI	NFI	NNFI
推荐拟合值	<5	<0.08	>0.90	>0.80	>0.90	>0.90	>0.90
模型拟合值	2.98	0.079	0.866	0.820	0.975	0.962	0.969

注：RMSEA：近似均方根误差；GFI：拟合优度指数；AGFI：调整后的拟合优度指数；CFI：比较拟合指数；NFI：标准拟合指数。

本研究的模型检验结果如图 7-2 所示，除了 H7-5a 和 H7-5b 之外，其他假设均得到验证。感知渠道整合对感知线上渠道服务质量和感知移动渠道服务质量存在显著正向影响，验证了 H7-1a 和 H7-1b。感知线上渠道服务质量对感知移动渠道服务质量存在正向影响，且在 $p<0.001$ 水平下显著，验证了 H7-2。感知线上渠道服务质量对感知移动渠道服务质量对特定交易满意和累积满意均存在显著正向影响，验证了 H7-3a、H7-3b、H7-4a 和 H7-4b。然而，感知渠道整合对特定交易满意和累积满意的影响并不显著，因此 H7-5a 和 H7-5b 没有得到支持。特定交易满意对累积满意存在显著正向影响，从而支持 H7-6。特定交易满意和累积满意对持续购买意愿存在显著正向影响，从而验证了 H7-7a 和 H7-7b。感知线上渠道服务质量、感知移动渠道服务质量、特定交易满意，累

积满意和持续购买意愿的解释方差分别为27.9%、50.7%、32.2%、53.1%和66.7%，表明本研究的理论模型能很好地解释多渠道环境下消费者的持续购买行为。

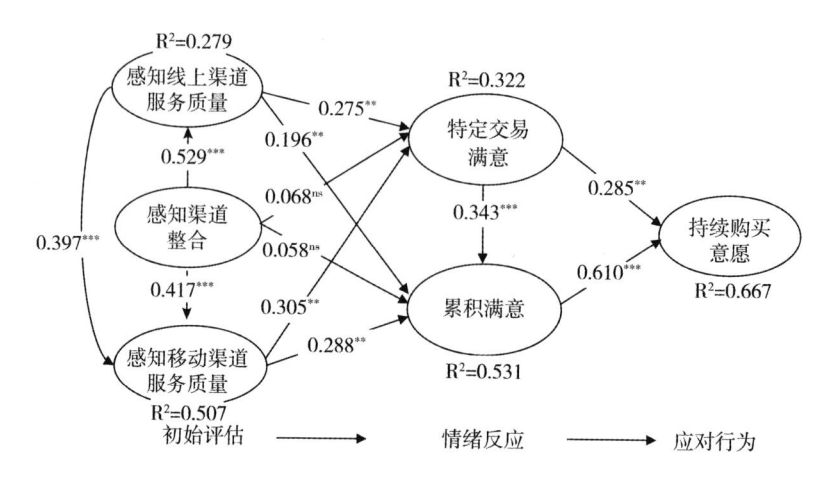

图中各路径系数如下：

- 感知线上渠道服务质量：$R^2=0.279$
- 感知渠道整合 → 感知线上渠道服务质量：0.529^{***}
- 感知渠道整合 → 感知移动渠道服务质量：0.417^{***}
- 感知移动渠道服务质量：$R^2=0.507$
- 感知线上渠道服务质量与感知移动渠道服务质量相关：0.397^{***}
- 感知线上渠道服务质量 → 特定交易满意：0.275^{**}
- 感知线上渠道服务质量 → 累积满意：0.196^{**}
- 感知渠道整合 → 特定交易满意：0.068^{ns}
- 感知渠道整合 → 累积满意：0.058^{ns}
- 感知移动渠道服务质量 → 特定交易满意：0.305^{**}
- 感知移动渠道服务质量 → 累积满意：0.288^{**}
- 特定交易满意：$R^2=0.322$
- 特定交易满意 → 累积满意：0.343^{***}
- 特定交易满意 → 持续购买意愿：0.285^{**}
- 累积满意 → 持续购买意愿：0.610^{***}
- 累积满意：$R^2=0.531$
- 持续购买意愿：$R^2=0.667$

初始评估 → 情绪反应 → 应对行为

注：**表示$p<0.01$，***表示$p<0.001$，ns表示不显著。

图7-2 模型分析结果

此外，本研究检验了感知线上渠道服务质量和感知移动渠道服务质量对感知渠道整合与顾客满意（特定交易满意和累积满意）之间关系的中介效应。如表7-7所示，感知线上渠道服务质量部分调节了感知渠道整合与特定交易满意之间的关系，以及感知渠道整合与累积满意之间的关系；类似地，感知移动渠道服务质量部分调节了感知渠道整合与特定交易满意之间的关系，以及感知渠道整合与累积满意之间的关系。

本研究构建了一个竞争模型，用于验证感知线上渠道服务质量如何影响感知移动渠道服务质量的因果关系。本研究将竞争模型中的感知线上渠道服务质量对感知移动渠道服务质量的因果关系逆转，其他变量的因果关系与原始模型保持一致。接着，本研究首先对原始模型和竞争模型进行路径分析；然后，比较模型中各因子之间的预估值和实际值的相关性。此外,还检查了从竞争模型到原始模型的误差变化,研究发现竞争模型的总平方误差(TSE)大于原始模型的总平方误差。基于此,本研究得出结论:原始模型的因果关系方向(从感知线上渠道服务质量到感知移动渠道服务质量)比竞争模型的反方向(从感知移动渠道服务质量到感知线上渠道服务质量)更符合实际数据。

表 7-7　　　　　　　　　　模型中介效应分析

IV (自变量)	M (中介变量)	DV (因变量)	$IV \rightarrow DV$	$IV \rightarrow M$	$IV + M \rightarrow DV$	
					IV	M
PCI	OSQ	TRS	0.336***	0.477***	0.173*	0.316**
PCI	OSQ	CUS	0.389***	0.477***	0.210**	0.375***
PCI	MSQ	TRS	0.336***	0.557***	0.128*	0.336**
PCI	MSQ	CUS	0.389***	0.557***	0.154*	0.419***

注:*表示 $p<0.05$,**表示 $p<0.01$,***表示 $p<0.001$。

第五节　结论与讨论

基于自我调节框架,本章构建了多渠道环境下感知渠道整合对消费者自我调节过程产生影响的理论模型,并实证研究了感知渠道整合对服务质量、顾客满意和持续购买意愿影响的作用机制。本研究结论及其讨论如下。

首先,本研究发现感知渠道整合对感知线上渠道服务质量和感知移动渠道服务质量存在显著正向影响。这一结论表明:多渠道环境下渠道整合水平能有效影响消费者对服务质量的评价。基于此,多渠道零售商可以通过有效整合其不同的营销渠道来改善消费者感知服务质量。实际上,如果多渠道零售商能够较好地整合基于 PC

互联网的线上渠道与基于移动互联网的移动渠道，为消费者在不同渠道提供一致的商品信息、促销信息和服务，那么消费者则更有可能对其渠道的服务质量进行有利评价。因为消费者可以依据情景和个性化使用不同零售渠道来满足自己的不同需求。

其次，本研究发现感知线上渠道服务质量对感知移动渠道服务质量存在显著正向影响，这一结论与 Lin（2012）的结论具有一致性。这一结论表明：多渠道零售商可以通过利用消费者对其线上渠道服务质量的正向评价，促进消费者对其新推出的移动互联网购物渠道的服务质量的正向评价。事实上，多渠道零售商可以在其线上渠道保持高水平的服务质量，从而基于跨渠道协同效应使消费者能更容易接受其新推出的移动购物渠道。本研究还发现感知渠道整合通过影响感知线上渠道服务质量和感知移动渠道服务质量对顾客满意存在间接影响。换言之，感知线上渠道服务质量和感知移动渠道服务质量起到了中介感知渠道整合对特定交易满意和累积满意的影响。这进一步突出了多渠道整合水平对消费者认知评估和情绪反应的重要作用。事实上，由于线上渠道和移动渠道在使用功能与营销服务等方面存在显著差异，多渠道零售商可以通过改善两个渠道之间的渠道协同效应来提高满意度。

再次，本研究发现感知线上渠道服务质量和感知移动渠道服务质量对特定交易满意和累积满意存在显著正向影响。这一结论进一步验证了 Montoya-Weiss 等（2003）的结论。具体而言，相较于感知线上渠道服务质量对顾客满意（特定交易满意和累积满意）的影响，感知移动渠道服务质量对顾客满意的影响更强。因此，如果多渠道零售商无法确保其移动购物渠道的及时性、可靠性和个性化服务，消费者可能会怀疑他们具备提供合格服务产品的能力，这将会降低顾客满意。

最后，本研究发现特定交易满意对累积满意存在正向影响。这进一步验证了 Zhao、Lu、Zhang（2012）的研究结果，该研究发现移动服务环境下特定交易满意显著正向影响累积满意。本研究进一步验证了特定交易满意和累积满意是两个可区分的变量，并证实了多渠道环境下特定交易满意可以作为累积满意的一个前置因子。此外，本研究发现特定交易满意和累积满意对持续购物意愿存在显著正向影响，这与已有研究结论具有一致性（Zhao, Lu, Zhang, et al., 2012; Jones & Suh, 2000）。这一结论表明特定交易满意和累积满意可以较好地解释多渠道环境下消费者持续购物意愿。具体来说，基于路径负载及其显著性水平而言，虽然特定交易满意直接或间接地通过累积满意对持续购买意愿存在显著正向影响，但其影响仍远小于累积满意的影响。这进一步证实了 Olsen 和 Johnson（2003）的研究结果，该研究发现，相较于特定交易满意，累积满意是消费者持续购买意愿的更好的预测指标。

第六节　研究意义

一　理论意义

本研究的理论贡献主要有以下几点。首先，已有研究通常认为多渠道零售商的营销渠道之间彼此孤立，较少考虑渠道整合对消费者持续购买行为的影响。事实上，已有研究对多渠道环境下消费者行为影响因素的解释仍存在不一致性，甚至结论矛盾。本研究从渠道整合视角分析了研究结论存在不一致的可能原因。具体而言，本研究基于自我调节框架，研究了感知渠道整合对线上渠道和移动渠道环境下消费者自我调节过程的影响机制，为相关后续研究提供了理论基础。

其次，已有研究倾向于从认知视角，通过扩展传统态度理论来解释多渠道消费者行为。但仅基于认知因素并不能全面解释多渠道消费者行为。基于此，本研究从认知与情感相结合的视角，基于自我调节框架分析多渠道环境下消费者持续购买行为。本研究验证了自我调节框架用于解释多渠道消费者行为的适用性与可行性。因此本研究的一个理论贡献在于将自我调节框架扩展到线上渠道与移动渠道结合的多渠道零售环境当中解释消费者持续购买行为。

最后，已有研究较少从特定交易满意和累积满意两个方面解释消费者持续购买行为。此外，已有研究对多渠道环境下特定交易满意和累积满意对消费者持续购买行为的影响机制仍缺乏系统认识。基于此，本研究区分了这两种类型的顾客满意，并实证研究了多渠道环境下特定交易满意和累积满意对消费者持续购买行为的影响机制。

二 实践意义

本研究的实践贡献主要有以下几个方面。首先，基于本研究的实证分析结论，多渠道零售商应当重视渠道整合在影响消费者持续购买行为中的关键作用。本研究发现感知渠道整合对线上渠道与移动渠道的感知服务质量存在显著正向影响。此外，感知渠道整合还通过线上渠道和移动渠道的感知服务质量对顾客满意发挥显著正向作用。因此，多渠道零售商可以通过维持一个良好的多渠道整合系统，提高消费者对渠道的服务质量评价，并最终提高顾客满意和形成持续购买行为。具体而言，多渠道零售商可以在不同的营销渠道中提供一致的色彩、界面、商品、价格信息、促销信息和消费者服务，从而提高不同渠道之间的整合水平。

其次，多渠道零售商需要了解消费者感知服务质量对多渠道环境下顾客满意与持续购买意愿的重要作用，尽力提高其线上渠道的服务质量。事实上，本研究发现感知线上渠道服务质量对感知移动渠道服务质量存在显著正向影响，并进一步对顾客满意与持续购买行为存在显著正向影响。例如，为了维持或提高顾客满意和持续购买意愿，多渠道零售商需要专注于在其整合营销渠道中提供可靠、及时和个性化的服务。

最后，为了维护良好的顾企关系，多渠道零售商应当了解多渠道环境下特定交易满意和累积满意的不同作用。虽然累积满意被认为是影响消费者持续购买行为的关键因素，但特定交易满意的作用也非常重要。特定交易满意反映了消费者最近的态度变化，并是形成累积满意的基础。基于此，多渠道零售商需要在与消费者的每个特定交易过程中提供优质服务，从而提高顾客满意。特别是在顾企关系的早期阶段，消费者的累积满意仍在形成的时候，多渠道零售商应关注如何提高特定交易满意。例如，在顾企关系刚建立时，多渠道零售商可以通过融合线上与移动营销渠道，专注于提供高质量、基于位置、无处不在和个性化的服务，从而提高顾客的特定交易满意，以及后续的累积满意。

第八章　全渠道模式下感知渠道整合的构成与测度研究

近年来，全渠道模式成为企业界实践的热点，但学者对全渠道模式的定义仍未形成一致定论（李飞等，2018；Cai & Lo，2020；李飞，2014；Verhoef et al.，2015；Saghiri et al.，2017；Yang et al.，2019；Ailawadi & Farris，2017）。已有文献从营销学（李飞，2014）、管理学（Verhoef et al.，2015）、供应链（Saghiri et al.，2017；Song & Song，2020）和渠道管理（Cai & Lo，2020；Ailawadi & Farris，2017）等多种视角对全渠道进行了界定。例如，李飞（2014）将全渠道定义为个人或组织为了实现相关利益者利益，满足顾客购物、娱乐和社交的综合体验需求，采取线上和线下尽可能多的零售渠道类型进行组合和整合的营销模式。Verhoef等（2015）将全渠道定义为企业对众多渠道和顾客接触点进行协同管理，从而优化跨渠道的服务质量和顾客体验。事实上，全渠道模式是多渠道模式的数字化与移动化发展的全新阶段，它涉及基于移动互联网、大数据和人工智能等数字技术驱动的有形店铺、无形店铺和社会化媒体的深度融合与互动。在已有研究基础上（李飞等，2018；李飞，2014；Verhoef et al.，2015；Ailawadi & Farris，2017；Song & Song，2020），本书将全渠道零售定义为企业以顾客为中心，利用移动互联网整合其有形店铺、无形店铺和社会化媒体渠道等线上渠道与线下渠道，将顾客在各种不同渠道的购物、娱乐和社交体验无缝连接，并最大化其综合体验的一种商业形态。

从本质而言，全渠道模式下的消费者行为属于典型的多渠道消费者行为（Verhoef et al.，2015；Saghiri et al.，2017）。根据渠道控制主体的不同，学术界将多渠道消费者行为划分为两种类型（杨水清，2015）：（1）同一主体控制的多渠道消费者行为；（2）不同主体控制的多渠道消费者行为。基于此，本书从以下两个方面对全渠道模式进行分类：（1）同一主体控制的全渠道模式，该模式的线上渠道与线下渠道主要由同一企业控制，例如苏宁、国美、盒马鲜生和7FRESH等；（2）不同主体控制的全渠道模式，该模式的线上渠道、线下渠道主要由不同企业控制，例如鲜丰水果、良品铺子和三只松鼠等。其无形店铺主要与京东到家、天猫商城、当当等第三方电商平台合作。本书的研究对象是同一主体控制的全渠道模式。以下将围绕该模式下的相关文献展开分析。

第一节 感知渠道整合的构成

感知整合性理论认为实体之间的整合性主要包括两类：内部协调性和外部一致性（杨水清，2015；Goraya et al.，2020；Chen et al.，2020；Shen et al.，2018；Song & Song，2020；Yang, Liu, et al.，2016；Stewart，2003）。基于此，本书从内部协调性和外部一致性两个方面对现有文献进行分析与整理（表8-1）。

如表8-1所示，已有研究从不同方面对感知渠道整合的构成进行了研究。例如，基于线上和线下渠道的共存性，Robey等（2003）提出了线上和线下渠道整合的四个因素：渠道强化、渠道协同、渠道互惠和渠道互补。Bendoly等（2005）采用四组测度指标对感知渠道整合进行测量：感知线上渠道与线下渠道在相互推广、库存信息共享、服务共享和商品共享四个方面的整合程度。Chiu 等（2011）采用三组测度指标对感知渠道整合进行测量：线上下单与线下取货、线上下单与线下退货、线上下单与线下换货。Yang、Liu 等（2016）从渠道协同视角对感知渠道进行了测量，并实证研究了单维度的感知渠道整合对社交网站使用行为的影响。Lee 和 Kim（2010）提出了感知渠道整合的五维度测度指标：信息一致性、渠道选择自由、电子邮件营销效率、渠道互惠和线下客服价值，并研究了感知渠道整合对顾客忠诚的影响。Yang 等（2011）在研究消费者线下至线上的渠道扩展行为时，采用过程一致性对感知渠道整合进行测度。Wagner 等（2013）采用渠道协同和渠道互补两个维度测度感知渠道整合，研究了感知渠道整合对消费者多渠道购物行为的影响。Yang、Wang 等（2014）从信息一致性（Information Consistency）和系统一致性（Systems Consistency）两个维度测度感知渠道一致性，并采用四个指标对感知渠道协同性进行测度，研究了感知渠道整合的一致性和协同性对移动服务使用意愿的影响。蒋侃和徐柳艳（2016）从信息整合、渠道可达和服务整合三个维度测度了感知渠道整合，研究了其对线上、线下信任传递的影响。

表 8-1　　感知渠道整合文献分析

理论研究	内部协调性				外部一致性	
文献分析	渠道强化	渠道协同	渠道互惠	渠道互补	信息一致性	过程一致性
Chiu 等（2011）	√		√			
Lee 和 Kim（2011）	√	√	√	√	√	
Yang 等（2011）						√
Oh 等（2012）					√	√

续表

理论研究	内部协调性				外部一致性	
文献分析	渠道强化	渠道协同	渠道互惠	渠道互补	信息一致性	过程一致性
Wagner 等（2013）		√		√		
Yang, Liu 等（2014）		√			√	
Wu 等（2015）		√	√			
Cao 和 Li（2015）		√				
蒋侃和徐柳艳（2016）					√	√
Yang, Liu 等（2016）		√			√	
Saghiri 等（2017）				√	√	√
Zhang 等（2018）				√	√	√
Shen 等（2018）					√	
Lee 等（2019）		√	√			
Chen 等（2020）		√				
Goraya 等（2020）					√	√

近年来，一些学者研究了全渠道模式下感知渠道整合及其对消费者行为的影响（Goraya et al., 2020; Li, Liu, et al., 2018; Shen et al., 2018; Lee et al., 2019; Song & Song, 2020）。例如，Li、Liu 等（2018）将全渠道模式下感知渠道整合定义为单维度构念，并实证研究了感知渠道整合对消费者保留和替代品兴趣的影响机制。Shen 等（2018）研究从内容一致性（Content Consistency）和过程一致性两个方面测量了感知渠道整合。Zhang 等（2018）将全渠道模式下感知渠道整合定义由六个一阶构念组成的二阶构念，包括整合促销（Integrated Promotion）、整合产品价格（Integrated Product and Price）、整合交易信息（Integrated Transaction Information）、整合信息访问（Integrated Information Access）、整合订单履约（Integrated Order Fulfillment）、整合客户服务（Integrated Customer Service）。该研究基于刺激—有机体—响应（SOR）框架研究了感知渠道

整合对消费者信任、满意和消费者惠顾意愿的影响。Lee 等（2019）认为全渠道模式下的感知渠道整合是一个二阶因子构念，包含两个一阶反应型变量：渠道间服务配置和整合交互，其中前者包括渠道选择宽度和渠道服务配置透明度两个维度，后者包括内容一致和过程一致两个维度。Goraya 等（2020）从外部一致性视角将全渠道模式下感知渠道整合定义为单维度构念，并实证研究了感知渠道整合对消费者渠道选择偏好的影响机制。

基于上述研究成果，本书从渠道内部协调性（渠道强化、渠道协同、渠道互惠和渠道互补）和外部一致性（信息一致性、过程一致性）两个维度对全渠道模式下感知渠道整合进行实证研究。

第二节　全渠道模式下感知渠道整合的构成与测度

本章对全渠道模式下感知渠道整合的测度模型进行检验。基于已有研究的成熟量表，设计了问卷的测度项，并根据全渠道模式特点进行了适当调整，从而有效地保证了问卷的内容效度。基于文献分析，本研究发现已有文献对渠道强化的构念还未形成有效测度。因此，本研究对渠道强化的量表进行开发。一个科学和规范的调查问卷设计需要多个步骤，其流程有以下四个环节（Churchill Jr., 1979；马庆国，2002）：首先，基于已有文献研究，形成问卷的初始量表。然后对问卷进行小规模访谈，以验证量表设计的构建效度并消除量表的歧义。其次，进行问卷的前测，确定量表的最终问卷。最后，进行大规模问卷调查和数据收集。基于此，本章按照 Churchill Jr.（1979）和马庆国（2002）推荐的标准流程确定变量测度。首先，在文献综述基础上对感知渠道整合构念进行阐明与界定，接着通过专家访谈方法对初始量表进行初步的测试、修正和完善，并编制初步的感知渠道整合的测量指标；其次，收集数据进行前测，对构念的测量指标进行信度和效度检验，采用相关系数检验和探索性因子分析对测量指标的内部一致性和内部聚合性进行检验，剔除信度和效度较差的测量指标；再次，对测量指标进行信度和效度的检验；最后，对测量指标进行描述性统计分析与因子分析，进一步提炼量表测量指标。本研究的调查问卷采用李克特七级量表进行设计，填答者选择1（非常不同意）到7（非常同意）对问题进行打分。

本章其他量表的测度项源于英文文献，为了确保量表翻译的准确性，采用互译小组的方法进行问卷设计。首先由一名研究人员将原始测度项翻译成中文，然后由另一名研究人员独立将中文翻译成英文，接着比较两个英文版本，并针对差异做必要的修正，以确保中文的量表能够如实反映测度项的含义。问卷编制完成后，提交给三位信息系统领域的专家进行了审读，以确保问卷的清晰易懂。最后在20名有过苏宁全渠道购物经历的在校大学生中进行了前测。根据其反馈，模棱两可的问题得到了进一步的修正。

调查问卷共包括两部分，第一部分为人口统计特征，包括性别、年龄、职业、教育水平、移动购物使用经历。第二部分为研究模型的变量测度项。其中，信息一致性的量表源于 Oh 等（2012）的研究，并分别测量了苏宁的线上渠道与线下渠道的标识、商品、价格和促销信息的一致性。过程一致性的量表源于 Yang、Wang 等（2014）的研究，并从服务质量、及时性、退货程序、用户感受四个方面测量了顾客对苏宁线上渠道与线下渠道的感知过程一致性。

渠道互补和渠道互惠的量表借鉴了 Lee 和 Kim（2010）的研究，并分别反映了顾客感知线下渠道与线上渠道服务的互补性，以及使用移动终端定位线下地址，获取线下商品信息的渠道互惠性。渠道协同的量表采用了 Oh 等（2012）的研究，并测量了顾客感知线上下单、线上付款和线上购买、线下提货的渠道协同性。渠道强化的量表反映了顾客感知使用移动终端实时获取和比较线上渠道与线下渠道的商品信息、价格信息和促销信息的渠道强化效应。问卷问题及其参考文献如表 8-2 所示。

表 8-2　　　　　　　　　　问卷问题和参考文献

因子	测度项	测度项内容	参考文献
信息一致性（COC）	COC1	苏宁的线上与线下商店的标识和图标信息一致	Oh 等（2012）
	COC2	苏宁的线上与线下商店的商品信息一致	
	COC3	苏宁的线上与线下商店的价格信息一致	
	COC4	苏宁的线上与线下商店的促销信息一致	
过程一致性（PRC）	PRC1	苏宁的线上顾客服务水平与线下保持一致	Yang 等（2014）
	PRC2	苏宁的线上与线下在服务及时性方面一致	
	PRC3	苏宁的线上与线下的退货程序是类似的	
	PRC4	苏宁的线上与线下服务让我有相同的感觉	
渠道强化（REI）	REI1	苏宁的移动客户端（App）可以实时比较其线上与线下的商品信息	作者自行开发
	REI2	苏宁的移动客户端（App）可以实时比较其线上与线下的促销信息	
	PEI3	苏宁的移动客户端（App）可以实时对比其线上与线下的价格信息	

续表

因子	测度项	测度项内容	参考文献
渠道互补（COM）	COM1	苏宁的线上商店（网店和移动客户端）为顾客提供的低成本、快速的搜索服务，与其线下（商店）具有互补性	Lee & Kim（2010）
	COM2	苏宁的线下商店为顾客提供的面对面的人工服务，与其线上商店（网店和移动客户端）具有互补性	
	COM3	苏宁的移动客户端提供二维码扫描和位置定位服务，与其线下商店具有互补性	
渠道互惠（REC）	REC1	我可以使用苏宁的移动客户端，实时定位其线下商店地址	Lee & Kim（2010）
	REC2	通过苏宁的移动客户端收到个性化推荐信息后，我可以前往其附近的线下商店实地了解	
	REC3	通过苏宁的移动客户端查找商品信息后，我可以前往其附近的线下商店实地查看	
渠道协同（SYN1）	SYN1	苏宁的礼品券或优惠券在其线上和线下通用	Oh 等（2012）
	SYN2	苏宁提供线上购买，线下提货	
	SYN3	对于顾客的线上订单，顾客可以选择苏宁的任何一个线下商店提货	
	SYN4	苏宁提供线上下单，线下付款	
	SYN5	线下商品缺货时，苏宁的线下商店为顾客提供线上预订服务	

本书的调查对象为使用过苏宁全渠道（苏宁实体店、苏宁网店和苏宁 App 客户端）的用户，其中线上渠道包括使用苏宁网店和苏宁 App 客户端，线下渠道指苏宁实体店。本书的研究样本需要具有如下条件：一是被试熟悉移动购物，具有多次移动购物的经验；二是被试需要具有苏宁多个线上和线下渠道的使用经历。调查问卷采用网络调查的方式进行。网络调查具有如下优点：第一，网络调查无地域限制，方便被试回复问卷；第二，网络互动性强，可以增加

被试回答问卷的注意力和控制水平;第三,网络调查可减少调查成本,也可降低人工输入的错误。通过"问卷星"问卷调查服务,社交平台(微信、QQ)以滚雪球的方式进行数据收集。通过两个星期的数据收集,共获得395份问卷,剔除无效问卷后(问卷全部填写相同),最终获得362份有效问卷。其中男性占52.5%,92.5%被试的年龄为18—35岁,93%的被试具有1—5年的移动购物经历。

依据文献(Anderson & Gerbing,1988)推荐的结构方程模型的两步检验法:首先检验测量模型的信度与效度,然后分析结构模型与模型假设。

第三节 信度与效度

信度是指量表的一致性程度,测量误差越小,信度越高。目前,测量信度最常用的指标为 Cronbach's α 和复合信度。Nunnally(1978)认为 Cronbach's α 值大于 0.6,则可以认为因子的信度达到要求。复合信度是加权后的信度指标,能更好地反映因子的信度水平。效度的指标主要包括内容效度、区分效度和聚合效度。平均萃取方差反映了潜变量相对于测量误差所解释的方差总量,当平均萃取方差大于等于 0.5 时,则表示潜变量的测度具有较好的聚合效度(Bagozzi & Yi,1988)。

本书首先采用验证性因子分析(CFA)对变量的信度和效度(区别效度和聚合效度)进行检验。测度项的外部一致性的信度采用复合信度(Composite Reliability,CR)进行检验。全渠道模式下感知渠道整合由六个潜变量构成,它们分别是信息一致性、过程一致性、渠道强化、渠道互补、渠道互惠和渠道互补。信息一致性和过程一致性均采用四个指标进行测量。渠道强化、渠道协同和渠道互惠均采用三个指标进行测量。渠道协同采用五个指标进行测量。

全渠道模式下感知渠道整合验证性因子分析的模型如图 8-1 所示。

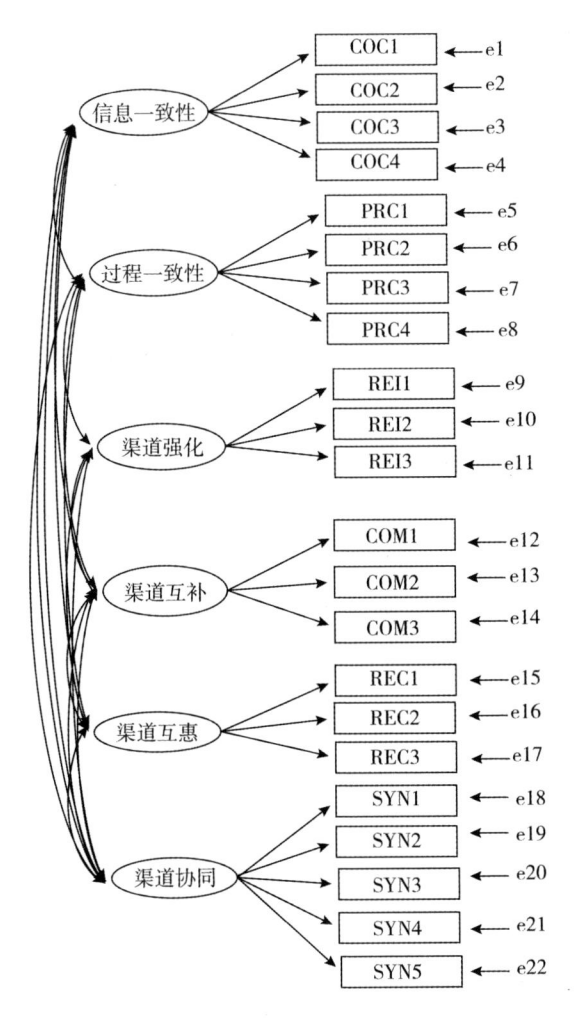

图 8-1　全渠道模式下感知渠道整合验证性因子分析模型

基于验证性因子分析的模型识别条件：第一，模型中每个潜变量均有三个或三个以上的测量指标；第二，因子负荷矩阵中每个测量变量只测量一个特征量，即每一行有且只有一个非零值；第三，因子之间相互独立，残差的协方差矩阵为对角阵。本书研究模型同时满足上述三个条件，因此满足验证性因子分析的模型识别条件。

如表 8-3 所示，模型中各因子的 CR 值均高于 0.70，表明量表具有较好的信度（Nunnally & Bernstein，1978）。所有因子的平均萃取方差都高于 0.50，表明量表具有较好的收敛效度（Bagozzi & Yi，1988）。

表 8-3　　信度与效度分析

因子	测度项	标准负载	CR	AVE
信息一致性（COC）	COC1	0.752	0.883	0.654
	COC2	0.781		
	COC3	0.849		
	COC4	0.848		
过程一致性（PRC）	PRC1	0.836	0.900	0.692
	PRC2	0.792		
	PRC3	0.858		
	PRC4	0.840		
渠道强化（REI）	REI1	0.887	0.924	0.802
	REI2	0.907		
	PEI3	0.892		
渠道互补（COM）	COM1	0.875	0.901	0.751
	COM2	0.864		
	COM3	0.862		
渠道互惠（REC）	REC1	0.858	0.917	0.787
	REC2	0.902		
	REC3	0.899		
渠道协同（SYN）	SYN1	0.731	0.887	0.611
	SYN2	0.777		
	SYN3	0.852		
	SYN4	0.775		
	SYN5	0.766		

针对区别效度，如果各个因子的平均萃取方差的平方根均大于

其与其他因子的相关系数,则说明测量模型具有较好的区别效度。如表 8-4 所示,表中各个因子的平均萃取方差的平方根均大于对应的因子相关系数,保证了较好的区别效度。

表 8-4　　因子间相关系数与因子 AVE 值的平方根矩阵

因子	COC	PRC	REI	COM	SYN	REC
COC	0.808					
PRC	0.526	0.832				
REI	0.540	0.356	0.895			
COM	0.422	0.485	0.507	0.867		
SYN	0.430	0.548	0.290	0.522	0.782	
REC	0.433	0.383	0.486	0.643	0.544	0.887

为了进一步检验测量模型可能存在的共同方法偏差,本书对量表进行哈曼单因子检测方法(Podsakoff & Organ,1986)。检验结果表明单个因子所解释的最大方差为 14.405%,说明本研究不存在较严重的共同方法偏差。如表 8-5 所示,因子负载矩阵按照特征值大于 1 的标准抽取出的 6 个因子共同解释了 71.71% 的方差。且各因子对应指标与其他因子之间的相关系数具有显著差异,说明各指标都能有效地反映其对应的因子,确保了较好的量表效度。

表 8-5　　　　　　　　因子负载矩阵

因子	SYN	PRC	COC	REI	COM	REC
COC1	0.147	0.064	0.655	0.296	0.107	0.230
COC2	0.121	0.049	0.708	0.257	0.206	0.202
COC3	0.134	0.305	0.778	0.131	0.064	0.035
COC4	0.166	0.363	0.758	0.137	0.030	0.014
REI1	0.033	0.072	0.269	0.806	0.214	0.148
REI2	0.091	0.164	0.187	0.828	0.172	0.156

续表

因子	SYN	PRC	COC	REI	COM	REC
REI3	0.081	0.101	0.213	0.827	0.141	0.167
PRC1	0.267	0.679	0.197	0.260	0.193	0.082
PRC2	0.110	0.741	0.189	0.102	0.206	0.002
PRC3	0.270	0.769	0.186	0.060	0.133	0.075
PRC4	0.179	0.823	0.111	0.018	0.051	0.182
COM1	0.211	0.201	0.124	0.250	0.744	0.187
COM2	0.161	0.192	0.169	0.131	0.781	0.252
COM3	0.261	0.172	0.063	0.231	0.699	0.239
SYN1	0.558	0.355	0.163	0.120	0.135	0.152
SYN2	0.665	0.127	0.091	0.087	0.274	0.201
SYN3	0.798	0.238	0.085	0.053	0.119	0.144
SYN4	0.788	0.087	0.173	−0.009	0.138	0.052
SYN5	0.740	0.175	0.086	0.078	0.055	0.205
REC1	0.309	0.175	0.123	0.209	0.100	0.760
REC2	0.177	0.061	0.193	0.196	0.319	0.778
REC3	0.241	0.105	0.123	0.164	0.367	0.746
特征值	3.169	2.942	2.581	2.563	2.283	2.238
解释方差	14.405	13.371	11.731	11.651	10.377	10.175
累积解释方差	14.405	27.776	39.507	51.158	61.535	71.710

此外，本书采用 Podsakoff 等（2003）和 Liang 等（2007）推荐的共同偏差因子检验程序，对可能存在的共同方法偏差进行了进一步检验。结果显示，原始模型各因子的平均因子负载远大于共同偏差因子的平均因子负载，表明本研究不存在严重的共同方法偏差问题。

第四节　假设检验

结构方程模型广泛应用于社会科学领域，是社会科学与行为科学量化研究中最重要的统计技术之一(Anderson & Gerbing, 1988; 周涛、鲁耀斌,2006)。相对于传统的回归分析,结构方程模型具有突出的优点,因为其融合了路径分析和因子分析两大统计技术。结构方程模型的优点主要体现在:第一,可以同时估计因子关系和因子结构;第二,可同时处理多个因变量;第三,容许变量含测量误差;第四,可以估计整个模型的拟合程度。结构方程模型可分为测量模型和结构模型,其中,测量模型描述潜变量与指标之间的关系,采用验证性因子分析;而结构模型描述潜变量之间的关系,采用结构方程软件进行分析。

本书采用 PLS Graph 3.0 进行结构模型分析,并使用自助法(Bootstrapping)对路径系统的显著水平进行估计(Chin et al., 2003)。

本书分别采用一阶因子和二阶因子对感知全渠道模式下渠道整合进行测度分析。由于各因子之间的相关系数均在显著水平 $p > 0.05$ 以上,本书对全渠道模式下感知渠道整合的一阶因子和二阶因子测度均采用反映型构念进行分析。

由图 8-2 可知,全渠道模式下感知渠道整合的二阶因子由内部协调性和外部一致性两个维度构成,其中内部协调性维度包括渠道强化、渠道互补、渠道互惠和渠道协同;外部一致维度包括信息一致性和过程一致性。分析结果显示,两个一阶因子外部一致性(0.865^{***})和内部协调性(0.946^{***})较好地反映了二阶因子感知渠道整合。

如图 8-3 所示,模型的一阶因子分析显示,六个因子均显著反映了感知渠道整合。本书采用 AMOS 软件比较感知渠道整合的一阶因子和二阶因子模型的拟合指标。研究结果发现两个模型的拟合指标比较接近,说明二阶因子模型相对一阶因子模型更具有简洁性。此外,本书进一步比较了一阶因子和二阶因子模型的系数(T = 二阶因子模型卡方/一阶因子模型卡方),分析结果显示 $T = 0.986 \approx 1.0$,说明二阶因子模型优于一阶因子模型。基于此，本书采用二阶因子模型对全渠道模式下感知渠道整合进行测度。

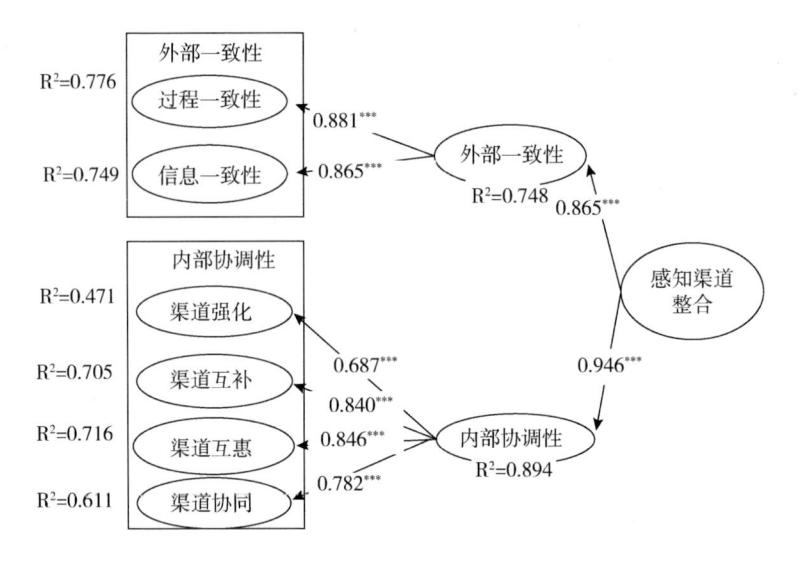

图 8-2　二阶因子模型分析结果

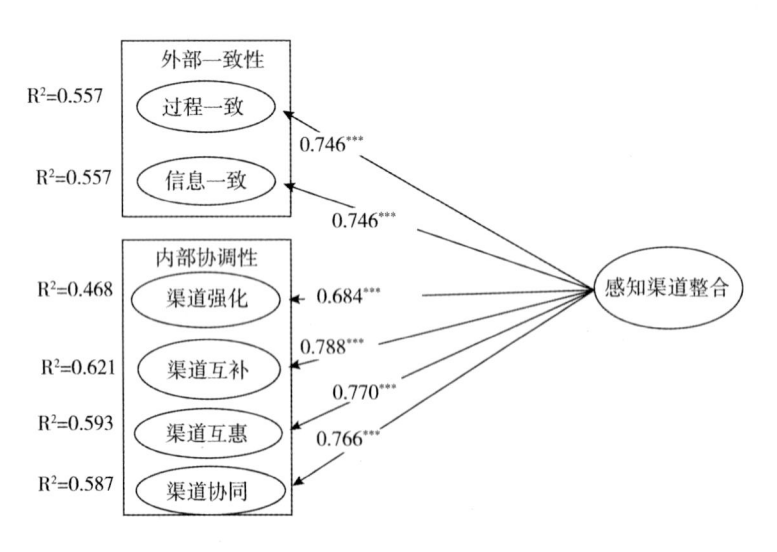

注：***表示 $p < 0.001$。

图 8-3　一阶因子模型分析结果

注：***表示 $p < 0.001$。

第五节　结论与讨论

一　基本结论

已有研究对感知渠道整合的构成存在多种测度方式，本书采用实证研究方法对全渠道模式下感知渠道整合的一阶因子和二阶因子构成进行了比较和分析。研究结果显示全渠道模式下感知渠道整合包含内部协调性和外部一致性两个一阶因子，其中外部一致性包括信息一致性和过程一致性两个维度，内部协调性包括渠道强化、渠道互补、渠道互惠和渠道协同四个维度。

依据系数及其显著水平进行比较，研究发现全渠道模式下感知渠道整合的内部协调性比其外部一致性的系数更大、显著水平更高。这表明基于移动互联网的线上与线下的渠道协同性是构成全渠道模式下感知渠道整合的关键因素。这一发现强调了全渠道企业对线上线下渠道的整合应当从内部的协同性着手。其中，在内部协调性的四个一阶因子当中，渠道互惠和渠道互补的系数及其显著水平均大于渠道强化和渠道协同。该研究结果可以为学术界进一步研究全渠道模式下感知渠道整合及其对消费者行为的影响提供参考，后续研究可以从渠道互补、渠道协同、渠道互惠和渠道强化四个维度测量全渠道模式下感知渠道整合。其中，渠道互补是指基于不同渠道的优势与劣势而采取相应的渠道策略；渠道协同是指通过不同渠道之间的配合提供扩展服务；渠道互惠是指线上、线下渠道相互支持，而不是以线上渠道为主或线下渠道为主；渠道强化则是指通过共享线上、线下渠道资源促进企业的整体运营能力。

全渠道模式下感知渠道整合的外部一致性包括两个一阶因子：过程一致性（0.881）和信息一致性（0.865）。研究发现显示外部

一致性的 $R^2 = 0.748$，该研究结论表明全渠道模式下感知渠道整合的外部一致性也是影响渠道整合的重要因素。已有研究分析了渠道整合的一致性对用户行为的影响，但大多数研究仅从信息一致性的角度进行了分析。本书从过程一致性和信息一致性两个方面测量了全渠道模式下感知渠道整合的外部一致性。后续研究可以进一步验证过程一致性和信息一致性对全渠道模式下感知渠道整合的解释水平。

二　管理实践

本书从内部协调性和外部一致性两个维度对全渠道模式下感知渠道整合进行测度。研究结论可以为全渠道模式的管理实践提供如下启示。

（1）基于外部一致性（过程一致性和信息一致性）显著影响全渠道模式下感知渠道整合的研究结论，全渠道企业可以从线上渠道与线下渠道的标识、商品信息、价格信息和促销信息的一致程度，以及线上渠道与线下渠道的服务响应水平、等待时间和标准化的一致程度两个方面提高全渠道整合水平。基于路径系数及其显著水平，全渠道企业的线上渠道与线下渠道的过程一致性对外部一致性的影响比信息一致性对外部一致性的影响更强。因此，全渠道企业应当重点提高其线上渠道与线下渠道的服务响应水平、等待时间和标准化的一致程度。

（2）研究发现内部协调性显著影响全渠道模式下感知渠道整合。该研究结果为全渠道企业的渠道整合实践提供了进一步的指南。例如线上渠道提供了快速且低成本的搜索服务，而线下渠道提供了真实的购物环境与面对面的客户服务，全渠道企业可以利用移动商务平台有效促进线上渠道与线下渠道的互惠和互补。全渠道模式下感知渠道整合的内部协调性包括渠道互补、渠道协同、渠道互惠和渠道强化。渠道互补方面：全渠道企业可以利用移动互联网将其线下与线上商店无缝连接，从而将本地的线上顾客吸引到企业的线下商店，或将本地线下商店的顾客吸引到线上商店。渠道协同方面：全渠道企业可以根据顾客需求提供在不同渠道间的购买、退货与换货服务。渠道互惠方面：全渠道企业可以使用线上渠道为顾客提供快速且低成本的搜索服务，同时使用线下渠道为顾客提供真实的购物环境与客户服务。渠道强化方面：全渠道企业可以通过线上和线下商店共享采购、物流与售后服务，为顾客提供一致的、实时便捷的服务，并降低成本。基于内部协调性的渠道互补、渠道协同、渠道互惠和渠道强化四个维度的构成分析，本书为全渠道企业的管理实践提供了更为明确的参考。

第九章　全渠道模式下感知渠道整合对顾客忠诚的影响研究

顾客忠诚一直被认为是影响企业竞争优势的关键因素。移动互联网的介入使全渠道模式下顾企之间的互动方式发生了新的变革，顾客忠诚的前置影响因素及其驱动机制也发生了相应改变（Goraya et al., 2020）。已有研究侧重从感知价值等功利因素分析多渠道环境下顾客忠诚的影响因素，还未能从顾客体验视角揭示全渠道模式下感知渠道整合对顾客忠诚的影响机制。在当今"体验经济"时代，基于顾客体验视角研究全渠道模式下感知渠道整合对顾客忠诚的影响具有重要的理论与实践意义。

第一节　顾客体验

体验经济时代，顾客体验既是企业的竞争焦点，也是学界的研究热点（Becker & Jaakkola, 2020；Kranzbühler et al., 2018）。顾客体验的内涵比较宽泛，学术界最早从哲学、心理学和经济学对其进行了研究和界定。虽然学者对顾客体验的多维度构成已基本形成共识，但对其具体维度的研究仍存在较大差异。例如：心理学视角下，体验是指个体对特定刺激的反应，代表性研究为 Lofman（1991）将顾客体验分为情感（Sensation）、思维（Thought）、感觉（Feeling）、情景（Setting）、行动（Activity）和评价（Evaluation）六个维度；经济学视角下，体验被视为一种独特的"经济提供物"，代表性研究为 Pine 和 Gilmore（1998）认为顾客体验由娱乐（Entertainment）、教育（Educational）、审美（Esthetic）和逃避现实（Escapist）四个维度构成；管理学视角下，体验是指顾客在观察或参与交互过程中形成的一种主观感受，代表性研究为 Schmitt（1999）将感知体验分为感官（Sense）、情感（Feel）、认知（Think）、物质（Act）和社会认同（Relate）五个维度。近年来，顾客体验的动态性特征得到学者的广泛关注（Kranzbühler et al.，2018；Lemon & Verhoef，2016）。例如，Lemon 和 Verhoef（2016）认为顾客体验包含购买前、购买中和购买后三个阶段，该过程可由认知（Cognitive）、情绪（Emotional）、行为（Behavioral）、感官（Sensorial）和社会（Social）五个维度进行测量。Kranzbühler 等（2018）则认为客户旅程视角下的顾客体验包含情感（Affective）、认知（Cognitive）和感官（Senses）三个维度。近年来，我国学者对中国情景下的顾客体验构成也进行了大量有益探索（李飞，2019；李震，2019；孔栋等，2016）。随着社会与经济的不断发展，学者对顾客体验内涵的研究不断深化，顾客体验理论也日趋多样化。

一 顾客体验的双因素理论

Pine 和 Gilmore（1998）认为顾客体验是当一个人达到体力、智力、情绪和精神的某个特定阈值时，在其意识中所产生的愉悦感受。基于顾客参与程度和联系类型两个维度的区别，Pine 和 Gilmore（1998）将顾客体验划分为娱乐的（Entertainment）体验、审美的（Esthetic）体验、教育的（Educational）体验和遁世的（Escapist）体验四个方面。其中，娱乐的体验是最古老的一种体验，也是当今社会最普遍和最新颖真切的体验。它是人们在听音乐、观看演出和阅读文章等过程中，通过感觉所吸收的体验。审美的体验是指人们沉浸于某些事物或环境当中，对这些事物和环境根本不影响或极少产生影响，如欣赏自然风光。教育的体验是指人们获得了对他们来说是新知识的一种体验。通过教育体验，人们积极参与并吸收其蕴含的信息，如参观历史博物馆。遁世的体验是指遁世者完全沉浸于某一些事件和环境中的逃避现实的体验，如玩网络游戏。该类体验是一种人们积极参与的浸入式的体验。以上四类体验可以相互兼容，形成独特的个人体验。

二 顾客流体验理论

流体验理论（Flow Theory）最早由 Csikszentmihalyi 提出，Csikszentmihalyi（1975）认为流体验是指个体完全被其所做的事情吸引投入其中时，心情会非常愉悦，并感觉时间过得非常快。他认为个体的流体验经历取决于个体技能与任务的挑战性的匹配程度，当任务的挑战性高于个体技能时，参与者会感受到沮丧；反之，当个体技能高于任务的挑战性时，参与者会感受到厌倦。

Csikszentmihalyi（1988）总结了流体验的九大要素：清晰的目标、个体技能与任务挑战的匹配、实时反馈、行动与感知的融合、专注、控制感、丧失自我意识、时间感的变化和自我体验。基于流体验理论，Koufaris（2002）将顾客体验分为挑战（Challenge）、技巧（Skills）和交互性（Interactivity）三个维度。流体验理论被广泛应用于网络游戏、在线购物和在线学习的用户行为研究当中

(Esteban-Millat et al.，2014；Zhou，2013c)。

三 顾客体验二元理论

Hirschman 和 Holbrook（1982）将顾客体验分为享乐型和实利型。他们认为享乐型体验是指顾客对产品或服务的内在感受相关的体验，这些感觉包括视觉、听觉、触觉、味觉和嗅觉；实利型体验是指顾客对产品或服务的外在实利的体验，如一辆汽车。顾客体验是基于外在的功利型体验和内在的享乐型体验相互作用的综合体验。

由于顾客体验的概念较为抽象，学者们对顾客体验的具体构成还未形成统一定论。现有研究关于顾客体验的测量标准以及其究竟包含多少个维度的讨论也较为少见，但顾客体验测度的多维性与情景依赖特性已基本成为学术界的共识，这也是顾客体验多样化测度存在的根本原因。在考虑全渠道模式下顾客体验测度的情景特性的基础上，本章将结合顾客体验在不同情景中的共性特征来确定顾客体验的测度。因为基于情景的顾客体验测度虽然能够较好地反映顾客体验的个性特征，但如果不对顾客体验在不同情境中展现出来的共性特征进行深入剖析，这些个性化和多样化的测度可能会限制人们对顾客体验及其内在规律的认识。基于此，本部分将从共性与个性相结合的视角来确定全渠道模式下顾客体验的测度。

基于文献分析，顾客体验的情感维（Affect Experiential State）与认知维（Cognition Experiential State）在已有研究中被公认为最具有解释力和一致性的两个维度（Rose et al.，2012；Verhoef et al.，2009）。因此，本书将从情感体验和认知体验两方面，并考虑全渠道模式特征，对该模式下的顾客体验进行测度。其中，情感体验是指顾客在全渠道互动过程中其情感系统产生的心情、感觉和情绪体验，如高兴、愉快和兴奋等；认知体验则是指顾客在全渠道模式下的线上、线下互动过程中伴随认知活动而产生的有意识的思维或精神体验，如挑战、投入和技巧等。

四 顾客体验的前置因素

从顾客体验的前置因素来看，学者们主要从产品/服务因素（李震，2019）、顾客因素（李震，2019；Grönroos & Voima，2013）、企业/品牌因素（李震，2019；Grönroos & Voima，2013）、平台/渠道因素（Becker & Jaakkola，2020；Grewal et al.，2009）和社会环境因素（Becker & Jaakkola，2020）等多个方面展开研究。这些研究可以分为两类：基于企业视角和基于顾客视角的研究。基于企业视角而言，顾客体验的前置因素主要有两大类：企业能够控制的因素（如产品因素、服务触点、店面氛围、体验环境）（Becker & Jaakkola，2020；Grewal et al.，2009）和企业不能控制的因素（如社会环境因素、生态系统因素）（Becker & Jaakkola，2020）；基于顾客视角而言，顾客体验的前置因素主要包括三类：企业驱动因素（如品牌体验、产品/服务定制化）（李震，2019）、互动驱动因素（如感知交互、共同创造）（李震，2019）和顾客驱动因素（如顾客参与、个人兴趣）（李震，2019；Grönroos & Voima，2013）。Kranzbühler等（2018）从企业与顾客视角、静态与动态特征多个方面对已有顾客体验文献进行了分析。基于上述分析，已有研究仍缺乏对全渠道模式下感知渠道整合对顾客体验影响机制的系统探究。

第二节　研究假设

一　感知渠道整合与顾客体验

1. 内部协调性与顾客体验

基于已有研究（杨水清，2015），本章从渠道互补、渠道协同、渠道互惠和渠道强化四个维度测量全渠道模式下感知渠道整合的内部协调性。渠道互补是指企业依据不同渠道的优势与劣势而采取的渠道策略（杨水清，2015）。例如，全渠道企业通过移动互联网将其线上渠道与线下渠道无缝连接与优势互补，使企业通过移动互联网渠道将本地实体店的消费者吸引到线上网店，或者将本地的线上顾客吸引到本地实体店；渠道协同是指基于全渠道的相互配合为消费者提供扩展服务。例如，消费者可以根据情景和个性化需求在线上购买，线下退货与换货；渠道互惠是指全渠道之间的相互支持（杨水清，2015）。例如，本地实体店为消费者提供了真实的购物环境，线上网店则提供了快速、低成本的信息搜索与支付服务，而全渠道模式则将实体店与线上网店的优势结合，发挥渠道互惠效应。渠道强化是指企业通过全渠道共享线上渠道与线下渠道的资源，从而提高企业整体运营能力。例如，全渠道企业通过共享线上和线下商店物流、采购、售前和售后服务，使消费者可以随时随地在线上、线下多个渠道获取各类服务。全渠道模式下，当消费者感知渠道的内部协调性（渠道互补、渠道协同、渠道互惠和渠道强化）较高时，他们的全渠道购物体验也会相应较高。基于此，本章提出如下假设：

H9-1：全渠道模式下感知渠道整合的内部协调性将正向影响顾客体验（H9-1a 顾客情感体验和 H9-1b 顾客认知体验）。

2. 外部一致性与顾客体验

基于已有研究（杨水清，2015），本章从信息一致性和过程一致性两个维度测量全渠道模式下感知渠道整合的外部一致性。全渠道模式下信息一致性测量了全渠道企业的产品信息、价格信息和促销信息等在不同渠道之间的一致性程度；全渠道模式下过程一致性是指全渠道企业的服务水平、响应时间、等待时间和标准化水平在不同渠道之间的一致性程度。当消费者感知企业的不同渠道之间的信息一致性和过程一致性较高时，消费者的全渠道购物体验也会相应较高。换言之，感知渠道整合的外部一致性将对顾客体验存在正向影响。基于此，本章提出如下假设：

H9-2：全渠道模式下感知渠道整合的外部一致性正向影响顾客体验（H9-2a 顾客情感体验和 H9-2b 顾客认知体验）。

二 顾客体验与顾客忠诚

顾客忠诚一直是影响商业企业获取竞争优势的核心因素（杨水清，2015；范秀成等，2009；Wallace et al.，2004a）。学术界对顾客忠诚的定义主要有三种视角：态度忠诚视角（Kim, Ferrin, et al.，2009；阎俊等，2013）、行为忠诚视角（Romaniuk & Nenycz-Thiel，2011）、多维度复合忠诚视角（范秀成等，2009；Dick & Basu，1994）。态度忠诚视角将顾客忠诚定义为消费者对特定企业或品牌的偏好和心理承诺；行为忠诚视角将顾客忠诚定义为消费者持续性购买相同企业或品牌产品的行为，且这种持续性购买选择具有稳定性，不会因时间和情景的变化而改变；多维度忠诚视角认为顾客忠诚是一个包含态度和行为的多维度构念，消费者除了有重复购买的行为表现外，还需要对特定企业或品牌产品有强烈持久的积极态度（Dick & Basu，1994）。该定义得到了当前企业界与学术界的普遍接受与认同。从渠道情景来看，已有研究主要可以分为四个方面：线下渠道的顾客忠诚（Schmitt et al., 2009）, 线上渠道的顾客忠诚（Ranganathan et al., 2013）, 线上、线下多渠道的顾客忠诚（Fernández-Sabiote & Román, 2012）, 全渠道渠环境下的顾客忠诚（Mainardes Emerson et al., 2020）。

相较于传统的多渠道模式强调采用多个渠道同时作为销售与订单完成的途径，全渠道模式则强调渠道之间的深度融合与顾客在不同渠道之间互动的无缝连接（Cai & Lo, 2020; Verhoef et al., 2015）。相应地，全渠道模式下感知渠道整合及其对顾客忠诚的作用机制也发生了改变（Goraya et al., 2020）。已有研究侧重从感知价值、转换成本、顾客满意等实利因素讨论多渠道环境下顾客忠诚的影响因素，仍未能明确全渠道模式下顾客体验对顾客忠诚的影响机制。全渠道模式下顾客可以基于使用情景随时随地在多个线上渠道与线下渠道之间无缝切换以完成商品挑选、购物决策、下单购买与体验分享（Mohd Paiz et al., 2020; Hew et al., 2016; 杨水清, 2015; Hsu & Yeh, 2018）。当顾客在全渠道购物过程中感受到的情感体验和认知体验越高，他们越有可能对该企业产品或服务产生持续购买欲望和依赖感。已有研究也发现顾客体验对顾客忠诚存在显著正向影响（Mainardes Emerson et al., 2020; DeWitt et al., 2008; Zhou, Li, et al., 2010）。基于此，本章提出如下假设：

H9-3：顾客体验（H9-3a 顾客情感体验和 H9-3b 顾客认知体验）显著影响顾客忠诚。

如图9-1所示，本章构建了全渠道模式下感知渠道整合对顾客体验与顾客忠诚的理论模型，提出了6条基本假设。此外，本研究将人口统计特征和移动互联网使用经历作为控制变量引入研究模型。

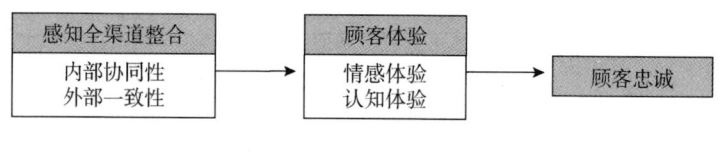

```
┌─────────────┐    ┌─────────────┐
│ 感知全渠道整合 │    │  顾客体验   │    ┌─────────┐
│  内部协同性  │───▶│  情感体验   │───▶│ 顾客忠诚 │
│  外部一致性  │    │  认知体验   │    └─────────┘
└─────────────┘    └─────────────┘
```

图 9-1　研究概念模型

第三节　研究方法

为了保证研究的内容效度，本研究的量表基于已有研究的成熟量表进行设计，并根据全渠道零售背景进行了适当的调整。顾客情感体验采用 Novak 等（2000）的研究，并测量了顾客在全渠道中购买商品时的沉浸体验；感知认知体验的量表借用 Rose 等（2012）的研究，并反映了顾客在全渠道购物的认知感受；顾客忠诚的量表引用 Lee 和 Kim（2010）的研究，并从推荐顾客、持续使用和高频使用三个方面进行测量。问卷共包括两部分：一部分为人口统计特征，另一部分为研究模型的变量量表。由于问卷的引用源于英文文献，本书为了确保量表翻译的准确性，采用互译小组的方法进行问卷设计。首先由一个研究组成员将原始测度项翻译成中文，然后由另一个研究组成员独立将中文翻译成英文，接着比较两个英文版本，并针对差异做必要的修正，以确保中文的量表能够如实反映测度项的含义。其次，问卷编制完成后，提交给三位信息系统领域的专家进行了审读，以确保问卷的清晰易懂。最后，在有过基于移动互联网的全渠道购物经历的在校大学生中进行了预测试。

本研究的调查对象为具有苏宁全渠道（苏宁实体店、苏宁网店和苏宁 App 客户端）使用经历的用户。调查问卷采用"问卷星"线上调查服务和社交平台（微信、QQ）以滚雪球的方式进行数据收集。通过两个星期的数据收集，别除问卷全部填写相同和没有苏宁全渠道购物经历样本的无效问卷后，共获得 369 份有效问卷（样本特征如表 9-1 所示）。

表 9-1　　　　　　　　　　　样本特征

项目	选项范围	频数（人）	百分比（%）	项目	选项范围	频数（人）	百分比（%）
性别	男	195	52.8	职业	基层员工	98	26.6
	女	174	47.2		专业技术人员	51	13.8
年龄	<18 岁	4	1.1		企业管理人员	42	11.0
	18—25 岁	160	43.4		自由职业者	68	18.2
	26—35 岁	181	49.0		学生	57	15.7
	>35 岁	24	6.5		国家公务员	10	2.8
					个体户	17	4.7
					其他	26	7.2
教育水平	高中及以下	40	10.8	移动购物经历（年）	<1 年	24	6.5
	专科	134	36.3		1—3 年（含）	153	41.5
	本科	181	49.1		3—5 年（含）	124	33.6
	硕士及以上	14	3.8		>5 年	68	18.4

注：表中数据经过四舍五入处理。下同。

第四节　研究结果

依据文献（Anderson & Gerbing，1988）推荐的结构方程模型的两步检验法：首先检验测量模型的信度与效度，然后分析结构模型与模型假设。

一　信度和效度

本书采用复合信度（Composite reliability，CR）对测度项的外部一致性进行检验。如表 9-2 所示，模型中各变量 CR 值均超过

0.80，说明量表具有较好的信度（Nunnally & Bernstein，1978）。此外，各变量的平均萃取方差都大于0.50，表明量表具有较好的收敛效度。

表9-2　　　　　　　　　　信度与效度分析

因子	测度项	标准负载	CR	AVE
顾客情感体验（AFE）	AFE1	0.910	0.925	0.805
	AFE2	0.916		
	AFE3	0.863		
顾客认知体验（COE）	COE1	0.811	0.913	0.725
	COE2	0.853		
	COE3	0.881		
	COE4	0.859		
顾客忠诚（LOY）	LOY1	0.865	0.889	0.727
	LOY2	0.845		
	LOY3	0.846		

本书对因子的区别效度进行了检验：如果各因子的平均萃取方差的平方根均大于其与其他因子的相关系数，表明测量模型具有较好的区别效度。如表9-3所示，各因子的平均萃取方差的平方根均大于与相应因子的相关系数，保证了较好的区别效度。

表9-3　　　　因子间相关系数与因子AVE值的平方根矩阵

因子	COE	AFE	LOY
COE	0.851		
AFE	0.669	0.897	
LOY	0.580	0.693	0.852

为了进一步检验测量模型的效度和可能存在的共同方法偏差，对量表进行了主成分分析。如表9-4所示，因子负载矩阵按照特

征值大于1的标准抽取出的3个因子总共解释了76.08%的方差，且各指标均有效地反映了其对应的因子，表明了本研究的量表具有较好的效度。

表9-4　　　　　　　　　　因子负载矩阵

因子	1	2	3
COE1	0.561	0.394	0.345
COE2	0.796	0.162	0.316
COE3	0.871	0.271	0.116
COE4	0.833	0.291	0.148
AFE1	0.268	0.825	0.298
AFE2	0.300	0.792	0.306
AFE3	0.335	0.743	0.253
LOY1	0.125	0.478	0.705
LOY2	0.295	0.150	0.830
LOY3	0.190	0.337	0.739
特征值	2.812	2.565	2.231
解释方差	28.123	25.648	22.309
累积解释方差	28.123	53.771	76.080

为了进一步检验可能存在的共同方法偏差，本书采用了哈曼单因子测试方法。结果显示本研究没有单个因子的解释方式占到总体解释方式的大部分，表明了本研究不存在严重的共同方法偏差。

二　假设检验

本书采用PLS软件进行结构模型分析，路径系统的显著水平采用自助法（Bootstrapping）进行评估。

依据研究模型，本书的方程模型为：

$$\begin{cases} \eta_1 = \gamma_{11}\xi_1 + \gamma_{12}\xi_2 + \zeta_1 \\ \eta_2 = \gamma_{21}\xi + \gamma_{22}\xi_2 + \zeta_2 \\ \eta_3 = \beta_{31}\eta_1 + \beta_{32}\eta_2 + \zeta_3 \end{cases} \quad (9-1)$$

其矩阵形式为:

$$\begin{bmatrix} \eta_1 \\ \eta_2 \\ \eta_3 \end{bmatrix} = \begin{bmatrix} 0 & 0 & 0 \\ 0 & 0 & 0 \\ \beta_{31} & \beta_{32} & 0 \end{bmatrix} \begin{bmatrix} \eta_1 \\ \eta_2 \\ \eta_3 \end{bmatrix} + \begin{bmatrix} \gamma_{11} & \gamma_{12} & 0 \\ \gamma_{21} & \gamma_{22} & 0 \\ 0 & 0 & 0 \end{bmatrix} \begin{bmatrix} \xi_1 \\ \xi_2 \\ \xi_3 \end{bmatrix} + \begin{bmatrix} \zeta_1 \\ \zeta_2 \\ \zeta_3 \end{bmatrix}$$

$$(9-2)$$

其中,ξ 表示外生变量,ξ_1 为内部协调性,ξ_2 为外部一致性;η 表示内生变量,η_1 为顾客情感体验,η_2 为顾客认知体验,η_3 为顾客忠诚;γ 表示外生变量与内生变量之间的路径系数,β 表示内生变量与内生变量之间的路径系数;ζ 是内生变量的随机干扰项。

模型的分析结果如图9-2所示,本书的假设均得到了验证。全渠道模式下感知渠道整合的内部协调性显著正向影响顾客情感体验和顾客认知体验,验证了H9-1a和H9-1b;感知全渠道模式下感知渠道整合的外部一致性显著正向影响顾客情感体验和顾客认知体验,验证了H9-2a和H9-2b;顾客情感体验和顾客认知体验进而显著影响顾客忠诚,验证了H9-3a和H9-3b。

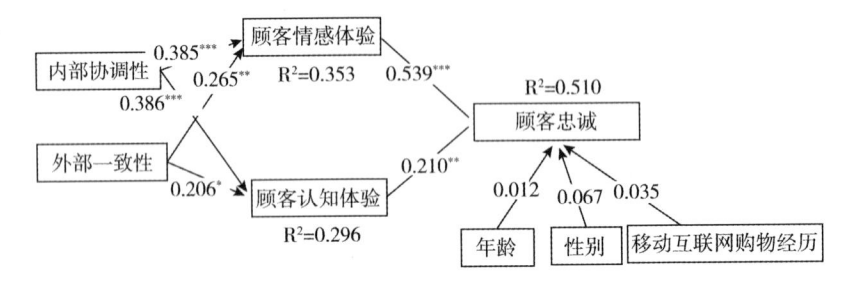

注:* 表示 $p<0.05$;** 表示 $p<0.01$;*** 表示 $p<0.001$。

图9-2 模型分析结果

依据路径系数及其显著水平，全渠道模式下感知渠道整合的内部协调性对顾客情感体验和顾客认知体验的影响比感知渠道整合的外部一致性对顾客情感体验和顾客认知体验的影响大。同样地，从路径系数及其显著水平来看，顾客情感体验对顾客忠诚的影响比顾客认知体验对顾客忠诚的影响大。控制变量（年龄、性别和移动购物经历）对顾客忠诚的影响均不显著。模型因变量顾客情感体验、顾客认知体验和顾客忠诚的 R^2 分别为 0.353、0.296 和 0.510，表明本研究模型具有较好的解释力。

第五节 基本结论

本章实证研究了全渠道模式下感知渠道整合的外部一致性和内部协调性对顾客情感体验、顾客认知体验和顾客忠诚的影响机制。研究结论如下。

（1）研究发现全渠道模式下感知渠道整合的外部一致性显著影响顾客情感体验和顾客认知体验。其中，基于路径系数及其显著水平，外部一致性对顾客情感体验的影响比对顾客认知体验的影响更强，该结果表明全渠道模式下感知渠道整合的一致性（信息一致性和过程一致性）水平确实能提高顾客体验，特别是提高顾客情感体验。因此，本书进一步验证了渠道整合的外部一致性对顾客体验的作用。

（2）研究发现全渠道模式下感知渠道整合的内部协调性显著影响顾客情感体验和顾客认知体验。特别是基于路径系数及其显著水平，全渠道模式下感知渠道整合的内部协调性对顾客体验的影响比外部一致性对顾客体验的影响更大。该结论表明全渠道模式下感知渠道整合的渠道强化、渠道协同、渠道互惠和渠道互补更能促进良好的顾客体验。事实上，全渠道模式下的渠道内部协调性比其外部一致性涉及的因素更复杂，也更关键。主要原因在于全渠道模式下感知渠道整合的内部协调性需要线上与线下在人、财、物和信息各个方面的协同、互补、互惠和强化，而外部一致性主要体现在标识、信息、服务过程的一致性。

（3）研究发现全渠道模式下感知渠道整合通过顾客情感体验和顾客认知体验显著影响顾客忠诚。其中，依据路径系数及其显著水平，顾客情感体验对顾客忠诚的影响大于顾客认知体验对顾客忠诚的影响。该研究结论表明提高顾客情感体验，例如顾客在线上渠道与线下渠道的沉浸体验，将有利于增加顾客对全渠道企业的忠诚度。本书的研究结论可以为全渠道企业的渠道管理实践提供参考。

第十章 研究结论与展望

第一节 研究总结

一 研究结论

本书实证研究了感知渠道整合对不同情景下消费者行为的影响机制。基于感知整合性理论、信任传递理论、期望不确认理论和社会资本理论等理论框架，结合我国新兴零售企业的发展现状与管理实践，综合运用文献综述、调研访谈、理论研究、专家法、问卷调查等多种研究方法，从渠道整合视角系统剖析了感知渠道整合对消费者信任传递行为和使用传递行为的影响机制；揭示了感知渠道整合对消费者社交媒体使用行为和持续购买行为的影响机制；明确了全渠道模式下感知渠道整合的构成与测度；剖析了全渠道模式下感知渠道整合对顾客忠诚的影响机制。本书的主要研究结论如下。

1. 揭示感知渠道整合对消费者信任传递过程的影响机制，丰富了多渠道环境下消费者信任的研究

基于信任传递理论，本书从信任源、信任目标、信任源与信任目标之间的关系三个方面研究了感知渠道整合对 PC 互联网购物向移动互联网购物的信任传递过程的作用机制。本书验证了信任传递

理论用于解释消费者从 PC 互联网购物向移动互联网购物的信任传递过程的适用性。实证发现 PC 互联网信任对移动互联网购物信任存在显著正向影响，同时感知渠道整合对移动互联网购物信任也存在显著正向影响。从路径系数和显著水平而言，感知渠道整合对移动互联网购物信任的影响比 PC 互联网购物信任对移动互联网购物信任的影响要大，表明了感知渠道整合在消费者信任传递过程中的重要作用。此外，感知渠道整合显著正向影响移动互联网购物感知收益，而 PC 互联网购物信任显著并负向影响移动互联网购物感知风险。因此，感知渠道整合不仅可以促进消费者对移动购物平台的信任，还可以增加消费者对移动购物平台的感知收益。移动互联网购物感知风险负向影响移动互联网购物意愿，移动互联网购物信任和感知收益正向影响移动购物意愿。本书的研究成果有助于丰富多渠道环境下消费者信任的研究。

2. 探究感知渠道整合对消费者使用传递行为的影响机制，深化了对多渠道环境下消费者使用传递行为规律的系统认知

基于自我感知理论、期望不确认理论和感知整合性理论，本书研究了多渠道环境下感知渠道整合对消费者使用传递行为的影响机制。研究发现用户的线下实体渠道使用经历经由两条不同路径影响用户线上互联网渠道使用意愿。在线下实体渠道情景下，线下实体渠道使用正向影响线下实体渠道的感知绩效。在线上互联网渠道情景下，线上互联网渠道感知绩效和感知相对优势分别正向影响线上互联网渠道使用意愿。在线下实体渠道到线上互联网渠道的转移过程中，线下实体渠道感知绩效正向影响线上互联网渠道感知绩效，线下实体渠道期望不确认正向影响线上互联网渠道感知相对优势。此外，感知整合性对银行线下实体渠道向线上互联网渠道转移的两条关键路径具有显著的正向调节作用。研究还发现无线上互联网渠道使用经历用户与有线上互联网渠道使用经历用户在从线下实体渠

道向线上互联网渠道转移的两条关键转移路径系数上存在显著差异。本书的研究结论有助于深化对多渠道环境下消费者使用传递行为规律的系统认知。

3. 明确感知渠道整合对移动社会化媒体使用行为的影响机制，丰富了多渠道环境下移动社会化媒体使用行为的研究

基于社会资本理论与感知整合性理论，本书从渠道整合视角研究了感知渠道整合对移动社交网络用户的线上社会资本与线下社会资本及其移动社交网络成瘾行为的影响机制。结构方程模型分析结果显示，移动社交网络服务用户的感知渠道整合对线上渠道的社会互动关系、线下渠道的社会互动关系均存在显著正向影响。这表明使用移动社交网络服务可以加强用户与其线上和线下社交成员之间的社会互动关系，从而有效地融合了人们的线上和线下社交生活。在线上渠道的社会资本方面，研究发现线上社会互动关系和线上社会支持对移动社交网络成瘾存在显著正向影响。这进一步证实了线上社会资本可能会导致用户在使用信息技术时产生负面的技术成瘾。在线下渠道的社会资本方面，研究还发现线下社会支持对移动社交网络成瘾存在显著负向影响。这一研究结果表明在线下渠道环境中存在的社会支持会减少移动社交网络成瘾。本书的研究成果丰富了多渠道环境下移动社会化媒体使用行为的研究。

4. 剖析了感知渠道整合对公众移动政务微博服务持续使用行为的影响机制，深化了对多渠道环境下移动政务社交媒体持续使用行为的系统认知

基于感知价值理论，本书从技术使用者与消费者结合的双重视角研究了感知渠道整合对公众移动政务微博服务持续使用行为的影响机制。研究发现感知渠道整合对公众的感知外部价值（信息价值和社交价值）和感知内在价值（享乐价值和情感价值）存在正向

影响。该结论表明移动政务微博服务环境下感知渠道整合可以促进公众对移动政务微博服务的感知价值。研究还发现感知互动性对公众使用移动政务微博服务的信息价值、社交价值、享乐价值和情感价值均存在显著正向影响，表明公众与政府的互动有助于提升公众的感知价值。研究还发现公众的感知信息价值、社交价值和享乐价值显著地正向影响移动政务微博服务持续使用意愿。这表明公众使用移动政务微博服务的主要目的是获取信息、建立社交关系与追求愉悦体验。基于对路径系数和显著性水平的比较，本书发现信息价值对公众移动政务微博服务持续使用意愿的影响最大，其次是享乐价值和社交价值。本书的研究深化了对多渠道环境下移动政务社交媒体持续使用行为的系统认知。

5. 研究感知渠道整合对消费者持续购买行为的影响机制，丰富了多渠道环境下消费者持续购买行为的理论研究

基于自我调节框架与感知整合性理论，本书研究了多渠道环境下感知渠道整合对消费者持续购买行为的影响机制。研究发现感知渠道整合对感知线上渠道服务质量和感知移动渠道服务质量存在显著正向影响。此外，研究发现感知线上渠道服务质量对感知移动渠道服务质量存在显著正向影响，感知渠道整合通过影响感知线上渠道服务质量和感知移动渠道服务质量对满意度存在间接影响。这进一步突出了感知渠道整合对消费者认知评估和情绪反应的重要作用。研究还发现感知线上渠道服务质量和感知移动渠道服务质量对特定交易满意和累积满意存在显著正向影响。基于路径负载及其显著性水平而言，相较于感知线上渠道服务质量对顾客满意（特定交易满意和累积满意）的影响，感知移动渠道服务质量对特定交易满意和累积满意的影响更强。本书研究了感知渠道整合对线上与移动渠道感知服务质量、顾客满意和持续购买意愿的影响机制，本研究丰富了多渠道环境下消费者持续购买

行为的理论研究。

6. 确定全渠道模式下感知渠道整合的构成与测度，促进了对感知渠道整合的系统认知

基于感知整合性理论，本章从外部一致性和内部协调性两个方面，实证研究了全渠道模式下感知渠道整合的构成及其测度，比较了全渠道模式下感知渠道整合的一阶因子模型和二阶因子模型。研究发现全渠道模式下感知渠道整合的外部一致性包括两个一阶因子（过程一致性和信息一致性），内部协调性包括四个一阶因子（渠道强化、渠道互补、渠道互惠和渠道协同）。依据系数及其显著水平进行比较，研究发现全渠道模式下感知渠道整合的内部协调性比其外部一致性的系数更大，显著水平更高。这表明基于移动互联网的线上线下的协同性是构成全渠道模式下感知渠道整合的关键因素。本书的研究促进了对全渠道模式下感知渠道整合的系统认知。

7. 剖析全渠道模式下感知渠道整合对顾客忠诚的影响规律，扩展了全渠道模式下消费者行为的研究

基于顾客体验理论，本章从顾客情感体验与认知体验两方面对全渠道模式下感知渠道整合与顾客忠诚之间的关系进行研究。研究发现全渠道模式下感知渠道整合的外部一致性和内部协调性显著正向影响顾客情感体验和顾客认知体验，并进一步正向影响顾客忠诚。具体而言，基于路径系数及其显著水平，外部一致性对顾客情感体验的影响比对顾客认知体验的影响更强。全渠道模式下感知渠道整合的内部协调性对顾客体验的影响比外部一致性对顾客体验的影响更大。该结论表明全渠道模式下感知渠道整合的渠道强化、渠道协同、渠道互惠和渠道互补更能促进良好的顾客体验。全渠道模式下感知渠道整合通过顾客情感体验和顾客认知体验显著影响顾客忠诚。依据路径系数和显著水平，顾客情感体验对顾客忠诚的影响大于顾客认知体验对顾客忠诚的影响。本书从顾客体验视角探究全

渠道模式下感知渠道整合对顾客忠诚的影响规律，对上述机制的明确扩展了全渠道模式下消费者行为的研究。

二 研究贡献

基于心理学、管理学和信息技术学等理论，本书系统研究了感知渠道整合对消费者行为的影响机制。本书的创新之处主要体现在如下几个方面。

1. 基于跨渠道传递视角，本书揭示了感知渠道整合对消费者信任传递过程的影响机制

已有文献多基于技术使用视角研究消费者信任，较少从技术使用者与服务消费者结合的视角解释消费者信任。此外，已有研究通常基于单渠道视角研究影响消费者信任的因素，虽然最近一些学者探讨了多渠道环境下消费者信任的前置因素，但往往将不同渠道视为单独的个体，仍未明确跨渠道环境下消费者信任传递过程的内在机理。基于信任传递理论，本书从跨渠道传递视角揭示了信任源与信任目标之间关系（感知渠道整合）对信任源（PC互联网信任）向信任目标（移动互联网信任）传递的信任传递机制。本书的研究深化了对多渠道环境下消费者信任传递规律的系统认知。

2. 基于跨渠道传递视角，本书剖析了感知渠道整合对消费者使用传递过程的影响机制

已有文献基于传统技术采纳模型解释消费者渠道使用传递行为，较少从渠道联系视角研究线下渠道使用经历对线上渠道使用传递行为的影响机制。此外，现有研究对线下渠道与线上渠道之间的渠道协同效应与侵蚀效应仍存在不一致结论。基于感知整合性理论、自我感知理论和期望不确认理论，本书研究了感知渠道整合对渠道间的协同效应与侵蚀效应的影响机制，剖析了多渠道环境下感知渠道整合对消费者使用传递行为的影响机制。本书的研究扩展了多渠道环境下消费者使用传递行为的研究。

3. 基于多渠道整合视角，本书剖析了感知渠道整合对消费者持续使用行为的影响机制

已有文献对多渠道环境下消费者持续购买行为进行了大量研究，但倾向将企业的营销渠道视为彼此相互分离的个体，仍缺乏从渠道整合视角对感知渠道整合如何影响消费者持续购买行为的系统探究。基于感知整合性理论、社会资本理论和效价框架等理论，本书从多渠道整合视角探究了感知渠道整合对移动社交媒体使用行为的影响机制；分析了感知渠道整合对移动政务微博服务持续使用行为的影响机制；剖析了感知渠道整合对消费者持续购买行为的影响机制。本书扩展了多渠道环境下消费者持续使用行为的研究。

4. 基于感知整合性理论，本书从内部协调性与外部一致性两个方面确定了全渠道模式下感知渠道整合的构成与测度

由于感知渠道整合的内涵非常丰富，现有研究对其构成仍存在单维度、多维度和二阶因子三种测量方式。这些不一致的变量测度，导致当前研究结果呈现较大差异，且很难比较不同研究结论。因此，首先需要对其构成与测度进行清晰界定，否则后续研究可能会进一步扩大这种差异。基于感知整合性理论，本书从内部协调性（渠道强化、渠道协同、渠道互惠和渠道互补）与外部一致性（信息一致性和过程一致性）两个方面系统分析了全渠道模式下感知渠道整合的关键构成因子，识别与界定全渠道模式下感知渠道整合的构成与测度。本书的研究深化了对全渠道模式下感知渠道整合的系统认知。

5. 基于顾客体验理论，本书揭示了全渠道模式下感知渠道整合对顾客忠诚的影响机制

已有文献侧重从感知价值、感知服务质量、感知转换成本和顾

客满意等实利因素角度分析对全渠道环境下顾客忠诚的影响，较少考察对顾客体验的影响。全渠道模式下的顾客体验尤其重要，其往往取决于全渠道企业的渠道整合水平。基于顾客体验理论，本书从顾客情感体验和顾客认知体验两方面对全渠道模式下感知渠道整合与顾客忠诚之间的关系进行研究。本研究揭示了全渠道模式下感知渠道整合经由顾客情感体验和顾客认知体验对顾客忠诚的影响机制，丰富了全渠道模式下的消费者行为研究。

第二节 研究局限与展望

基于感知整合性理论、信任传递理论、期望不确认理论和社会资本理论等理论基础，本书从跨渠道传递视角系统揭示了感知渠道整合对消费者信任传递过程的影响机制，剖析了感知渠道整合对消费者使用传递行为的影响机制；从多渠道整合视角揭示了感知渠道整合对消费者社交网络成瘾行为的影响机制，分析了感知渠道整合对公众的移动政务微博服务持续使用行为的影响机制，剖析了感知渠道整合对消费者持续购买行为的影响机制；从全渠道整合视角识别与确定了全渠道模式下感知渠道整合的构成与测度，揭示了全渠道模式下感知渠道整合对顾客忠诚的影响机制。本书的研究不仅可以为学术界进一步研究全渠道模式下感知渠道整合与消费者行为提供理论支持，而且可以为企业的渠道管理实践提供决策参考与行为指南。

一 研究局限

（1）本书的被试样本主要针对单个企业（如京东商城、苏宁云商、新浪微博）的消费者。虽然聚焦于某行业中的单一企业的消费者有利于减少理论模型分析过程中的变量误差和扰动，但也可能妨碍研究结论的普适性。此外，本书的研究数据来源于中国文化情景下的消费者调研，研究结论在不同文化情景下可能会有所不同。鉴于多渠道模式下的企业管理实践越来越普遍，后续研究可以通过收集不同文化情景下不同行业中的不同企业的消费者样本数据对本书提出的理论模型进行验证与比较研究。

（2）在体验经济时代，全渠道模式下顾客体验对顾客行为具有重要影响。本书主要从顾客个体层面研究了全渠道模式下感知渠道整合对顾客体验和顾客忠诚的影响机制。而从企业层面对全渠道模式下感知渠道整合的研究将有利于全渠道企业从企业干预视角对影响感知渠道整合的关键因素进行管理。因此，未来的研究可以从企业层面研究全渠道模式下感知渠道整合对消费者行为的影响机制。

（3）本书研究了全渠道模式下感知渠道整合的构成及其测度，研究结论可以为企业制定全渠道战略提供理论支持与决策参考。由于时间限制，本书仅研究了同一主体控制模式下的感知全渠道整合，还未对不同主体控制的感知全渠道整合进行分析与比较。后续研究可以针对不同主体控制的全渠道模式下感知渠道整合进行深入分析。

（4）本书采用横截面数据对全渠道模式下感知渠道整合及其影响机制进行了研究。而全渠道模式下感知渠道整合及其消费者行为是一个动态变化的过程，采用纵向研究将能更好地捕捉到全渠道模式下感知渠道整合对消费者行为的影响。未来的研究可以收集纵向数据用于探究全渠道模式下感知渠道整合及其对顾客行为的动态影响机制。

二　研究展望

本书从渠道整合视角研究了感知渠道整合对不同情景下消费者

行为的影响机制。本研究丰富了感知渠道整合视角下的消费者行为研究，对学术界的进一步理论研究和企业界的管理实践均具有重要启示作用。鉴于全渠道模式下消费者行为的复杂性，后续仍有大量的研究问题有待学者进一步探讨与研究。

（1）全渠道模式为顾客与企业提供了新的线上、线下互动方式。例如，星巴克和麦当劳等企业利用移动客户端与消费者进行线上与线下的全渠道互动。已有研究主要针对传统 PC 互联网环境下的渠道交互模式，仍缺乏对全渠道模式下渠道交互模式及其对消费者行为的影响机制的系统认知。例如，根据顾企互动的信息交互方式（推式/拉式）和渠道交互方向（线上至线下/线下至线上）可将渠道交互模式分为：线上至线下推式、线下至线上推式、线上至线下拉式、线下至线上拉式。后续研究可以探讨全渠道交互模式对消费者行为的影响机制。

（2）全渠道模式下的消费者行为具有社交属性，因此会受到线下或线上口碑的影响。本书虽然从顾客体验角度研究了全渠道模式下感知渠道整合对消费者行为的影响，但由于时间和精力的限制，并没有讨论线下或线上口碑对全渠道模式下消费者行为的影响机制。后续可以进一步探讨线下或线上口碑对全渠道模式下消费者行为的影响机制。

（3）全渠道模式下的消费者信息搜索和产品购买行为可能并不在同一个渠道进行，顾客在多渠道环境中的购买决策过程增加了企业客户流失的可能性。虽然已有研究对消费者购买决策过程中的信息搜索和购买行为进行了大量探讨。但大部分研究仅考虑了单渠道环境下消费者购买决策过程中的信息搜索和购买行为，仍缺乏对全渠道模式下两阶段消费者购买决策行为的系统探究。后续可以进一步研究全渠道模式下感知渠道整合对两阶段消费者信息搜索和购买行为的影响机制。

（4）随着移动互联网、大数据、人工智能和虚拟现实为代表的数字技术的飞速发展，全渠道模式下的消费者行为越来越多样化与复杂化。这也给全渠道模式下的消费者行为研究带来了新课题。例如，线下实体渠道的智能服务机器人如何影响消费者购买行为，线上虚拟渠道的基于人工智能的智能客服如何影响消费者购买行为，后续可以进一步探究全渠道模式下智能服务机器人或智能客服对消费者行为的影响机制。

参考文献

陈冬梅、王俐珍、陈安霓：《数字化与战略管理理论——回顾、挑战与展望》，《管理世界》2020年第5期。

狄蓉、曹静、赵袁军：《"新零售"时代零售企业商业模式创新》，《企业经济》2020年第4期。

董岳磊：《全渠道零售视域下顾客体验影响要素分析》，《商业经济研究》2018年第13期。

范秀成、郑秋莹、姚唐、穆琳：《顾客满意带来什么忠诚?》，《管理世界》2009年第9期。

姜景、王文韬：《面向突发公共事件舆情的政务抖音研究——兼与政务微博的比较》，《情报杂志》2020年第1期。

蒋侃、徐柳艳：《全渠道整合对渠道互惠的作用机制分析》，《企业经济》2016年第9期。

蒋侃、张子刚：《电子商务环境下的多渠道消费行为分析》，《华东经济管理》2010年第4期。

孔栋、左美云、孙凯：《国外顾客体验文献回顾——一个综合框架》，《中国流通经济》2016年第12期。

李飞：《全渠道服务蓝图——基于顾客体验和服务渠道演化视角的研究》，《北京工商大学学报》2019年第3期。

李飞:《全渠道零售的含义、成因及对策——再论迎接中国多渠道零售革命风暴》,《北京工商大学学报》(社会科学版)2013年第2期。

李飞:《全渠道营销:一种新战略》,《清华管理评论》2015年第z1期。

李飞:《全渠道营销理论——三论迎接中国多渠道零售革命风暴》,《北京工商大学学报》(社会科学版)2014年第3期。

李飞:《迎接中国多渠道零售革命的风暴》,《北京工商大学学报》(社会科学版)2012年第3期。

李飞、李达军、孙亚程:《全渠道零售理论研究的发展进程》,《北京工商大学学报》(社会科学版)2018年第5期。

李震:《谁创造了体验——体验创造的三种模式及其运行机制研究》,《南开管理评论》2019年第5期。

林家宝、鲁耀斌、章淑婷:《网上至移动环境下的信任转移模型及其实证研究》,《南开管理评论》2010年第3期。

刘蕾、于春玲、赵平:《图文信息对消费者互动行为及品牌关系的影响》,《管理科学》2018年第1期。

刘向东:《移动零售下的全渠道商业模式选择》,《北京工商大学学报》(社会科学版)2014年第3期。

龙贞杰、刘遗志:《网络购物行为影响因素实证研究——基于双渠道视角》,《技术经济与管理研究》2013年第10期。

马慧敏:《移动互联时代我国零售企业全渠道模式的应用》,《中国流通经济》2017年第4期。

马庆国:《管理统计》,科学出版社2002年版。

齐永智、张梦霞:《SOLOMO消费驱动下零售企业渠道演化选择:全渠道零售》,《经济与管理研究》2015年第7期。

任成尚:《全渠道整合对消费者满意度的影响研究:基于消费者感知赋权的视角》,《上海管理科学》2018年第1期。

申光龙、彭晓东、秦鹏飞:《虚拟品牌社区顾客间互动对顾客参与价值共创的影响研究——以体验价值为中介变量》,《管理学报》2016年第12期。

石志红:《全渠道零售视角:传统零售企业渠道整合水平研究》,《商业经济研究》2018年第10期。

孙乃娟、李辉:《感知互动一定能产生顾客满意吗?——基于体验价值、消费者涉入度、任务类型作用机制的实证研究》,《经济管理》2011年第12期。

王全胜、韩顺平、陈传明:《西方消费者渠道选择行为研究评析》,《南京社会科学》2009年第7期。

王学军、王子琦:《政民互动、公共价值与政府绩效改进——基于北上广政务微博的实证分析》,《公共管理学报》2017年第3期。

王永贵、马双:《虚拟品牌社区顾客互动的驱动因素及对顾客满意影响的实证研究》,《管理学报》2013年第9期。

阎俊、胡少龙、常亚平:《基于公平视角的网络环境下服务补救对顾客忠诚的作用机理研究》,《管理学报》2013年第10期。

杨瑞:《虚拟品牌社群顾客间互动的结构维度探索及测量量表开发》,《管理学报》2017年第1期。

杨水清:《基于消费者视角的渠道扩展与选择行为研究》,博士学位论文,华中科技大学,2012年。

杨水清:《消费者渠道扩展与选择行为研究》,人民邮电出版社2015年版。

张初兵、李东进、吴波、李义娜:《购物网站氛围线索与感知互动性的关系》,《管理评论》2017年第8期。

张沛然、黄蕾、卢向华、黄丽华:《互联网环境下的多渠道管理研究——一个综述》,《经济管理》2017年第1期。

赵宏霞、王新海、周宝刚:《B2C网络购物中在线互动及临场感与消费者信任研究》，《管理评论》2015 年第 2 期。

赵礼强、郭亚军：《B2C 电子商务模式下多渠道分销系统研究综述》，《管理评论》2010 年第 2 期。

赵文军、易明、王学东：《社交问答平台用户持续参与意愿的实证研究——感知价值的视角》，《情报科学》2017 年第 2 期。

周涛、鲁耀斌：《结构方程模型及其在实证分析中的应用》，《工业工程与管理》2006 年第 5 期。

Ahmad, S. Z., & Khalid, K., The Adoption of M-government Services from the User's Perspectives: Empirical Evidence from the United Arab Emirates, *International Journal of Information Management*, 2017, 37 (5): 367 – 379.

Ailawadi, K. L., & Farris, P. W., Managing Multi-and Omni-Channel Distribution: Metrics and Research Directions, *Journal of Retailing*, 2017, 93 (1): 120 – 135.

Akter, S., Hossain, M. I., Lu, S., Aditya, S., Hossain, T. M. T., & Kattiyapornpong, U., Does Service Quality Perception in Omnichannel Retailing Matter? A Systematic Review and Agenda for Future Research, In *Exploring Omnichannel Retailing*, Springer, 2019.

Aliresearch,《新零售研究报告》(2017 – 03 – 09) [2018 – 03 – 20], http://www.aliresearch.com/.

Al-Natour, S., Benbasat, I., & Cenfetelli, R. T., The Role of Design Characteristics in Shaping Perceptions of Similarity: The Case of Online Shopping Assistants, *Journal of the Association for Information Systems*, 2006, 7 (12): 821 – 861.

Anderson, J., & Gerbing, D., Structural Equation Modeling in Practice: A Review and Recommended Two-step Approach, *Psychological Bulletin*, 1988, 103 (3): 411 – 423.

Badrinarayanan, V., Becerra, E. P., Kim, C. -H., & Madhavaram, S., Transference and Congruence Effects on Purchase Intentions in Online Stores of Multi-channel Retailers: Initial Evidence from The US and South Korea, *Journal of the Academy of Marketing Science*, 2012, 40 (4): 539 –557.

Bagozzi, R. P., & Yi, Y., On the Evaluation of Structural Equation models, *Journal of the Academy of Marketing Science*, 1988, 16 (1): 74 –94.

Bagozzi, R. P., The Self-regulation of Attitudes, Intentions, and Behavior, *Social psychology quarterly*, 1992, 55 (2): 178 –204.

Barnes, S. J., Pressey, A. D., & Scornavacca, E., Mobile Ubiquity: Understanding the Relationship Between Cognitive Absorption, smartphone Addiction and Social Network Services, *Computers in Human Behavior*, 2019, 90: 246 –258.

Beck, N., & Rygl, D., Categorization of Multiple Channel Retailing in Multi-, Cross V, and Omni-Channel Retailing for Retailers and Retailing, *Journal of Retailing and Consumer Services*, 2015, 27: 170 –178.

Becker, L., & Jaakkola, E., Customer Experience: Fundamental Premises and Implications for Research, *Journal of the Academy of Marketing Science*, 2020: 1 –19.

Bela, F., & Aviv, S., Four-mode Channel Interactivity Concept and channel Preferences, *Journal of Services Marketing*, 2010, 24 (1): 29 –41.

Bell, D. R., Gallino, S., & Moreno, A., How to Win in an Omnichannel World, *Mit Sloan Management Review*, 2014, 56 (1): 45 –53.

Bem, D., *Advances in Experimental Social Psychology*, New York: Academic Press, 1972.

Bendoly, E., Blocher, J., Bretthauer, K., Krishnan, S., & Venkataramanan, M., Online/in-store Integration and Customer Retention, *Journal of Service Research*, 2005, 7 (4): 313–327.

Berger, P. D., Lee, J., & Weinberg, B., Optimal Cooperative Advertising Integration Strategy for Organizations Adding a Direct Online Channel, *Journal of the Operational Research Society*, 2005, 57 (8): 920–927.

Bezes, C., Effect of Channel Congruence on a Retailer's Image, *International Journal of Retail & Distribution Management*, 2013, 41 (4): 254–273.

Bhatnagar, N., Lurie, N., & Zeithaml, V., Reasoning about Online and Offline Service Experiences: The Role of Domain-specificity in The formation of Service Expectations, *Advances in Consumer Research*, 2003, 30: 383–384.

Bhattacherjee, A., & Park, S. C., Why End-users Move to The Cloud: a Migration-theoretic Analysis, *European Journal of Information Systems*, 2013, 23 (3): 1–16.

Bhattacherjee, A., & Premkumar, G., Understanding Changes in Belief and Attitude Toward Information Technology Usage: A Theoretical Model and Longitudinal Test, *MIS Quarterly*, 2004, 28 (2): 229–254.

Bhattacherjee, A., Understanding Information Systems Continuance: An Expectation-confirmation Model, *MIS Quarterly*, 2001, 25 (3): 351–370.

Bigné, J. E., Andreu, L., & Gnoth, J., The Theme Park Experience: An Analysis of Pleasure, Arousal and Satisfaction, *Tourism Management*, 2005, 26 (6): 833 – 844.

Blom, A., Lange, F., & Hess, R. L., Omnichannel-based Promotions' Effects on Purchase Behavior and Brand Image, *Journal of Retailing and Consumer Services*, 2017, 39 (Supplement C): 286 – 295.

Bolton, R., & Drew, J., A Multistage Model of Customers' Assessments of Service Quality and Value, *Journal of Consumer Research*, 1991, 17 (4): 375 – 384.

Bolton, R. N., Lemon, K. N., & Verhoef, P. C., The Theoretical Underpinnings of Customer Asset Management: A Framework and Propositions for Future Research, *Journal of the Academy of Marketing Science*, 2004, 32 (3): 271 – 292.

Brown, J. R., & Dant, R. P., The Role of e-Commerce in Multi-Channel Marketing Strategy, In *Handbook of Strategic e-Business Management*: Springer, 2014.

Cai, Y. - J., & Lo, C. K. Y., Omni-channel Management in The New Retailing Era: A Systematic Review and Future Research Agenda, *International Journal of Production Economics*, 2020, 229: 107729.

Campbell, D., Common fate, Similarity, and Other Indices of The Status of Aggregates of Persons as Social Entities, *Behavioral Science*, 1958, 3: 14 – 25.

Cao, L., & Li, L., The Impact of Cross-Channel Integration on Retailers' Sales Growth, *Journal of Retailing*, 2015, 91 (2): 198 – 216.

Cao, X. F., Yu, L. L., Liu, Z. Y., Gong, M. C., & Adeel, L., Understanding Mobile Payment Users' Continuance Intention: A Trust transfer Perspective, *Internet Research*, 2018, 28 (2): 456 – 476.

Cao, Y., Lu, Y., Gupta, S., & Yang, S., The Effects of Differences Between E-commerce and M-commerce on The Consumers' Usage Transfer from Online to Mobile Channel, *International Journal of Mobile Communications*, 2015, 13 (1): 51 – 70.

Caplan, S. E., A Social Skill Account of Problematic Internet Use, *Journal of communication*, 2005, 55 (4): 721 – 736.

Cenfetelli, R. T., & Bassellier, G., Interpretation of Formative Measurement in Information Systems Research, *MIS Quarterly*, 2009, 33 (4): 689 – 707.

Chang, H. H., Wang, Y. – H., & Yang, W. – Y., The Impact of e-service Quality, Customer Satisfaction and Loyalty on E-marketing: Moderating Effect of Perceived Value, *Total Quality Management*, 2009, 20 (4): 423 – 443.

Chang, Y. W., Hsu, P. Y., & Lan, Y. C., Cooperation and Competition Between Online Travel Agencies and Hotels, *Tourism Manage-ment*, 2019, 71: 187 – 196.

Chen, A., Lu, Y., & Wang, B., Enhancing Perceived Enjoyment in Social Games Through Social and Gaming Factors, *Information Technology & People*, 2016, 29 (1): 99 – 119.

Chen, Q., Griffith, D. A., & Shen, F., The Effects of Interactivity on Cross-Channel Communication Effectiveness, *Journal of Interactive Advertising*, 2005, 5 (2): 19 – 28.

Chen, X., Ma, J., Wei, J., & Yang, S., The Role of Perceived Integration in WeChat Usages for Seeking Information and Sharing Comments: A Social Capital Perspective, *Information & Management*, 2020: 103280.

Chen, Y., Cheung, C. M. K., & Tan, C. – W., Omnichannel Business Research: Opportunities and Challenges, *Decision Support Systems*, 2018, 109: 1 –4.

Chin, W. W., Marcolin, B. L., & Newsted, P. R., A Partial Least Squares Latent Variable Modeling Approach for Measuring Interaction Effects: Results from a Monte Carlo Simulation Study and An Electronic-mail Emotion/adoption Study, *Information Systems Research*, 2003, 14 (2): 189 –217.

Chiu, C. - M., Hsu, M. - H., & Wang, E. T., Understanding Knowledge Sharing in Virtual Communities: An Integration of Social Capital and Social Cognitive Theories, *Decision Support Systems*, 2006, 42 (3): 1872 –1888.

Chiu, C. M., Hsu, M. H., Lai, H., & Chang, C. M., Re-examining the Influence of Trust on Online Repeat Purchase Intention: The Moderating Role of Habit and Its Antecedents, *Decision Support Systems*, 2012, 53 (4): 835 –845.

Chiu, C. M., Wang, E. T., Fang, Y. H., & Huang, H. Y., Understanding Customers' Repeat Purchase Intentions in B2C e-Commerce: The Roles of Utilitarian Value, Hedonic Value and Perceived risk, *Information Systems Journal*, 2014, 24 (1): 85 –114.

Chiu, H. C., Hsieh, Y. C., Roan, J., Tseng, K. J., & Hsieh, J. K., The Challenge for Multichannel Services: Cross – channel Free-riding Behavior, *Electronic Commerce Research and Applications*, 2011, 10 (2): 268 –277.

Chiu, S. - I., The Relationship Between Life Stress and Smartphone Addiction on Taiwanese University Student: A Mediation Model of Learning Self-Efficacy and Social Self-Efficacy, *Computers in Human Behavior*, 2014, 34: 49 –57.

Chocarro, R., Cortiñas, M., & Villanueva, M. - L., Situational Variables In Online Versus Offline Channel Choice, *Electronic Commerce Research and Applications*, 2013, 12 (5): 347-361.

Chong, A. Y. - L., Chan, F. T. S., & Ooi, K. - B., Predicting Consumer Decisions to Adopt Mobile Commerce: Cross Country Empirical Examination Between China and Malaysia, *Decision Support Systems*, 2012, 53 (1): 34-43.

Chopdar, P. K., & Balakrishnan, J., Consumers Response Towards mobile Commerce Applications: S-O-R Approach, *International Journal of Information Management*, 2020, 53: 102106.

Chopdar, P. K., Korfiatis, N., Sivakumar, V. J., & Lytras, M. D., Mobile Shopping Apps Adoption and Perceived Risks: A Cross-country Perspective Utilizing the Unified Theory of Acceptance and Use of Technology, *Computers in Human Behavior*, 2018, 86: 109-128.

Choudhury, V., & Karahanna, E., The Relative Advantage of Electronic Channels: A Multidimensional View, *MIS Quarterly*, 2008, 32 (1): 179-200.

Chow, W. S., & Chan, L. S., Social Network, Social Trust and Shared Goals in Organizational Knowledge Sharing, *Information & Management*, 2008, 45 (7): 458-465.

Churchill Jr., G., A paradigm for Developing Better Measures of Marketing Constructs, *Journal of Marketing Research*, 1979, 16 (1): 64-73.

Cocosila, M., Role of User a Priori Attitude in The Acceptance of Mobile health: An Empirical Investigation, *Electronic Markets*, 2013, 23 (1): 15-27.

Cozzarin, B. P., & Dimitrov, S., Mobile Commerce and Device Specific Perceived Risk, *Electronic Commerce Research*, 2016, 16 (3): 1 – 20.

Crawford, M., Sherman, S., & Hamilton, D., Perceived Entitativity, Stereotype Formation, and The Interchangeability of Group Members, *Journal of Personality and Social Psychology*, 2002, 83 (5): 1076 – 1094.

Cronin Jr., J., & Taylor, S., Measuring Service Quality: A Reexamination and Extension, *Journal of Marketing*, 1992, 56 (3): 55 – 68.

Cronin Jr., J., Brady, M., & Hult, G., Assessing the Effects of Quality, Value, and Customer Satisfaction on Consumer Behavioral Intentions in Service Environments, *Journal of Retailing*, 2000, 76 (2): 193 – 218.

Csikszentmihalyi, M., *Beyond Boredom and Anxiety: Experiencing flow in Work and Play*, San Fransisco: Jossey-Bass, 1975.

Csikszentmihalyi, M., The Flow Experience and Its Significance for Human Psychology, Cambridge UK: Cambridge university press, 1988.

Dastane, O., Goi, C. L., Retailing, F. R. J. J. O., & Services, C., A Synthesis of Constructs for Modelling Consumers' Perception of Value from Mobile-commerce (M-VAL), 2020, 55: 102074.

Davis, F., Bagozzi, R., & Warshaw, P., Extrinsic and Intrinsic Motivation to Use Computers in The Workplace, *Journal of Applied Social Psychology*, 1992, 22 (14): 1111 – 1132.

Davis, F., Perceived Usefulness, Perceived Ease of Use, and User Acceptance of Information Technology, *MIS Quarterly*, 1989, 13 (3): 319 – 340.

Davis, R. A., A cognitive-behavioral Model of Pathological Internet use, *Computers in Human Behavior*, 2001, 17 (2): 187 – 195.

Delgado-Ballester, E., & Herná Ndez-Espallardo, M., Effect of Brand Associations on Consumer Reactions to Unknown On-line Brands, *International Journal of Electronic Commerce*, 2008, 12 (3): 81 – 113.

Delone, W. H., The DeLone and McLean Model of Information Systems Success: A Ten-year Update, *Journal of management Information Systems*, 2003, 19 (4): 9 – 30.

De Witt, T., Nguyen, D. T., & Marshall, R., Exploring Customer Loyalty Following Service Recovery The Mediating Effects of Trust and Emotions, *Journal of Service Research*, 2008, 10 (3): 269 – 281.

Dick, A. S., & Basu, K., Customer Loyalty: Toward An Integrated Conceptual Framework, *Journal of the Academy of Marketing Science*, 1994, 22 (2): 99 – 113.

Douglas, A. C., Mills, J. E., Niang, M., Stepchenkova, S., Byun, S., Ruffini, C., Lee, S. K., Loutfi, J., Lee, J. - K., & Atallah, M., Internet Addiction: Meta-synthesis of Qualitative Research for The Decade 1996 – 2006, *Computers in Human Behavior*, 2008, 24 (6): 3027 – 3044.

Escalas, J. E., & Bettman, J. R., Self-construal, Reference Groups, and Brand Meaning, *Journal of Consumer Research*, 2005, 32 (3): 378 – 389.

Esteban-Millat, I., Martínez-López, F. J., Huertas-García, R., Meseguer, A., & Rodríguez-Ardura, I., Modelling Students' Flow Experiences in An Online Learning Environment, *Computers & Education*, 2014, 71: 111 – 123.

Etemad-Sajadi, R., The Impact of Online Real-time Interactivity on Patronage Intention: The Use of Avatars, *Computers in Human Be-*

havior, 2016, 61 (1): 227-232.

Falk, T., Schepers, J., Hammerschmidt, M., & Bauer, H., Identifying Cross-channel Dissynergies for Multichannel Service Providers, *Journal of Service Research*, 2007, 10 (2): 143-160.

Fan, J., & Yang, W., Study on E-government Services Quality: The Integration of Online and Offline Services, *Journal of Industrial Engineering and Management*, 2015, 8 (3).

Fernández-Sabiote, E., & Román, S., Adding Clicks to Bricks: A Study of The Consequences on Customer Loyalty in a Service Context, *Electronic Commerce Research and Applications*, 2012, 11 (1): 36-48.

Fiore, A. M., Jin, H. J., & Kim, J., For fun and Profit: Hedonic Value from Image Interactivity and Responses Toward An Online Store, *Psychology & Marketing*, 2005, 22 (8): 669-694.

Franziska, V., & Sattler, I., Drivers of Brand Extension Success, *Journal of Marketing*, 2006, 70 (2): 18-34.

Gao, F., & Su, X., Omnichannel Retail Operations with Buy-Online-and-Pickup-in-Store, *Management Science*, 2017, 63 (8): 2478-2492.

Gefen, D., Karahanna, E., & Straub, D. W., Trust and TAM in Online Shopping: An Integrated Model, *MIS Quarterly*, 2003, 27 (1): 51-90.

Gil-Garcia, J. R., Chun, S., & Janssen, M., Government Information Sharing and Integration: Combining The Social and The Technical, *Information Polity*, 2009, 14 (1, 2): 1-10.

Goraya, M. A. S., Zhu, J., Akram, M. S., Shareef, M. A., & Bhatti, Z. A., The Impact of Channel Integration on Consumers' Channel Preferences: Do Showrooming and Webrooming Behaviors Matter?, *Journal of Retailing Consumer Services*, 2020: 102130.

Gotlieb, J. B., Grewal, D., & Brown, S. W., Consumer Satisfaction and Perceived Quality: Complementary or Divergent Constructs?, *Journal of Applied Psychology*, 1994, 79 (6): 875 – 885.

Grewal, D., Levy, M., & Kumar, V., Customer Experience Management in Retailing: An Organizing Framework, *Journal of Retailing*, 2009, 85 (1): 1 – 14.

Grewal, D., Roggeveen, A. L., & Nordfält, J., The Future of Retailing, *Journal of Retailing*, 2017, 93 (1): 1 – 6.

Grönroos, C., & Voima, P., Critical Service Logic: Making Sense of Value Creation and Co-creation, *Journal of the Academy of Marketing Science*, 2013, 41 (2): 133 – 150.

Gu, J., Lee, S., & Suh, Y., Determinants of Behavioral Intention to Mobile Banking, *Expert Systems with Applications*, 2009, 36 (9): 11605 – 11616.

Guo, J., Liu, Z., & Liu, Y., Key Success Factors for The Launch of Government Social Media Platform, *Computers in Human Behavior*, 2016, 55 (PB): 750 – 763.

Guo, Z., Tan, F. B., & Cheung, K., Students' Uses and Gratifications for Using Computer-mediated Communication Media in Learning context, *Communications of the Association for Information Systems*, 2010, 27 (1): 339 – 378.

Hair, J. F., Ringle, C. M., & Sarstedt, M., PLS-SEM: Indeed a Silver bullet, *The Journal of Marketing Theory and Practice*, 2011, 19 (2): 139 – 152.

Hamouda, M., Omni-channel Banking Integration Quality and Perceived Value as Drivers of Consumers' Satisfaction and Loyalty, *Journal of Enterprise Information Management*, 2019, 32 (4):

608 – 625.

Hellier, P. K., Geursen, G. M., Carr, R. A., & Rickard, J. A., Customer Repurchase Intention: A General Structural Equation Model, *European Journal of Marketing*, 2003, 37 (11/12): 1762 – 1800.

Hew, J. J., Lee, V. H., Ooi, K. B., & Lin, B. S., Mobile Social Commerce: The Booster for Brand Loyalty?, *Computers in Human Behavior*, 2016, 59: 142 – 154.

Hirschman, E. C., & Holbrook, M. B., Hedonic Consumption: Emerging Concepts, Methods and Propositions, *Journal of Marketing*, 1982, 46: 92 – 101.

Ho, C. -I., Lin, M. -H., & Chen, H. -M., Web Users' Behavioural Patterns of Tourism Information Search: From Online to Offline, *Tourism Management*, 2012, 33 (6): 1468 – 1482.

Hoffman, D. L., & Novak, T. P., Marketing in Hypermedia Computer-Mediated Environments: Conceptual Foundations, *Journal of Marketing*, 1996, 60 (3): 50 – 68.

Holbrook, M. B., Consumption Experience, Customer Value, and Subjective Personal Introspection: An Illustrative Photographic Essay, *Journal of Business Research*, 2006, 59 (6): 714 – 725.

Hong, J. C., Lin, P. H., & Hsieh, P. C., The Effect of Consumer Innovativeness on Perceived Value and Continuance Intention to Use Smartwatch, *Computers in Human Behavior*, 2017, 67: 264 – 272.

Hsiao, C. -C., & Chiou, J. -S., The Effect of Social Capital on Community Loyalty in a Virtual Community: Test of a Tripartite-process Model, *Decision Support Systems*, 2012, 54 (1): 750 – 757.

Hsiao, K. L., What Drives Continuance Intention to Share Location-Based Information?, *International Journal of Mobile Communica-*

tions, 2017, 15（2）: 210 – 233.

Hsu, C. W., & Yeh, C. C., Understanding the Critical Factors for Successful M-commerce Adoption, *International Journal of Mobile Communications*, 2018, 16（1）: 50 – 62.

Hsu, F. – M., & Chen, T. – Y., Understanding Information Systems usage Behavior in E-Government: The role of Context and Perceived Value, *PACIS 2007 Proceedings*, 2007: 41.

Hu, M., Zhang, M., & Luo, N., Understanding Participation on Video Sharing Communities: The Role of Self-construal and Community Interactivity, *Computers in Human Behavior*, 2016, 62（C）: 105 – 115.

Hwang, Y., & Lee, K. C., Investigating the Moderating Role of Uncertainty Avoidance Cultural Values on Multidimensional Online Trust, *Information & Management*, 2012, 49（3 – 4）: 171 – 176.

Hübner, A., Wollenburg, J., Holzapfel, A., & Mena, C., Retail Logistics in The Transition from Multi-channel to Omni-channel, *International Journal of Physical Distribution & Logistics Management*, 2016, 46（6/7）.

Jaeger, P. T., & Bertot, J. C., Transparency and Technological change: Ensuring Equal and Sustained Public Access to Government Information, *Government Information Quarterly*, 2010, 27（4）: 371 – 376.

Jarvenpaa, S. L., & Staples, D. S., The Use of Collaborative Electronic Media for Information Sharing: An Exploratory Study of Determinants, *Journal of Strategic Information Systems*, 2000, 9（2）: 129 – 154.

Jeong, M., Zo, H., Lee, C. H., & Ceran, Y., Feeling Displeasure from Online Social Media Postings: A Study Using Cognitive Dissonance Theory, *Computers in Human Behavior*, 2019, 97 (AUG.): 231-240.

Jiang, Q., Internet Addiction Among Young People in China: Internet Connectedness, Online Gaming, and Academic Performance Decrement, *Internet Research*, 2014, 24 (1): 2-20.

Johnson, A., & Queller, S., The Mental Representations of High and Low Entitativity Groups, *Social Cognition*, 2003, 21 (2): 101-119.

Johnson, G. J., Bruner Ii, G. C., & Kumar, A., Interactivity and its Facets Revisited: Theory and Empirical Test, *Journal of Advertising*, 2006, 35 (4): 35-52.

Johnson, M. D., Customer Satisfaction, *International Encyclopedia of the Social & Behavioral Sciences*, 2001, 5: 3198-3202.

Johnson, M. D., Gustafsson, A., Andreassen, T. W., Lervik, L., & Cha, J., The evolution and Future of National Customer Satisfaction index Models, *Journal of Economic Psychology*, 2001, 22 (2): 217-245.

Jones, M. A., & Suh, J., Transaction-specific Satisfaction and Overall Satisfaction: An Empirical Analysis, *Journal of Services Marketing*, 2000, 14 (2): 147-159.

Kim, D. J., Ferrin, D. L., & Rao, H. R., A Trust-based Consumer Decision-making Model in Electronic Commerce: The Role of Trust, Perceived Risk, and Their Antecedents, *Decision Support Systems*, 2008, 44 (2): 544-564.

Kim, D. J., Ferrin, D. L., & Rao, H. R., Trust and Satisfaction, Two Stepping Stones for Successful E-Commerce Relationships: A Longitudinal Exploration, *Information Systems Research*, 2009, 20

(2): 237-257.

Kim, G., Shin, B., & Lee, H. G., Understanding Dynamics Between Initial Trust and Usage Intentions of Mobile Banking, *Information Systems Journal*, 2009, 19 (3): 283-311.

Kim, H.-W., Xu, Y., & Koh, J., A Comparison of Online Trust Building Factors Between Potential Customers and Repeat Customers, *Journal of the Association for Information Systems*, 2004, 5 (10): 392-420.

Kim, H. W., Chan, H. C., & Gupta, S., Value-based Adoption of Mobile Internet: An Empirical Investigation, *Decision Support Systems*, 2007, 43 (1): 111-126.

Kim, J., & Park, J., A Consumer Shopping Channel Extension Model: Attitude Shift Toward the Online Store, *Journal of Fashion Marketing and Management*, 2005, 9 (1): 106-121.

Kim, S. S., & Malhotra, N. K., A Longitudinal Model of Continued IS Use: An Integrative View of Four Mechanisms Underlying Postadoption Phenomena, *Management Science*, 2005, 51 (5): 741-755.

Kim, S. S., & Son, J. Y., Out of Dedication or Constraint? A Dual Model of Post-Adoption Phenomena and Its Empirical Test in the Context of Online Services, *MIS Quarterly*, 2009, 33 (1): 49-70.

Kim, Y. H., Kim, D. J., & Wachter, K., A Study of Mobile User Engagement (MoEN): Engagement Motivations, Perceived Value, Satisfaction, and Continued Engagement Intention, *Decision Support Systems*, 2013, 56: 361-370.

Kiousis, S., Interactivity: A Concept Explication, *New Media & Society*, 2002, 4 (3): 355-383.

Kirk, C. P., Chiagouris, L., & Gopalakrishna, P., Some People

Just Want to Read: The Roles of Age, Interactivity, and Perceived Usefulness of Print in the Consumption of Digital Information Products, *Journal of Retailing and Consumer Services*, 2012, 19 (1): 168 – 178.

Kollmann, T., Kuckertz, A., & Kayser, I., Cannibalization or Synergy? Consumers' Channel Selection in Online-offline Multichannel Systems, *Journal of Retailing and Consumer Services*, 2012, 19 (2): 186 – 194.

Komiak, S. X., & Benbasat, I., Understanding Customer Trust in Agent-mediated Electronic Commerce, Web-mediated Electronic Commerce, and Traditional Commerce, *Information Technology and Management*, 2004, 5 (1 – 2): 181 – 207.

Komiak, S. Y. X., & Benbasat, I., The Effects of Personalization and Familiarity on Trust and Adoption of Recommendation Agents, *MIS Quarterly*, 2006, 30 (4): 941 – 960.

Koufaris, M., Applying the Technology Acceptance Model and Flow Theory to Online Consumer Behavior, *Information Systems Research*, 2002, 13 (2): 205 – 223.

Kourouthanassis, P. E., & Giaglis, G. M., Introduction to the Special Issue Mobile Commerce: The Past, Present, and Future of Mobile Commerce Research, *International Journal of Electronic Commerce*, 2012, 16 (4): 5 – 18.

Kranzbühler, A. M., Kleijnen, M. H., Morgan, R. E., & Teerling, M., The Multilevel Nature of Customer Experience Research: an Integrative Review and Research Agenda, *International Journal of Management Reviews*, 2018, 20 (2): 433 – 456.

Kuan, H. H., & Bock, G. W., Trust Transference in Brick and Click

Retailers: An Investigation of the Before-online-visit Phase, *Information & Management*, 2007, 44 (2): 175 – 187.

Kumar, A., & Grisaffe, D., Effects of Extrinsic Attributes on Perceived Quality, Customer Value, and Behavioral Intentions in B2B Settings: A Comparison Across Goods and Service Industries, *Journal of Business to Business Marketing*, 2004, 11 (4): 43 – 74.

Kuo, Y. – F., Wu, C. – M., & Deng, W. – J., The Relationships Among Service Quality, Perceived Value, Customer Satisfaction, and Post-purchase Intention in Mobile Value-added Services, *Computers in Human Behavior*, 2009, 25 (4): 887 – 896.

Kuruzovich, J., Viswanathan, S., Agarwal, R., Gosain, S., & Weitzman, S., Marketspace or Marketplace? Online Information Search and Channel Outcomes in Auto Retailing, *Information Systems Research*, 2008, 19 (2): 182 – 201.

Kuss, D. J., & Griffiths, M. D., Online Social Networking and Addiction—a Review of the Psychological Literature, *International Journal of Environmental Research and Public Health*, 2011, 8 (9): 3528 – 3552.

Kwon, W., & Lennon, S., What Induces Online Loyalty? Online Versus Offline Brand Images, *Journal of Business Research*, 2009, 62 (5): 557 – 564.

Landers, V. M., Beatty, S. E., Wang, S., & Mothersbaugh, D. L., The Effect of Online versus Offline Retailer-Brand Image Incongruity on the Flow Experience, *Journal of Marketing Theory & Practice*, 2015, 23 (4): 370 – 387.

LaRose, R., Lin, C. A., & Eastin, M. S., Unregulated Internet Usage: Addiction, Habit, or Deficient Self-regulation?, *Media Psy-

chology, 2003, 5 (3): 225–253.

Lawson, B., Tyler, B. B., & Cousins, P. D., Antecedents and Consequences of Social Capital on Buyer Performance Improvement, *Journal of Operations Management*, 2008, 26 (3): 446–460.

Lazarus, R. S., *Emotion and Adaptation*, Oxford University Press New York, 1991.

Lee, D., Moon, J., Kim, Y. J., & Yi, M. Y., Antecedents and Consequences of Mobile Phone Usability: Linking Simplicity and Interactivity to Satisfaction, Trust, and Brand Loyalty, *Information & Management*, 2015, 52 (3): 295–304.

Lee, H. H., & Kim, J., Investigating Dimensionality of Multichannel Retailer's Cross-Channel Integration Practices and Effectiveness: Shopping Orientation and Loyalty Intention, *Journal of Marketing Channels*, 2010, 17 (4): 281–312.

Lee, K. C., Kang, I., & McKnight, D. H., Transfer from Offline Trust to key Online Perceptions: An Empirical Study, *IEEE Transactions on Engineering Management*, 2007, 54 (4): 729–741.

Lee, M. -C., Factors influencing the Adoption of Internet Banking: An Integration of TAM and TPB with Perceived Risk and Perceived benefit, *Electronic Commerce Research and Applications*, 2009, 8 (3): 130–141.

Lee, T., The Impact of Perceptions of Interactivity on Customer Trust and Transaction Intentions in Mobile Commerce, *Journal of Electronic Commerce Research*, 2005, 6 (3): 165–180.

Lee, Z. W. Y., Chan, T. K. H., Chong, A. Y. -L., & Thadani, D. R., Customer Engagement Through Omnichannel Retailing: The Effects of Channel Integration Quality, *Industrial Marketing*

Management, 2019 (2): 90-101.

Lemon, K. N., & Verhoef, P. C., Understanding Customer Experience Throughout the Customer Journey, *Journal of marketing*, 2016, 80 (6): 69-96.

Leong, L.-Y., Hew, T.-S., Ooi, K.-B., Lee, V.-H., & Hew, J.-J., A hybrid SEM-neural Network Analysis of Social Media Addiction, *Expert Systems with Applications*, 2019, 133: 296-316.

Li, H., & Kuo, C., Russell, "The Impact of Perceived Channel Utilities, Shopping Orientations, and Demographics on Consumer's Online Buying Behavior", *Journal of Computer-Mediated Communication*, 1999, 5 (2): 23-44.

Li, X. L., Troutt, M. D., Brandyberry, A., & Wang, T., Decision Factors for the Adoption and Continued Use of Online Direct Sales Channels among SMEs, *Journal of the Association for Information Systems*, 2011, 12 (1): 1-31.

Li, Y., & Wang, K., What Affects the Advertising Sharing Behavior Among Mobile Sns Users? The Relationships Between Social Capital, Outcome Expectations and Prevention Pride, In *PACIS* 2014 *Proceedings*, 77, Chengdu, 2014.

Li, Y., Liu, H., Lim, E. T. K., Goh, J. M., Yang, F., & Lee, M. K. O., Customer's Reaction to Cross-channel Integration in Omnichannel Retailing: The Mediating Roles of Retailer Uncertainty, Identity Attractiveness, and Switching Costs, *Decision Support Systems*, 2018, 109: 50-60.

Li, Y., Wang, H., Zeng, X., Shuiqing, Y., & Wei, J., Effects of Interactivity on Continuance Intention of Government Microblogging Services: An implication on Mobile Social Media, *International Journal of Mobile Communications*, 2020, 18 (4): 420 – 442.

Li, Y., Yang, S., Chen, Y., & Yao, J., Effects of Perceived online-offline Integration and Internet Censorship on Mobile Government Microblogging Service Continuance: A Gratification Perspective, *Government Information Quarterly*, 2018, 35 (4): 588 – 598.

Liang, H. G., Saraf, N., Hu, Q., & Xue, Y. J., Assimilation of Enterprise Systems: The Effect of Institutional Pressures and the Mediating Role of Top Management, *MIS Quarterly*, 2007, 31 (1): 59 – 87.

Lim, K., Sia, C., Lee, M., & Benbasat, I., Do I Trust You Online, and if so, Will I Buy? An Empirical Study of Two Trust-building Strategies, *Journal of Management Information Systems*, 2006, 23 (2): 233 – 266.

Limayem, M., & Cheung, C. M. K., Understanding Information Systems Continuance: The Case of Internet-based Learning Technologies, *Information & Management*, 2008, 45 (4): 227 – 232.

Lin, C. P., *Assessing the Mediating Role of Online Social Capital Between Social Support and Instant Messaging Usage*: Elsevier Science Publishers B. V, 2011.

Lin, H. C., & Chang, C. M., What Motivates Health Information Exchange in Social Media? The Roles of the Social Cognitive Theory and Perceived Interactivity, *Information & Management*, 2018, 55 (1): 771 – 780.

Lin, H. -H., The Effect of Multi-channel Service Quality on Mobile Customer Loyalty in an Online-and-mobile Retail Context, *The Service Industries Journal*, 2012, 32 (11): 1865 – 1882.

Lin, J., Lu, Y., Wang, B., & Wei, K. K., The Role of Inter-channel Trust Transfer in Establishing Mobile Commerce trust, *Electronic Commerce Research and Applications*, 2011, 10 (6): 615 – 625.

Lin, K.-Y., & Lu, H.-P., Intention to Continue Using Facebook fan Pages From the Perspective of Social Capital Theory, *Cyberpsychology, Behavior, and Social Networking*, 2011, 14 (10): 565 – 570.

Lin, K.-Y., & Lu, H.-P., Why People Use Social Networking Sites: An Empirical Study Integrating Network Externalities and Motivation Theory, *Computers in Human Behavior*, 2011, 27 (3): 1152 – 1161.

Lofman, B., Elements of Experiential Consumption: An Exploratory Study, *Advances in Consumer Research*, 1991, 18 (1): 729 – 735.

Longo, S., Kovacs, E., Franke, J., & Martin, M., Enriching Shopping Experiences with Pervasive Displays and Smart Things, *Proceedings of the 2013 ACM Conference on Pervasive and Ubiquitous Computing Adjunct Publication*, 2013: 991 – 998.

Lowry, P. B., Romano, N. C., Jenkins, J. L., & Guthrie, R. W., The CMC Interactivity Model: How Interactivity Enhances Communication Quality and Process Satisfaction in Lean-media Groups, *Journal of Management Information Systems*, 2009, 26 (1): 155 – 196.

Lu, C.-C., Wu, I.-L., & Hsiao, W.-H., Developing Customer Product Loyalty Through Mobile Advertising: Affective and Cognitive Perspectives, *International Journal of Information Management*, 2019, 47 (1): 101 – 111.

Lu, J., Liu, C., Yu, C., & Wang, K., Determinants of Accepting Wireless Mobile Data Services in China, *Information & Mana-*

gement, 2008, 45 (1): 52-64.

Lu, Y., Cao, Y., Wang, B., & Yang, S., A Study on Factors that Affect Users' Behavioral Intention to Transfer Usage from the Offline to the Online Channel, *Computers in Human Behavior*, 2011, 27 (1): 355-364.

Lu, Y., Yang, S., Chau, P. Y. K., & Cao, Y., Dynamics Between the Trust Transfer Process and Intention to Use Mobile Payment Services: A Cross-environment Perspective, *Information & Management*, 2011, 48 (8): 393-403.

Luo, X., Li, H., Zhang, J., & Shim, J., Examining Multi-dimensional Trust and Multi-faceted Risk in Initial Acceptance of Emerging Technologies: An Empirical Study of Mobile Banking Services, *Decision Support Systems*, 2010, 49 (2): 222-234.

MacKinnon, D. P., *Introduction to Statistical Mediation Analysis*, McGraw-Hill, 2008.

Magsamen-Conrad, K., Billotte-Verhoff, C., & Greene, K., Technology Addiction's Contribution to Mental Wellbeing: The Positive Effect of Online Social Capital, *Computers in Human Behavior*, 2014, 40 (0): 23-30.

Mainardes Emerson, W., Rosa Carlos Anderson de, M., & Nossa Silvania, N., Omnichannel Strategy and Customer Loyalty in Banking, *International Journal of Bank Marketing*, 2020, 38 (4): 799-822.

Mallat, N., Rossi, M., Tuunainen, V., & rni, A., The Impact of Use Context on Mobile Services Acceptance: The Case of Mobile Ticketing, *Information & Management*, 2009, 46 (3): 190-195.

Matzat, U., Reducing Problems of Sociability in Online Communities:

Integrating Online Communication with Offline Interaction, *American Behavioral Scientist*, 2010, 53 (8): 1170 – 1193.

Mayer, R., Davis, J., & Schoorman, F., An Integrative Model of Organizational Trust, *The Academy of Management Review*, 1995, 20 (3): 709 – 734.

McConnell, A., Sherman, S., & Hamilton, D., Target Entitativity: Implications for Information Processing about Individual and Group Targets, *Journal of Personality and Social Psychology*, 1997, 72: 750 – 762.

McKinney, V., Yoon, K., & Zahedi, F., The Measurement of Web-customer Satisfaction: An Expectation and Disconfirmation Approach, *Information Systems Research*, 2002, 13 (3): 296 – 315.

McKnight, D. H., Choudhury, V., & Kacmar, C., Developing and Validating Trust Measures for E-commerce: An Integrative Typology, *Information Systems Research*, 2002, 13 (3): 334 – 359.

Mcmahan, C., Hovland, R., & Mcmillan, S., Online Marketing Communications: Exploring Online Consumer Behavior by Examining Gender Differences and Interactivity Within Internet Advertising, *Journal of Interactive Advertising*, 2009, 10 (1): 61 – 76.

McMillan, S. J., & Hwang, J. -S., Measures of Perceived Interactivity: An Exploration of the Role of Direction of Communication, User Control, and Time in Shaping Perceptions of Interactivity, *Journal of Advertising*, 2002, 31 (3): 29 – 42.

Mero, J., The Effects of Two-way Communication and Chat Service Usage on Consumer Attitudes in the E-commerce Retailing Sector, *Electronic Markets*, 2018, 28 (2): 205 – 217.

Metzger, M. J., Hartsell, E. H., & Flanagin, A. J., Cognitive Dissonance or Credibility? A Comparison of Two Theoretical Explanations for Selective Exposure to Partisan News, *Communication Research*, 2015, 47 (1): 3 – 28.

Mohd Paiz, N., Ali, M., Abdullah, A., & Mansor, Z., The Effects of Service Quality on Satisfaction and Purchase Intention in Mobile Commerce, *International Journal of Business and Management*, 2020, 15 (4): 36 – 42.

Montoya-Weiss, M., Voss, G., & Grewal, D., Determinants of Online Channel Use and Overall Satisfaction with a Relational, Multichannel Service Provider, *Journal of the Academy of Marketing Science*, 2003, 31 (4): 448 – 458.

Mossberger, K., Wu, Y., & Crawford, J., Connecting Citizens and Local Governments? Social Media and Interactivity in Major US Cities, *Government Information Quarterly*, 2013, 30 (4): 351 – 358.

Müller-Lankenau, C., Wehmeyer, K., & Klein, S., Strategic Channel Alignment: An Analysis of The Configuration of Physical and Virtual Marketing Channels, *Information Systems and e-Business Management*, 2006, 4 (2): 187 – 216.

Nahapiet, J., & Ghoshal, S., Social Capital, Intellectual Capital, and the Organizational Advantage, *Academy of Management Review*, 1998, 23 (2): 242 – 266.

Nelson, R. R., Todd, P. A., & Wixom, B. H., Antecedents of information and System Quality: An Empirical Examination Within the Context of Data Warehousing, *Journal of Management Information Systems*, 2005, 21 (4): 199 – 235.

Neslin, S., & Shankar, V., Key Issues in Multichannel Customer Management: Current Knowledge and Future Directions, *Journal of Interactive Marketing*, 2009, 23 (1): 70 – 81.

Neslin, S. A., Grewal, D., Leghorn, R., Shankar, V., Teerling, M. L., Thomas, J. S., & Verhoef, P. C., Challenges and Opportunities in Multichannel Customer Management, *Journal of Service Research*, 2006, 9 (2): 95 – 112.

Nie, J., Zheng, C., Zeng, P., Zhou, B., Lei, L., & Wang, P., Using the Theory of Planned Behavior and the Role of Social Image to Understand Mobile English Learning Check-in Behavior, *Computers & Education*, 2020: 103942.

Nikou, S. A., & Economides, A. A., Mobile-Based Assessment: Integrating Acceptance and Motivational Factors into a Combined Model of Self-Determination Theory and Technology Acceptance, *Computers in Human Behavior*, 2017, 68: 83 – 95.

Novak, T. P., Hoffman, D. L., & Yung, Y. F., Measuring the Customer Experience in Online Environments: A Structural Modeling Approach, *Marketing Science*, 2000, 19 (1): 22 – 42.

Nunnally, J. C., Bernstein, I. H., Psychometric Theory, 2ed Edition, NY: McGraw-Hill, 1978.

Oh, L. -B., Teo, H. -H., & Sambamurthy, V., The Effects of Retail Channel Integration Through the Use of Information Technologies on Firm Performance, *Journal of Operations Management*, 2012, 30 (5): 368 – 381.

Oliver, R., & Burke, R., Expectation Processes in Satisfaction Formation: A Field Study, *Journal of Service Research*, 1999, 1 (3): 196 – 214.

Oliver, R., A cognitive Model of the Antecedents and Consequences of Satisfaction Decisions, *Journal of Marketing Research*, 1980, 17

(4): 460 – 469.

Oliver, R. L., Cognitive, Affective, and Attribute Bases of the Satisfaction Response, *Journal of Consumer Research*, 1993: 418 – 430.

Olsen, L. L., & Johnson, M. D., Service Equity, Satisfaction, and Loyalty: From Transaction-specific to Cumulative Evaluations, *Journal of Service Research*, 2003, 5 (3): 184 – 195.

Ozanne, J., Brucks, M., & Grewal, D., A Study of Information Search Behavior During the Categorization of New Products, *Journal of Consumer Research*, 1992, 18 (4): 452 – 463.

Pagani, M., Racat, M., & Hofacker, C. F., Adding Voice to the Omnichannel and How that Affects Brand Trust, *Journal of Interactive Marketing*, 2019, 48: 89 – 105.

Panagiotopoulos, P., Bigdeli, A. Z., & Sams, S., Citizen-government Collaboration on Social Media: The case of Twitter in the 2011 riots in England, *Government Information Quarterly*, 2014, 31 (3): 349 – 357.

Parasuraman, A., Zeithaml, V. A., & Berry, L. L., SERVQUAL: A Multiple-item Scale for Measuring Consumer Perceptions of Service Quality, *Journal of Retailing*, 1988, 64 (1): 12 – 40.

Park, M., & Park, J., Exploring the Influences of Perceived Interactivity on Consumers'e-shopping Effectiveness, *Journal of Customer Behaviour*, 2009, 8 (4): 361 – 379.

Pavlou, P. A., & Gefen, D., Building Effective Online Marketplaces with Institution-based Trust, *Information Systems Research*, 2004, 15 (1): 37 – 59.

Peijian, S., Cheng, Z., Wenbo, C., & Lihua, H., Understanding Usage-Transfer Behavior Between Nonsubstitutable Technologies: Evidence From Instant Messenger and Portal, *Engineering Management, IEEE Transactions on*, 2009, 56 (3): 412 – 424.

Peter, J., & Tarpey Sr, L., A Comparative Analysis of Three Consumer Decision Strategies, *Journal of Consumer Research*, 1975: 29 – 37.

Petter, S., Straub, D., & Rai, A., Specifying Formative Constructs in Information Systems Research, *MIS Quarterly*, 2007, 31 (4): 623 – 656.

Pine, B. J., & Gilmore, J. H., Welcome to the Experience Economy, *Harvard Business Review*, 1998, 76: 97 – 105.

Podsakoff, M. P., & Organ, D. W., Self-reports in Organizational Research: Problems and Prospects, *Journal of Management*, 1986, 12 (4): 531 – 544.

Podsakoff, M. P., MacKenzie, B. S., Lee, Y. J., & Podsakoff, P. N., Common Method Biases in Behavioral Research: A critical Review of the Literature and Recommended Remedies, *Journal of Applied Psychology*, 2003, 88 (5): 879 – 903.

Pookulangara, S., Hawley, J., & Xiao, G., Explaining Multichannel Consumer's Channel-migration Intention Using Theory of Reasoned action, *International Journal of Retail & Distribution Management*, 2011, 39 (3): 183 – 202.

Preacher, K. J., & Hayes, A. F., Asymptotic and Resampling Strategies for Assessing and Comparing Indirect Effects in Multiple Mediator Models, *Behavior Research Methods*, 2008, 40 (3): 879 – 891.

Preece, J., Sociability and Usability in Online Communities: Determining and Measuring Success, *Behaviour & Information Technology*, 2001, 20 (5): 347 – 356.

Rafique, H. , Almagrabi, A. O. , Shamim, A. , Anwar, F. , & Bashir, A. K. , Investigating the Acceptance of Mobile Library Applications with an Extended Technology Acceptance Model (TAM), *Computers & Education*, 2020, 145: 103732.

Ranganathan, S. K. , Madupu, V. , Sen, S. , & Brooks, J. R. , Affective and Cognitive Antecedents of Customer Loyalty Towards E-mail Service Providers, *Journal of Services Marketing*, 2013, 27 (3): 195 – 206.

Rangaswamy, A. , & Van Bruggen, G. , Opportunities and Challenges in Multichannel Marketing: An Introduction to the Special Issue, *Journal of Interactive Marketing*, 2005, 19 (2): 5 – 11.

Ridings, C. M. , & Gefen, D. , Virtual Community Attraction: Why people Hang Out Online, *Journal of Computer-Mediated Communication*, 2004, 10 (1): 00 – 00.

Rigby, D. , The Future of Shopping, *Harvard Business Review*, 2011, 89 (12): 64 – 75.

Robert, L. P. , Denis, A. R. , & Hung, Y. – T. C. , Individual Swift trust and Knowledge-based Trust in Face-to-face and Virtual Team Members, *Journal of Management Information Systems*, 2009, 26 (2): 241 – 279.

Robey, D. , Schwaig, K. S. , & Jin, L. , Intertwining Material and Virtual Work, *Information and Organization*, 2003, 13 (2): 111 – 129.

Rodríguez-Torrico, P. , Cabezudo, R. S. J. , & San-Martín, S. , Tell me What They are Like and I Will Tell You Where They Buy. An Analysis of Omnichannel Consumer Behavior, *Computers in Human Behavior*, 2017, 68: 465 – 471.

Rogers, E. , Diffusion of Innovations, Fourth Edition New York: The

Free Dress, 1995.

Romaniuk, J., & Nenycz-Thiel, M., Behavioral Brand Loyalty and Consumer Brand Associations, *Journal of Business Research*, 2011, 66 (1): 67 – 72.

Rose, S., Clark, M., Samouel, P., & Hair, N., Online Customer Experience in E-retailing: An Empirical Model of Antecedents and Outcomes, *Journal of Retailing*, 2012, 88 (2): 308 – 322.

Saghiri, S., Wilding, R., Mena, C., & Bourlakis, M., Toward a Three-dimensional Framework for Omni-channel, *Journal of Business Research*, 2017, 77 (8): 53 – 67.

Salehan, M., & Negahban, A., Social Networking on Smartphones: When Mobile Phones Become Addictive, *Computers in Human Behavior*, 2013, 29 (6): 2632 – 2639.

Sandlin, K., & Obrenovich, B., How to Make the Most of Omnichannel Retailing: Interaction, *Harvard Business Review*, 2016, 94 (10): 19 – 23.

Schmitt, B., Zarantonello, L., & Brakus, J., Brand Experience: What Is It? How Is It Measured? Does it Affect Loyalty?, *Journal of Marketing*, 2009, 73 (3): 52 – 68.

Schmitt, B. H., Experiential Marketing: How to Get Customers to Sense, Feel, Think, Act and Relate to Your Company and Brand, New York: Free press, 1999.

Schramm-Klein, H., Wagner, G., Steinmann, S., & Morschett, D., Cross-channel Integration-is it Valued by Customers?, *The International Review of Retail, Distribution and Consumer Research*, 2011, 21 (5): 501 – 511.

Scott, M., Delone, W., & Golden, W., Measuring E-Government

Success: A Public Value Approach, *European Journal of Information Systems*, 2016, 25 (3): 187 – 208.

Seck, A. M., & Philippe, J., Service Encounter in Multi-channel Distribution Context: Virtual and Face-to-face Interactions and Consumer Satisfaction, *The Service Industries Journal*, 2013, 33 (6): 565 – 579.

Selwyn, N., & Aagaard, J., Banning Mobile Phones from Classrooms-An Opportunity to Advance Understandings of Technology Addiction, Distraction and Cyberbullying, *British Journal of Educational Technology*, 2020: In press.

Shang Hai-Announcement, The official Weibo of the News Office of Shanghai Municipal Government (2018 – 02 – 16), [2019 – 02 – 21], 2018. https://weibo.com/shanghaicity.

Shankar, V., Smith, A., & Rangaswamy, A., Customer Satisfaction and Loyalty in Online and Offline Environments, *International Journal of Research in Marketing*, 2003, 20 (2): 153 – 175.

Shao, Z., Zhang, L., Li, X. T., & Guo, Y., Antecedents of Trust and Continuance Intention in Mobile Payment Platforms: The Moderating Effect of Gender, *Electronic Commerce Research and Applications*, 2019, 33: 100823.

Sharma, S. K., Integrating Cognitive Antecedents into TAM to Explain Mobile Banking Behavioral Intention: A SEM-neural Network Modeling, *Information Systems Frontiers*, 2017: 1 – 13.

Shen, X. – L., Li, Y. – J., Sun, Y., & Wang, N., Channel Integration Quality, Perceived Fluency and Omnichannel Service usage: The Moderating Roles of Internal and External Usage Experience, *Decision Support Systems*, 2018, 109 (5): 61 – 73.

Sheth, J. N., Newman, B. I., & Gross, B. L., Why We Buy What We Buy: A Theory of Consumption Values, *Journal of Business Research*, 1991, 22 (2): 159 – 170.

Sicilia, M., Ruiz, S., & Munuera, J. L., Effects of Interactivity in a Web Site: The Moderating Effect of Need for Cognition, *Journal of Advertising*, 2005, 34 (3): 31 – 44.

Slack, F., Rowley, J., & Coles, S., Consumer Behaviour in Multi-channel Contexts: The Case of a Theatre Festival, *Internet Research*, 2008, 18 (1): 46 – 59.

Song, G., & Song, S., Fostering Supply Chain Integration in Omni-channel Retailing Through Human Resource Factors: Empirical Study in China's Market, *International Journal of Logistics Research and Applications*, 2020: 1 – 22.

Song, P., Zhang, C., Chen, W., & Huang, L., Understanding usage-transfer Behavior Between Nonsubstitutable Technologies: Evidence from Instant Messenger and Portal, *IEEE Transactions on Engineering Management*, 2009, 56 (3): 412 – 424.

Sousa, R., & Voss, C. A., Service Quality in Multichannel Services Employing Virtual Channels, *Journal of Service Research*, 2006, 8 (4): 356 – 371.

Soysal, G., & Krishnamurthi, L., How Does Adoption of the Outlet Channel Impact Customers' Spending in the Retail Stores: Conflict or Synergy?, *Management Science*, 2015.

Stewart, K., How Hypertext Links Influence Consumer Perceptions to Build and Degrade Trust Online, *Journal of Management Information Systems*, 2006, 23 (1): 183 – 210.

Stewart, K. J., Trust Transfer on the World Wide Web, *Organization*

Science, 2003, 14 (1): 5 – 17.

Stieger, S., Burger, C., Bohn, M., & Voracek, M., Who Commits Virtual Identity Suicide? Differences in Privacy Concerns, Internet Addiction, and Personality Between Facebook Users and Quitters, *Cyberpsychology, Behavior, and Social Networking*, 2013, 16 (9): 629 – 634.

Subrahmanyam, K., Reich, S. M., Waechter, N., & Espinoza, G., Online and Offline Social Networks: Use of Social Networking Sites by Emerging Adults, *Journal of Applied Developmental Psychology*, 2008, 29 (6): 420 – 433.

Sun, Y., Fang, Y., Lim, K. H., & Straub, D., User Satisfaction with Information Technology Service Delivery: A Social Capital Perspective, *Information Systems Research*, 2012, 23 (4): 1195 – 1211.

Suryandari, R. T., & Paswan, A. K., Online Customer Service and Retail Type-product Congruence, *Journal of Retailing and Consumer Services*, 2014, 21 (1): 69 – 76.

Susanto, T. D., & Goodwin, R., User acceptance of SMS-based E-government Services: Differences Between Adopters and Non-adopters, *Government Information Quarterly*, 2013, 30 (4): 486 – 497.

Sutcliffe, A., & Hart, J., Analyzing the Role of Interactivity in User Experience, *International Journal of Human-Computer Interaction*, 2017, 33 (3): 229 – 240.

Tandon, A., Sharma, H., & Aggarwal, A. G., Examining the Relationship Between Customer-Oriented Success Factors, Customer Satisfaction, and Repurchase Intention for Mobile Commerce. In P. K. Kapur, O. Singh, S. K. Khatri & A. K. Verma (Eds.), *Strategic System Assurance and Business Analytics*, Singapore: Springer

Singapore, 2020.

Teerling, M. L., & Huizingh, K. R. E., *How About Integration: The Impact of Online Activities on Store Satisfaction and Loyalty*: Citeseer, 2004.

Teo, H. -H., Oh, L. -B., Liu, C., & Wei, K. -K., An Empirical Study of the Effects of Interactivity on Web User Attitude, *International Journal of Human-computer Studies*, 2003, 58 (3): 281–305.

Thomas, J., & Sullivan, U., Managing Marketing Communications with Multichannel Customers, *Journal of Marketing*, 2005, 69 (4): 239–251.

Toufaily, E., & Pons, F., Impact of Customers' Assessment of Website Attributes on E-relationship in the Securities Brokerage Industry: A Multichannel Perspective, *Journal of Retailing and Consumer Services*, 2017, 34 (1): 58–69.

Trepte, S., Reinecke, L., & Juechems, K., The Social Side of Gaming: How Playing Online Computer Games Creates Online and Offline Social Support, *Computers in Human Behavior*, 2012, 28 (3): 832–839.

Tsai, H. F., Cheng, S. H., Yeh, T. L., Shih, C. -C., Chen, K. C., Yang, Y. C., & Yang, Y. K., The Risk Factors of Internet Addiction—a Survey of University Freshmen, *Psychiatry Research*, 2009, 167 (3): 294–299.

Tse, D., & Wilton, P., Models of Consumer Satisfaction Formation: An extension, *Journal of Marketing Research*, 1988, 25 (2): 204–212.

Turban, E., Outland, J., King, D., Lee, J. K., Liang, T. P., & Turban, D. C., Mobile Commerce and the Internet of Things, 2018.

Turel, O., & Serenko, A., The Benefits and Dangers of Enjoyment with Social Networking Websites, *European Journal of Information Systems*, 2012, 21 (5): 512 – 528.

Turel, O., Serenko, A., & Giles, P., Integrating Technology Addiction and Use: An Empirical Investigation of Online Auction Users, *MIS Quarterly*, 2011, 35 (4): 1043 – 1061.

Van Birgelen, M., de Jong, A., & de Ruyter, K., Multi-channel Service Retailing: The Effects of Channel Performance Satisfaction on Behavioral Intentions, *Journal of Retailing*, 2006, 82 (4): 367 – 377.

Van Vaerenbergh, Y., Larivière, B., & Vermeir, I., The Impact of Process Recovery Communication on Customer Satisfaction, Repurchase Intentions, and Word-of-mouth Intentions, *Journal of Service Research*, 2012, 15 (3): 262 – 279.

Venkatesan, R., Kumar, V., & Ravishanker, N., Multichannel Shopping: Causes and Consequences, *Journal of Marketing*, 2007, 71 (2): 114 – 132.

Verhagen, T., & van Dolen, W., Online Purchase Intentions: A Multi-channel Store Image Perspective, *Information & Management*, 2009, 46 (2): 77 – 82.

Verhoef, P., Neslin, S., & Vroomen, B., Multichannel Customer Management: Understanding the Research-shopper Phenomenon, *International Journal of Research in Marketing*, 2007, 24 (2): 129 – 148.

Verhoef, P. C., & Donkers, B., The Effect of Acquisition Channels on Customer Loyalty and Cross-buying, *Journal of Interactive Marketing*, 2005, 19 (2): 31 – 43.

Verhoef, P. C., Kannan, P. K., & Inman, J. J., From Multi-Channel Retailing to Omni-Channel Retailing: Introduction to the Special Issue on Multi-Channel Retailing, *Journal of Retailing*, 2015, 91 (2): 174 – 181.

Verhoef, P. C., Lemon, K. N., Parasuraman, A., Roggeveen, A., Tsiros, M., & Schlesinger, L. A., Customer Experience Creation: Determinants, Dynamics and Management Strategies, *Journal of Retailing*, 2009, 85 (1): 31 – 41.

Wagner, G., Schramm-Klein, H., & Steinmann, S., Effects of Cross-channel Synergies and Complementarity in a Multichannel E-commerce System-an Investigation of the Interrelation of E-commerce, M-commerce and IETV-commerce, *The International Review of Retail, Distribution and Consumer Research*, 2013, 23 (5): 571 – 581.

Wagner, H. – T., Beimborn, D., & Weitzel, T., How Social Capital Among Information Technology and Business Units Drives Operational Alignment and IT Business Value, *Journal of Management Information Systems*, 2014, 31 (1): 241 – 272.

Wallace, D., Giese, J., & Johnson, J., Customer Retailer Loyalty in the Context of Multiple Channel Strategies, *Journal of Retailing*, 2004a, 80 (4): 249 – 263.

Wallace, D. W., Giese, J. L., & Johnson, J. L., Customer Retailer Loyalty in the Context of Multiple Channel Strategies, *Journal of Retailing*, 2004b, 80 (4): 249 – 263.

Walsh, S. P., White, K. M., Cox, S., & Young, R. M., Keeping in Constant Touch: The Predictors of Young Australians' Mobile Phone Involvement, *Computers in Human Behavior*, 2011, 27 (1): 333 – 342.

Wang, C., Antecedents and Consequences of Perceived Value in Mobile Government Continuance Use: An Empirical Research in China, *Computers in Human Behavior*, 2014, 34: 140 – 147.

Wang, E. S. - T., & Chen, L. S. - L., Forming Relationship Commitments to Online Communities: The Role of Social Motivations, *Computers in Human Behavior*, 2012, 28 (2): 570 – 575.

Wang, E. S. - T., & Wang, M. C. - H., Social Support and Social Interaction Ties on Internet Addiction: Integrating Online and Offline Contexts, *Cyberpsychology, Behavior, and Social Networking*, 2013, 16 (11): 843 – 849.

Wang, N., Shen, X. - L., & Sun, Y., Transition of Electronic Word-of-mouth Services from Web to Mobile Context: A Trust Transfer Perspective, *Decision Support Systems*, 2013, 54 (3): 1394 – 1403.

Wang, R. J. - H., Malthouse, E. C., & Krishnamurthi, L., On the go: How Mobile Shopping Affects Customer Purchase Behavior, *Journal of Retailing*, 2015, 91 (2): 217 – 234.

Wang, X., Mobile SNS Addiction as A Learned Behavior: A Perspective from Learning Theory, *Media Psychology*, 2019. DOI: 10. 1080/15213269. 2019. 1605912.

Wang, Y. J., Hernandez, M. D., & Minor, M. S., Web Aesthetics effects on Perceived Online Service Quality and Satisfaction in An e-tail Environment: The Moderating Role of Purchase Task, *Journal of Business Research*, 2010, 63 (9 – 10): 935 – 942.

Wasko, M. M., & Faraj, S., Why Should I Share? Examining Social Capital and Knowledge Contribution in Electronic Networks of Practice, *MIS Quarterly*, 2005, 29 (1): 35 – 57.

Wiener, M., Hossbach, N., & Saunders, C., Omnichannel Businesses in the Publishing and Retailing Industries: Synergies and Tensions Between Coexisting Online and Offline Business Models, *Decision Support Systems*, 2018, 109: 15 – 26.

Williams, D., Ducheneaut, N., Xiong, L., Zhang, Y., Yee, N., & Nickell, E., From Tree House to Barracks: The Social Life of Guilds in World of Warcraft, *Games and Culture*, 2006, 1 (4): 338 – 361.

Williams, P., & Soutar, G. N., Value, Satisfaction and Behavioral Intentions in an Adventure Tourism Context, *Annals of Tourism Research*, 2009, 36 (3): 413 – 438.

Wu, G., The Mediating Role of Perceived Interactivity in the Effect of Actual Interactivity on Attitude Toward the Website, *Journal of Interactive Advertising*, 2005, 5 (2): 29 – 39.

Wu, G. M., *The role of Perceived Interactivity in Interactive ad Processing*, The University of Texas at Austin, 2000.

Wu, I. - L., & Wu, S. - M., A Strategy-based Model for Implementing Channel Integration in E-commerce: An Empirical Examination, *Internet Research*, 2015, 25 (2): 239 – 261.

Xu, H., Teo, H. - H., Tan, B. C., & Agarwal, R., The Role of Push-pull Technology in Privacy Calculus: the Case of Location-based Services, *Journal of Management Information Systems*, 2009, 26 (3): 135 – 174.

Xu, X., & Jackson, J. E. J. I. J. O. P. E., Investigating the Influential Factors of Return Channel Loyalty in Omni-Channel Retailing, 2019, 216: 118 – 132.

Xu, X., Venkatesh, V., Tam, K. Y., & Hong, S. - J., Model of

Migration and Use of Platforms: Role of Hierarchy, Current Generation, and Complementarities in Consumer Settings, *Management Science*, 2010, 56 (8): 1304 – 1323.

Xu, Z., Turel, O., & Yuan, Y., Online Game Addiction Among Adolescents: Motivation and Prevention Factors, *European Journal of Information Systems*, 2012, 21 (3): 321 – 340.

Yang, H. L., & Lin, C. L., Why Do People Stick to Facebook Web site? A Value Theory-based View, *Information Technology & People*, 2014, 27 (1): 21 – 37.

Yang, S., & Lee, Y. J., The Dimensions of M-Interactivity and Their Impacts in the Mobile Commerce Context, *International Journal of Electronic Commerce*, 2017, 21 (4): 548 – 571.

Yang, S., Chen, Y., & Wei, J., Understanding Consumers' Web-mobile Shopping Extension Behavior: A Trust Transfer Perspective, *Journal of Computer Information Systems*, 2015, 55 (2): 78 – 87.

Yang, S., Hui, J., Yao, J., Chen, Y., & Wei, J., Perceived Values on Mobile GMS Continuance: A Perspective from Perceived Integration and Interactivity, *Computers in Human Behavior*, 2018, 89 (1): 16 – 26.

Yang, S., Liu, Y., & Wei, J., Social Capital on Mobile SNS Addiction: A Perspective from Online and Offline Channel Integrations, *Internet Research*, 2016, 26 (4): 982 – 1000.

Yang, S., Lu, Y., & Chua, P. Y. K., Why Do Consumers Adopt Online Channel? An Empirical Investigation of Two Channel Extension Mechanisms, *Decision Support Systems*, 2013, 54 (2): 858 – 869.

Yang, S., Lu, Y., & Gupta, S., An Empirical Investigation of Mobile Services' Cross-category Promotions, *International Journal of*

Mobile Communications, 2013, 11 (6): 580 – 596.

Yang, S., Lu, Y., Chau, P. Y. K., & Gupta, S., Role of Channel Integration on the Service Quality, Satisfaction, and Repurchase Intention in a Multi-channel (Online-cum-mobile) Retail Environment, *International Journal of Mobile Communications*, 2017, 15 (1): 1 – 25.

Yang, s., Lu, Y., Chen, Y., & Gupta, S., Understanding Consumers' Mobile Channel Continuance: an Empirical Investigation of two Fitness Mechanisms, *Behaviour & Information Technology*, 2015, 34 (12): 1135 – 1146.

Yang, S., Lu, Y., Gupta, S., Cao, Y., & Zhang, R., Mobile Payment Services Adoption Across Time: An Empirical Study of the Effects of Behavioral Beliefs, Social Influences, and Personal Traits, *Computers in Human Behavior*, 2012, 28 (1): 129 – 142.

Yang, S., Lu, Y., Wang, B., & Zhao, L., The Benefits and Dangers of Flow Experience in High School Students' Internet Usage: The Role of Parental Support, *Computers in Human Behavior*, 2014, 41 (0): 504 – 513.

Yang, S., Lu, Y., Zhao, L., & Gupta, S., Empirical Investigation of Customers' Channel Extension Behavior: Perceptions Shift Toward the Online Channel, *Computers in Human Behavior*, 2011, 27 (5): 1688 – 1696.

Yang, S., Role of Transfer-based and Performance-based Cues on Initial trust in Mobile Shopping Services: A Cross-environment Perspective, *Information Systems and e-Business Management*, 2015: 1 – 24.

Yang, S., Wang, Y., & Wei, J., Integration and Consistency Between Web and Mobile Services, *Industrial Management & Data Systems*, 2014, 114 (8): 1246 – 1269.

Yang, S., Zhou, Y., Yao, J., Chen, Y., & Wei, J., Understanding Online Review Helpfulness in Omnichannel Retailing, *Industrial Management & Data Systems*, 2019, 119 (8): 1565 – 1580.

Yang, S. Q., Lu, Y. B., & Chau, P. Y. K., Why Do Consumers Adopt Online Channel? An Empirical Investigation of Two Channel Extension Mechanisms, *Decision Support Systems*, 2013, 54 (2): 858 – 869.

Yang, S. Q., Role of Transfer-based and Performance-based Cues on Initial Trust in Mobile Shopping Services: A Cross-environment Perspective, *Information Systems and E-Business Management*, 2016, 14 (1): 47 – 70.

Yang, S. Q., Wang, B., & Lu, Y. B., Exploring the Dual Outcomes of Mobile Social Networking Service Enjoyment: The Roles of Social Self-efficacy and Habit, *Computers in Human Behavior*, 2016, 64: 486 – 496.

Yang, Y., Gong, Y., Land, L. P. W., & Chesney, T., Understanding the Effects of Physical Experience and Information Integration on Consumer Use of Online to Offline Commerce, *International Journal of Information Management*, 2020, 51: 102046.

Yeh, J. C., Hsiao, K. L., & Yang, W. N., A Study of Purchasing Behavior in Taiwan's Online Auction Websites: Effects of Uncertainty and Gender Differences, *Internet Research*, 2012, 22 (1): 98 – 115.

Yeh, Y. -C., Ko, H. -C., Wu, J. Y. -W., & Cheng, C. -P., Gender Differences in Relationships of Actual and Virtual Social Support to Internet Addiction Mediated Through Depressive Symptoms Among College Students in Taiwan, *Cyber Psychology & Behavior*, 2008, 11 (4): 485-487.

Yixiao Li, S. Y., Yuangao Chen, Jianrong Yao, Effects of Perceived Online-offline Integration and Internet Censorship on Mobile Government Microblogging Service Continuance: A Gratification Perspective, *Government Information Quarterly*, 2018, 35 (4): 588-598.

Yoo, W.-S., Lee, Y., & Park, J., The Role of Interactivity in E-tailing: Creating Value and Increasing Satisfaction, *Journal of Retailing and Consumer Services*, 2010, 17 (2): 89-96.

Yuguo, L., How to Foster Citizen Reblogging of a Government Microblog: Evidence From Local Government Publicity Microblogs in China, *International Journal of Public Administration in the Digital Age*, 2018, 5 (3): 1-15.

Zeithaml, V. A., Consumer Perceptions of Price, Quality, and Value: A Means-End Model and Synthesis of Evidence, *Journal of Marketing*, 1988, 52 (3): 2-22.

Zhang, C.-B., Li, Y.-N., Wu, B., & Li, D.-J., How WeChat Can Retain Users: Roles of Network Externalities, Social interaction Ties, and Perceived Values in Building Continuance Intention, *Computers in Human Behavior*, 2017, 69: 284-293.

Zhang, J., Farris, P., Kushwaha, T., Irvin, J., Steenburgh, T., & Weitz, B., Crafting Integrated Multichannel Retailing Strategies, *Journal of Interactive Marketing*, 2010, 24 (2): 168-180.

Zhang, J., Farris, P. W., Irvin, J. W., Kushwaha, T., Steenburgh, T. J., & Weitz, B. A., Crafting Integrated Multichannel Retailing Strategies, *Journal of Interactive Marketing*, 2010, 24 (2): 168-180.

Zhang, M. , Ren, C. , Wang, G. A. , & He, Z. , The Impact of Channel Integration on Consumer Responses in Omni-channel Retailing: The Mediating Effect of Consumer Empowerment, *Electronic Commerce Research and Applications*, 2018, 28: 181 – 193.

Zhao, L. , & Lu, Y. , Enhancing Perceived Interactivity Through Network Externalities: An Empirical Study on Micro-blogging Service Satisfaction and Continuance Intention, *Decision Support Systems*, 2012, 53 (4): 825 – 834.

Zhao, L. , Lu, Y. , Wang, B. , Chau, P. Y. , & Zhang, L. , Cultivating the Sense of Belonging and Motivating User Participation in Virtual Communities: A Social Capital Perspective, *International Journal of Information Management*, 2012, 32 (6): 574 – 588.

Zhao, L. , Lu, Y. , Zhang, L. , & Chau, P. Y. , Assessing the Effects of Service Quality and Justice on Customer Satisfaction and the Continuance Intention of Mobile Value-added Services: An Empirical Test of a Multidimensional Model, *Decision Support Systems*, 2012, 52 (3): 645 – 656.

Zhao, X. , Lynch, J. G. , & Chen, Q. , Reconsidering Baron and Kenny: Myth and Truth About Mediation, *Journal of Consumer Research*, 2010, 37 (2): 197 – 206.

Zhou, T. , & Lu, Y. B. , The Effect of Interactivity on the Flow Experience of Mobile Commerce User, *International Journal of Mobile Communications*, 2011, 9 (3): 225 – 242.

Zhou, T. , An Empirical Examination of Continuance Intention of Mobile Payment Services, *Decision Support Systems*, 2013b, 54 (2): 1085 – 1091.

Zhou, T. , An empirical Examination of the Determinants of Mobile

Purchase, *Personal and Ubiquitous Computing*, 2013a, 17 (1): 187 – 195.

Zhou, T., Li, H., & Liu, Y., The Effect of Flow Experience on Mobile SNS Users' Loyalty, *Industrial Management & Data Systems*, 2010, 110 (6): 930 – 946.

Zhou, T., Lu, Y., Wang, B., & Wei, K. – K., Explaining Mobile Community User Participation from a Social Capital Perspective, *International Journal of Mobile Communications*, 2010, 8 (3): 278 – 296.

Zhou, T., The Effect of Flow Experience on User Adoption of Mobile TV, *Behaviour & Information Technology*, 2013c, 32 (3): 263 – 272.

Zhou, T., Understanding Online Community User Participation: A Social Influence Perspective, *Internet Research*, 2011, 21 (1): 67 – 81.

CNNIC, 45th Statistical Survey Report on Internet Development in China (2020 – 04 – 28) [2020 – 6 – 02], http: //www. cnnic. net. cn/.

致　谢

　　本书由杨水清撰写第 1—9 章，鲁耀斌教授撰写第 10 章并对全书内容进行修订；本书的出版得到了国家自然科学基金重点项目（71332001）的资助。此外，国家自然科学基金面上项目（71472163）、浙江省哲学社会科学规划课题重点项目（16NDJC019Z）也对本书的出版提供了资助。

　　特此致谢。

杨水清

2020 年 12 月